高等职业教育高速铁路客运乘务专业“十三五”规划教材

# 高速铁路客运安全与应急处置

主　编　王艳艳
副主编　李文平

中国铁道出版社有限公司

2024年·北　京

## 内 容 简 介

本书为高等职业教育高速铁路客运乘务专业“十三五”规划教材，主要包括旅客病伤应急处置、火灾爆炸应急处置、突发公共卫生事件应急处置、设备故障应急处置、扰乱治安秩序事件应急处置和乘务组织异常应急处置等六个项目。本书采用项目—任务式的编写体例，每个项目包含若干个任务，每个任务包含任务目标、知识链接、知识运用三部分内容，符合现代职业教育发展和教、学、做一体化的要求，便于实现学生学习理论知识和掌握相关岗位作业技能同步进行，达到理论与实践紧密结合的教学效果。

本书适合作为高等职业院校高速铁路客运服务专业及相关专业教材，也可供从事高速铁路客运相关工作的职工参考、学习。

**图书在版编目(CIP)数据**

高速铁路客运安全与应急处置/王艳艳主编. —北京：中国铁道出版社有限公司，2021.6(2024.11 重印)
高等职业教育高速铁路客运乘务专业“十三五”规划教材
ISBN 978-7-113-27867-0

Ⅰ.①高… Ⅱ.①王… Ⅲ.①高速铁路-铁路运输-客运服务-安全管理-高等职业教育-教材 Ⅳ.①U293.3

中国版本图书馆 CIP 数据核字(2021)第 059323 号

**书　　名**：高速铁路客运安全与应急处置
**作　　者**：王艳艳

**责任编辑**：悦　彩　　**编辑部电话**：(010)51873206　　**电子邮箱**：sxyuecai@163.com
**封面设计**：王镜夷　高博越
**责任校对**：焦桂荣
**责任印制**：赵星辰

**出版发行**：中国铁道出版社有限公司(100054，北京市西城区右安门西街 8 号)
**网　　址**：https://www.tdpress.com
**印　　刷**：三河市国英印务有限公司
**版　　次**：2021 年 6 月第 1 版　2024 年 11 月第 3 次印刷
**开　　本**：787 mm×1 092 mm 1/16　**印张**：14　**字数**：352 千
**书　　号**：ISBN 978-7-113-27867-0
**定　　价**：42.00 元

# 重印说明

《高速铁路客运安全与应急处置》于 2021 年 6 月在我社出版。本次重印作者在第 1 次印刷的基础上做了以下修改：

1. 完善应急物品使用方法及用途相关内容。

2. 更新禁止旅客携带“三品”目录相关内容。

中国铁道出版社有限公司

2023 年 7 月

# 前言

为适应高速铁路的快速发展及铁路现代化发展对复合型技术技能人才的需要，根据铁路客运规章及相关管理办法，结合现场客运工作实际情况，组织编写了《高速铁路客运安全与应急处置》这本高等职业教育项目化教材。本书既可作为高等职业院校高速铁路客运服务、铁道交通运营管理等相关专业的教材，亦可作为铁路相关专业职工培训教材以及相关工作人员的参考资料。

本书以《铁路旅客运输规程》《铁路旅客人身伤害及携带品损失处理暂行办法》《铁路安全管理条例》《铁路消防管理办法》《铁路旅客运输安全检查办法》《电气化铁路有关人员电气安全规则》等有关规定作为依据，系统地介绍高速铁路客运站和动车组列车工作中所涉及安全应急类业务技能知识。本书分为旅客病伤应急处置、火灾爆炸应急处置、突发公共卫生事件应急处置、设备故障应急处置、扰乱治安秩序事件应急处置和乘务组织异常应急处置六个项目，每个项目包含若干个任务，每个任务包含任务目标、知识链接（岗位说明、应急物品、应急流程、安全防控点）、知识运用（案例分析和应急演练）等内容。项目—任务式的编写体例落实了职业教育教、学、做一体化的要求，使读者能够扎实地学习理论知识和掌握岗位操作技能，达到理论与实践紧密结合的教学效果。

本书由湖南铁路科技职业技术学院王艳艳任主编，中国铁路广州局集团有限公司客运部李文平任副主编。本书六个项目中高速铁路客运站内容参编人员有中国铁路广州局集团有限公司客运部张茜文、中国铁路广州局集团有限公司长沙南站孙晓敏、湖南铁路科技职业技术学院张芬香、黔张常建设指挥部彭妍昕，动车组列车内容参编人员有中国铁路南宁局集团有限公司南宁客运段颜梅娟、中国铁路南宁局集团有限公司客运部王慧、中国铁路广州局集团有限公司长沙客运段彭颖蓉。

本书在编写过程中得到了中国铁路广州局集团有限公司客运部、长沙南站和长沙客运段，以及中国铁路南宁局集团有限公司客运部和南宁客运段的大力支持和帮助，在此深表感谢！本书在编写过程中参考引用了许多专家、学者的相关文献，在此致以衷心的感谢。

鉴于编写人员技术水平及实践经验的局限性，对有些问题的分析和处理方式可能存在不当之处，恳请广大读者提供宝贵意见。

编　者
2021年2月

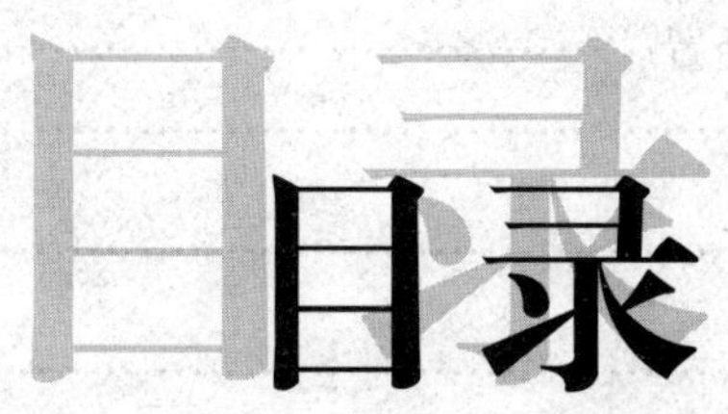

# 目录

# 项目一　旅客病伤应急处置

## 学习目标

1. 知识目标

- 熟悉乘意险的购买方法、承保范围
- 掌握旅客人身伤害事故定义、等级、种类划分和处理原则等
- 掌握车站和列车旅客病伤应急处理流程
- 掌握客伤资料填写
- 掌握铁路红字药箱的药品配置情况及药品管理相关规定

2. 能力目标

- 能按规定收集旁证材料,会填写谈话记录、和解协议和客运记录等材料
- 能进行红十字初步救治
- 能进行旅客病伤应急处理

3. 素质目标

- 具有良好的服务意识和较强的工作责任心
- 具有社会服务意识和团队合作精神
- 具有自我管理能力,能履行道德准则、行为规范和行业规范

## 典型工作任务一　铁路旅客人身伤害事故相关规定认知

### 任务目标

1. 了解铁路旅客人身意外伤害保险产品。
2. 掌握旅客人身伤害事故种类及等级。
3. 掌握铁路旅客人身伤害事故现场处置、站车交接、死亡处理等相关文件规定。

### 知识链接

#### 一、铁路旅客人身意外伤害保险

1. 意外险投保须知

为保障旅客合法权益,中国铁路财产保险自保有限公司为旅客提供铁路旅客人身意外伤

害保险(以下简称铁路乘意险),相关事项如下:

(1)旅客自愿购买,实名制投保,应持中华人民共和国二代居民身份证、港澳居民来往内地通行证、台湾居民来往大陆通行证、按规定可使用的有效护照购买铁路乘意险。

(2)每张火车票可投保1份铁路乘意险,每份保险费3元,最高保障30万元意外身故、伤残和3万元意外医疗费用;未成年人须由其父母投保,每份保险费1元,最高保障10万元意外身故、伤残和1万元意外医疗费用。

(3)铁路乘意险保险期间自被保险人持有效乘车凭证实名制验证或检票进站时起,至到达有效乘车凭证载明的到站检票出站时止。

(4)投保人不得为无民事行为能力人投保铁路乘意险,父母为其未成年子女投保的,不受此规定限制,但被保险人死亡给付的保险金总和不得超过国务院保险监督管理机构规定的限额。

(5)除父母为其未成年子女投保的以外,本保险合同应经被保险人同意并认可保险金额,否则以死亡为给付保险金条件的条款无效,保险人不承担保险责任。

(6)购保旅客应妥善保管火车票、保险告知单、保险发票,以及购保时所使用的有效身份证件,便于出险时查询和核实相关信息。

(7)如需退保,须在保险责任开始前到车站指定窗口办理退保手续。退票、改签或变更到站时,保险合同将自动解除或批改。

(8)旅客可拨打电话12306人工查询投保信息,也可登录中国铁路财产保险自保有限公司网站(www.china-ric.com)查询和下载保险条款和电子保单,旅客须仔细阅读并充分理解保险条款、责任免除、保险期间、合同解除等约定。

2. 铁路乘意险产品特点

(1)铁路乘意险定义

铁路乘意险由具备完全民事行为能力的旅客本人或其他对旅客具有保险利益的个人、组织投保,用于保障被保险人自持有效乘车凭证实名制验证或检票进站时起,至旅客到达所持有效乘车凭证载明的到站检票出站时止期间的保险产品。铁路乘意险合同采用与纸质保单具有同等法律效力的电子保单形式。

(2)铁路乘意险产品分类

铁路乘意险根据保险期限分为指定行程和固定期限两种产品。

①指定行程产品

铁路乘意险指定行程产品的保险期间为被保险人按保险单载明的乘车期、列车车次和发到站,持有效乘车凭证合法乘坐境内列车期间,适合旅客外出、全家旅行等情况时购买。

②固定期限产品

固定期限产品的保险期间由投保人、保险人双方协商确定,最长不超过一年,并在保险单中载明。保险人承担保险责任的期间是指在保险期间内,被保险人持有效乘车凭证合法乘坐境内列车期间。

(3)铁路乘意险的特点

①购买渠道多。可通过12306网站、中国铁路财产保险自保有限公司网站(www.china-ric.com)、铁路售票窗口购买。

②购买费用少。只需花3元钱(未成年人花1元),即可获得指定行程内相符的人身意外

保险保障。

③保障额度高。成年人最高保障30万元意外身故、伤残保险金和3万元意外医疗保险金,未成年人最高保障10万元意外身故、伤残保险金和1万元意外医疗保险金。

④保障范围广。铁路乘意险将保险责任扩展到旅客自持有效乘车凭证实名制验证或检票进站时起,至旅客到达所持乘车凭证载明的到站检票出站时止,即由“车上”扩展到“车上和站内”。

⑤网站购买优惠大。在12306网站购买乘意险的成人父母,其免费携带的一名身高不足1.2 m且不满10周岁的乘车子女,通过二代居民身份证核验后可免费获赠一份铁路乘意险。

⑥出险报案便利。保险事故发生后,可直接向列车或车站现场铁路工作人员报案,并为被保险人提供便利的解决渠道。

(4)铁路乘意险的销售原则

铁路乘意险的销售原则是“投保自愿”。旅客在12306网站“待支付”界面,可自愿勾选“购买铁路乘意险,已阅读并同意《保险条款》和《投保须知》”,为乘车人选择购买保险;旅客在车站售票窗口或客票代售点投保时需使用投保确认器“确认”购买,销售人员不得代旅客确认。

(5)购买铁路乘意险

如果旅客已在12306网站注册用户,购买指定行程乘意险产品时可不用另行注册,但身份信息状态须为“已通过”“预通过”。注册时,请填写基本信息(用户名、密码为必填项)、详细信息(真实姓名、证件类型、证件号码和出生日期)、联系信息(手机号码和电子邮件)。

(6)铁路乘意险投保有效证件

铁路乘意险投保实行实名制,旅客应准确提供被保险人(乘车人)的有效身份证件信息。有效身份证件与12306网站购买火车票的证件一致,包括:中华人民共和国二代居民身份证、港澳居民来往内地通行证、台湾居民来往大陆通行证和按规定可使用的有效护照。

注:铁路职工公免票、特种乘车证等有效乘车凭证目前不能购保,仅限于以上四种证件。

(7)可购买铁路乘意险的铁路客运列车

在中华人民共和国境内(不包括港、澳、台地区)营运的铁路客运列车均可购买铁路乘意险。

## 二、旅客人身伤害事故种类、等级及责任划分

凡持有效车票的旅客,经检票口进站验票加剪开始,至到达目的地缴销车票时止(中转和中途下车的旅客自出站至进站期间除外),在旅行中遭受到外来、剧烈、明显的意外伤害事故(包括战争所致者在内)以及因承运人的过错,致使旅客人身受到伤害以至死亡、残疾或丧失身体机能者,均属旅客人身伤害事故。对运送期间发生的旅客人身伤害,铁路运输企业应承担保险或运输、保险双重责任。

1. 种类

旅客人身伤害按其程度分为三种。

(1)轻伤:伤害程度不及重伤者。

(2)重伤:肢体残废、容貌毁损,视觉、听觉丧失及器官功能丧失。具体参照原铁道部颁发的《关于公布处理铁路旅客人身伤害事故有关文件格式和部分赔付标准的通知》。

(3)死亡。

2. 等级

根据旅客伤亡人数、伤亡程度等情形,铁路旅客人身伤害事故等级分为六类。

(1)轻伤事故:指只有轻伤没有重伤和死亡的事故。

(2)重伤事故:指 9 人以下重伤、没有死亡的事故。

(3)一般事故:指 2 人以下死亡事故。

(4)较大事故:指 3 人以上 9 人以下死亡或 10 人以上 49 人以下重伤的事故。

(5)重大事故:指 10 人以上 29 人以下死亡或 50 人以上 99 人以下重伤的事故。

(6)特别重大事故:指 30 人以上死亡或 100 人以上重伤的事故。

注:上述以上、以下包含本数。

3. 旅客人身伤害事故的处理原则

(1)期限原则:即旅客伤害必须是发生在旅客运送责任期间。

(2)有效原则:即旅客必须持有效车票(包括持各种免费乘车证旅客、免费乘车的儿童、经承运人许可搭乘的尚未补票的无票旅客)。

(3)责任原则:即必须分清铁路运输企业责任、旅客自身责任、第三人责任、不可抗力、其他责任。

4. 铁路旅客人身伤害划分五类责任

(1)铁路运输企业责任:由于铁路运输设施设备问题、员工职务行为差错两方面原因造成旅客人身伤害,铁路运输企业承担法定的人身损害民事责任。铁路运输企业责任分为客运部门责任和行车等其他部门责任。客运部门责任分为车站责任和列车责任。

①有下列情形之一的,属于车站责任:

a. 旅客持票进站后或下车后出站前,因车站组织不当造成人身伤害的。

b. 车站引导标志缺失或不准确,误导旅客造成其人身伤害的。

c. 车站设施设备不良造成旅客人身伤害的。

d. 车站在停止检票后继续检票放行或检票放行时间不足,致使旅客抢上列车造成人身伤害的。

e. 车站组织不当造成旅客上车时发生人身伤害的。

f. 因车站客运工作人员违章作业造成旅客人身伤害的。

g. 有理由认定属于车站责任的。

②旅客伤害列车应当承担的相关责任:

a. 车门漏锁致旅客坠车造成人身伤害的。

b. 列车工作人员过错致旅客误下车、背门下车、在不办理乘降的车站(包括区间停车)下车、列车运行中开启车门造成其人身伤害的。

c. 列车组织不当或列车工作人员违反作业标准,致旅客乘降时造成人身伤害的。

d. 列车客运工作人员对设备管理不善造成旅客人身伤害的。

e. 列车客运工作人员违章作业、过失造成旅客人身伤害的。

f. 有理由认定属于列车责任的。

(2)旅客自身责任:违反铁路安全规定;不听从铁路工作人员引导、劝阻;不遵循站车引导标志、安全警示及相关安全规定进出车站或在车站内逗留;不按有关标志、说明使用设施设备;

故意或者重大过失；自身健康原因。

(3)第三人责任：由旅客和铁路运输企业以外的人造成的旅客伤害。由实施侵权行为的第三人承担赔偿责任。

(4)不可抗力：因不可抗力(不能预见、不能避免、不能克服)的客观因素造成的旅客伤害，铁路运输企业不承担赔偿责任，但要承担举证责任。

(5)其他责任：非上述责任造成的伤害，属于其他责任。

**三、铁路旅客人身伤害及携带品损失文件**

1. 现场处置与报告

(1)列车、车站发生旅客人身伤害时，站车工作人员应当到场查看旅客伤害情况，报告列车长、站长组织救护，稳定人员情绪，维护现场秩序。

(2)因旅客伤害需交车站处理时，应移交前方县、市所在地车站或者当地具备公共医疗条件的停车站；需要提前报告运行所在铁路局集团公司客运调度时，由客运调度通知车站做好救护准备工作。

(3)旅客不同意在前方县、市所在地车站或者当地具备公共医疗条件的停车站下车处理时，应当由旅客出具拒绝下车治疗的书面声明，并按照规定收集两份及以上证人证言。

(4)列车因旅客伤害严重需紧急停车处理或发生 3 人以上疑似食物中毒的，应立即报告运行所在铁路局集团公司客运调度。接到报告后，客运调度应当立即根据列车长提出的要求，通知有关车站及值班主任(列车调度员)，需要停车处理的停车处理，并报告本铁路局集团公司客运部。

(5)列车发现旅客在区间坠车时应当立即停车，到场查看旅客伤害情况，组织救护，稳定人员情绪，维护现场秩序，并通知就近车站或将受伤旅客移交就近车站。需要防护时，按有关规定处理。

(6)不具备停车条件或者迟延发现的，列车长应当报告运行所在铁路局集团公司客运调度，客运调度员接到报告后立即通知值班主任，值班主任通知相关列车调度员和铁路公安局指挥中心，由列车调度员和铁路公安局指挥中心分别通知邻近车站及车站铁路公安派出所派人寻找。列车运行至前方停车站时，列车长应拍发电报，向发生地和列车担当铁路局集团公司主管部门报告。

(7)车站对本站发生的及列车移交的伤害旅客，应当及时联系当地医疗急救机构或送就近医院抢救。

2. 费用支付

(1)发生医疗费用时，应当根据对责任的初步判断，属于旅客自身责任或第三人责任的，由旅客或第三人支付医疗费用。

(2)暂不能区分责任或者责任人不明、无力承担的，经处理站站长或者车务段段长批准，可用站进款垫付。

(3)动用站进款时，填写或补填“运输进款动支凭证”(财收—29)，10 d 内由核算站或车务段财务拨款归还。

3. 死亡处理

(1)受伤旅客经现场抢救无效死亡，或对站内、区间发现的旅客尸体，经医疗部门或公安机关确认死亡，公安机关现场勘查结束后，车站应当转送殡仪馆存放（在此之前，车站应将尸体转移至适当地点并派人看守），并尽快通知其家属。尸体存放原则上不超过 10 d。

（2）死者身份不清且在地（市）级以上报纸刊登寻人启事后 10 d 仍无人认领的，应当根据铁路公安机关书面意见处理尸体；系不法侵害所致的，应当根据铁路公安机关书面意见并商死者家属意见处理尸体。

（3）对死者的车票衣物、随身携带物品等应当妥善保管，并于善后处理时转交其继承人；死者身份不明或者家属拒绝到站处理的，按无法交付的物品处理。

（4）外国人在铁路站车死亡的，按照《关于转发〈民政部、外交部、公安部关于外国人在华死亡后处理程序有关问题的实施意见〉的通知》（公法〔2008〕25 号）处理。

4. 现场取证

（1）发生旅客人身伤害、需要保护现场时，应当及时采取措施保护现场，禁止与救援、调查无关的人员进入。必要时，可请求地方政府协助。

（2）发生旅客人身伤害后，列车长、站长应当及时组织现场查验，全面搜集、梳理相关证据资料，检查旅客所持车票的票种、票号、发到站、车次、有效期及有效身份证件信息等，描绘现场旅客定位图，收集不少于两份同行人或见证人的证言及查验记录、现场照片、录像等其他相关证据，形成比较完整的证据链，能够证明发生的过程和原因，初步明确性质，并妥善保管。

（3）旅客或第三人能够说明事件发生经过或责任的，应当由其出具书面材料，并签字确认。

（4）涉及违法犯罪或者旅客死亡的，由铁路公安机关组织现场勘查。

（5）证人应当具有完全民事行为能力。证人证言中应当记录证人的姓名、性别、年龄、地址、联系方式、有效身份证件信息等内容。有医务工作人员参加救治时，应当由其出具参与救治经过的证言。

（6）证言、证据应当真实，能够反映发生的时间、地点、过程、原因和结果。

5. 站车交接

（1）列车向车站移交伤害旅客时，车站不得拒绝接收。

（2）办理移交手续时，列车应当编制客运记录和旅客携带物品清单一式两份，一份由列车存查，一份连同车票、证明材料、相关证人或其联系方式等一并移交。客运记录应载明日期、车次，旅客姓名、性别、年龄、国籍、民族、职业、单位、有效身份证件号码、联系方式、住址，车票种类、号码、发站、到站、车厢席位，受伤地点、受伤原因、受伤部位，处理简况，以及证据材料清单等内容。因时间来不及记明前述内容时，可在客运记录中简要记明日期、车次、下交原因，并必须在 3 d 内向处理单位补交有关材料。特殊情况来不及编制客运记录时，列车长或其指定的专人应随同伤害旅客下车办理交接。涉及第三人时，应将第三人同时交站处理。

（3）对已经控制的违法、犯罪嫌疑人，应当及时移交车站铁路公安派出所。

6. 精神异常旅客处理

（1）列车发现精神异常旅客时，应重点关注，并按规定交到站或下车站妥善处理。列车运行途中，旅客有同行成年人的，应要求其同行成年人看护；无同行成年人时，应指派专人看护。必要时，可安排在适当位置看护。

（2）车站发现进站乘车的旅客精神异常时，可不予其进站乘车，并为其办理退票手续。

7. 站车处理

（1）旅客在法定时限内索赔且能够证明伤害是在铁路旅客运输过程中发生的，受理单位应及时通知发生单位，并本着方便旅客的原则，移交旅客就医所在地车站或旅客发、到站处理，被移交站应当受理。发生单位应当在 10 d 内搜集并向处理单位移交相关证据材料。

(2)在站内或区间线路上发现有坠车旅客时，发现或接到通知的车站应当迅速通报有关列车。有关列车接到通报后，应当立即调查。

(3)发生列车应当按照规定收集相关证据材料或旅客携带物品，并向处理单位移交。

8. 报警处理

(1)对下列情形造成的旅客人身伤害应当立即向铁路公安机关报警：

①杀人、抢劫、抢夺、强奸、爆炸纵火、绑架、结伙斗殴、寻衅滋事、故意伤害、击打列车、故意损坏、移动站车设备等违法犯罪行为。

②因散布谣言、谎报险情、疫情警情、扬言放火、爆炸、投放危险物质或者非法阻挡行车、堵塞通道等，引起公共秩序混乱。

③火灾、爆炸、中毒等治安灾害事故。

④精神病人肇事肇祸，醉酒滋事行为。

⑤自然灾害。

⑥铁路设备、设施故障造成的事故。

(2)发生旅客人身伤害及携带品损失且有下列情形之一的，应当及时通知铁路公安机关：

①应当控制、约束违法犯罪嫌疑人和扣押相关涉案物品的。

②应当保护现场、维持秩序、协同救助的。

③应当由铁路公安机关介入调查、获取证据、查明原因的。

④引发治安纠纷或者酿成群体性事件并影响站车秩序，应当及时处置的。

⑤造成旅客死亡的。

9. 逐级上报

车站、列车发生旅客人身伤害时，可用电话向所在单位或上级主管部门报告概况；但发生重伤以上旅客人身伤害时，应在第一时间以短信方式向所属铁路局集团公司主管部门报告，随后向有关铁路局集团公司主管部门拍发速报，并逐级向上级主管部门和宣传部门报告。

报告(含速报)内容主要包括：

(1)发生日期、时间、车次、地点、车站、区间里程。

(2)伤亡旅客的姓名、性别、年龄、国籍、民族、职业、单位、有效身份证件号码、联系方式、住址以及车票种类、号码、发站、到站、车厢、席位等基本情况。

(3)发生经过、旅客伤亡及现场处理简况。

10. 善后处理

(1)发生旅客人身伤害后，发生地车站(车务段)或处理站(车务段)应当组织发生单位、车站铁路公安派出所及相关单位成立善后处理工作组(以下简称工作组)。必要时，由发生地或处理站所在地铁路局集团公司组织。

(2)发生旅客轻伤且经旅客或第三人同意现场调解责任明确的，可由车站会同铁路公安派出所、发生单位、旅客、第三人等共同进行现场处理。

工作组负责如下工作：

①办理受伤旅客就医、食宿等事宜。

②收集相关资料，建立案卷。案卷中应有：客运记录、证人证言、车票、医院证明、现场照片或图示、寻人启事及铁路公安机关处理尸体意见等材料；铁路公安机关制作有现场勘验笔录、法医鉴定结论的，在不影响案件办理的情况下，可以收集存入案卷。

③核查伤亡旅客身份，通知其家属或发布寻人启事。

④处理旅客遗留物品或死亡旅客遗体。

⑤向旅客或其继承人、代理人通报有关情况，协商处理善后事宜。

⑥其他与善后处理有关的事宜。

(3)受伤旅客临床治疗结束或死亡旅客遗体处理完毕，工作组应当根据铁路安全监督管理办公室对责任确定情况，核实各项费用及授权委托书、亲属关系证明等有关证明后，涉及铁路运输企业责任的，尽快按有关法律规定与旅客或其继承人、代理人协商办理赔付。

(4)医疗费用应根据实际产生或后续治疗需要，凭治疗医院单据或建议核定。旅客需转院治疗时，应与处理单位协商一致，并经治疗医院同意。

(5)残疾赔偿金应根据有关鉴定机构出具的旅客人体损伤残疾程度鉴定意见，或者根据旅客受伤程度，比照有关人体损伤残疾程度鉴定标准所对应的残疾等级，按照有关标准计算。

(6)办理赔付时，编制“铁路旅客人身伤害及携带品损失最终处理协议书”，经各方确认、签字或加盖处理单位公章后，将赔偿金依据法定顺位支付给旅客或其继承人、代理人，旅客或其继承人、代理人出具收据交处理单位。

事故赔付程序：

①对伤亡旅客的赔偿一般应当于治疗结束或尸体处理完毕后进行。由旅客或其继承人、代理人(代理人应当出具被代理人的书面授权书)提供“铁路旅客人身伤害事故赔偿要求书”(图 1-1)，并出具治疗医院的证明，作为事故处理站办理赔偿、确定给付赔偿金额的依据。

铁路旅客人身伤害事故赔偿要求书

NO.________

主送：　车站

关于　　年　月　日由于　　次列车　　旅客　　造成伤害，根据《铁路旅客意外强制伤害保险条例》和《铁路旅客运输损害赔偿规定》，要求铁路企业予以赔偿。

要求人：

身份证号码：

工作单位（家庭居住地）：

年　月　日

注：本要求书填写一式两份，向铁路旅客运输企业提赔一份，本人留存一份。

图 1-1　铁路旅客人身伤害事故赔偿要求书

②事故处理工作组接到“铁路旅客人身伤害事故赔偿要求书”后，应当尽快与旅客继承人、代理人协商办理赔偿。办理赔偿应当编制“铁路旅客人身伤害事故最终处理协议书”(图 1-2)，事故处理各方对协议书所载内容无异议后签字并加盖“事故办理专用章”生效。同时，开具“铁路旅客人身伤害事故赔付通知书”(图 1-3)，及时将赔偿金、保险金支付给旅客或其继承人、代理人。

铁路旅客人身伤害事故最终处理协议书

NO.__________

一、旅客姓名　　性别　　年龄　　职业　　单位或住址：
二、发生日期、时间、车次：
三、发生地点、车站、区间：
四、客票种类：　　自　　站至　　站票号
五、伤害简要概况：
六、事故经过和责任分析：
七、最终处理意见：
八、协议人签字：
九、上级主管部门意见：
年　月　日

注：1. 客票种类指全价、半价和乘车证。
2. 本协议由处理站段填写一式五份（一份报局主管部门，一份转局财务部门，其余事故处理单位、发生单位、旅客或家属各一份）。

图 1-2　铁路旅客人身伤害事故最终处理协议书

铁路旅客人身伤害事故赔付通知书

NO.__________

______旅客：
对　年　月　日所发生事故，依据《铁路旅客意外伤害强制保险条例》和《铁路旅客运输损害赔偿规定》经事故当事方共同协议同意，赔付旅客保险金人民币　　元，赔付人民币　　元，合计　　元。请您携带此通知书（如继承人、代理人领取时，携带与旅客有关的证明）于30日内到我站领取。

事故处理站（段）　　（章）
年　月　日

图 1-3　铁路旅客人身伤害事故赔付通知书

(7)根据责任确定情况，处理旅客人身伤害所发生的赔偿金及其他费用，由责任单位承担；无法确定责任单位的，由发生单位承担。

(8)需向责任单位或发生单位转账时，由处理单位所属铁路局集团公司财务部门开具“转账通知书”，连同“铁路旅客人身伤害及携带品损失最终处理协议书”转送责任单位或发生单位所属铁路局集团公司财务部门。

(9)责任单位或发生单位所属铁路局集团公司财务部门应当在收到“转账通知书”等材料次日起 30 d 内将费用转拨至处理单位所属铁路局集团公司；超过 30 d 的，每超过 1 d，按应付费用的 0.5%支付滞纳金。

(10)旅客人身伤害是旅客自身原因或第三方造成时，铁路运输企业在垫付相关费用后，可向旅客或第三方追偿。

11. 调查报告与统计

(1)旅客人身伤害处理完毕后，处理单位和发生单位应在 3 d 内逐级向所属铁路局集团公司客运主管部门报送“调查处理报告”。

(2)铁路局集团公司应当在每月 20 日前汇总本局集团公司上月处理的旅客人身伤害情

况，按要求填写“铁路旅客人身伤害统计表”和“安全情况报告”，报国铁集团客运部。

(3)案卷一案一卷，由处理单位保管，长期保存。

**四、处理铁路旅客人身伤害要求及流程**(图 1-4)

1. 依法、依规、按程序处理旅客伤害。必须先处理后定责，不得因内部扯皮而影响对旅客的救治或事故的处理。

2. 尽可能地减少或避免责任客伤。

3. 处理伤害避免方法简单。实事求是，以人为本，避免方法简单。按法律、法规、规章规定和程序办理。在处理的不同阶段，既掌握原则又要根据变化掌握分寸与进度。

4. 无论问题大小都要积极面对。

(1)立即前往事发现场。

(2)把握处理主动权。

(3)解决职责范围内的问题，承担应负的责任。

(4)坚持原则，依法按章办事。

(5)善于抓住时机解决最终问题。

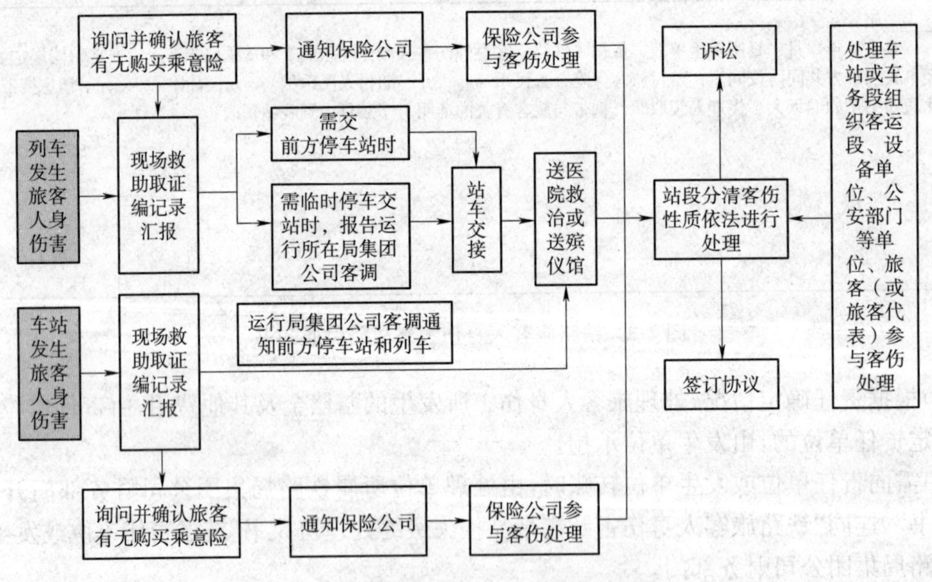


图 1-4　铁路旅客人身伤害处理流程图

## 知识运用

**一、案例分析：铁路责任——提前发车，旅客抢上列车跌落站台间隙案**

1. 事件概况：202×年×月×日×时许，××次列车停靠××站。该站对外公示开车前 5 min 停止进站，但开车铃响后，提前约 3 min 发车。列车起动时，有 4 名旅客突然从进站地道口冲向列车，前 3 名旅客抢上了列车，最后一名旅客从软卧(10 号车厢)与硬卧(11 号车厢)连接处跌下站台。

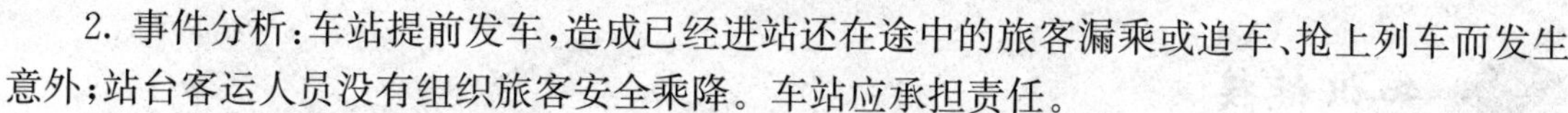

2. 事件分析:车站提前发车,造成已经进站还在途中的旅客漏乘或追车、抢上列车而发生意外;站台客运人员没有组织旅客安全乘降。车站应承担责任。

**二、案例分析:旅客自身责任——法定监护人过失伤害案**

1. 事件概况:202×年×月×日,旅客贾××(女,8岁)与母亲王×乘坐T×次从北京返深圳。上车后,贾××玩硬卧车厢边凳,列车员、服务员几次劝告,其母充耳不闻。时过不久,贾××被边凳打伤,造成左手第3指末节"指骨末端骨折"。

2. 事件分析:其母(完全民事行为能力人)对列车工作人员的劝告不置可否,未尽到法定监护人责任,应由贾××的法定监护人承担全部责任。

**三、案例分析:旅客主要责任、铁路次要责任——T×次旅客乘降组织不当伤害案**

1. 事件概况:202×年×月×日,旅客田××(男,79岁)在×站上T×次列车时,在车门口空隙跌落站台,即由送车的亲属将老人救起扶至站台一旁休息,并自行拨打"120"。经送医院检查,老人三根肋骨折断、左小腿划伤。事后调看监控录像,立岗的列车员没有主动做到对重点旅客的"扶老携幼",老人跌落站台后,列车员自始至终没有伸出援手,没有过问一句,更没有报告车长进行处置。站台保洁员发现状况报告后,列车长才赶忙前来处理。

2. 事件分析:旅客自身过失是主要原因,承担主要责任。列车处置明显不当,没有积极采取抢救措施,未尽到"尽力救助"的法定义务,承担次要责任。

**四、案例分析:第三人责任——旅客携带品未放稳坠落行李架伤害案**

1. 事件概况:202×年×月×日,旅客张××(女,32岁)乘坐D×次动车组。车开后行至道岔群因列车晃动,邻座旅客王××(男,44岁)在行李架的随身携带物品(拉杆箱,重7 kg)未放稳而坠落,砸在张××头部,引起头晕、恶心。列车长初步定性为第三人责任,主持双方调解。因双方对赔偿数额无法达成一致,编制《客运记录》交站处理。

2. 事件分析:王××没有尽到"看管"好随身携带物品的安全注意义务,造成物品在列车运行中正常的晃动时坠落,属于第三人责任。

## 典型工作任务二　车站发生旅客病伤应急处置

### 任务目标

1. 明确车站发生旅客病伤时的岗位职责分工。
2. 掌握防止车站发生旅客意外伤害的卡控措施。
3. 能够正确处理车站发生旅客意外伤害突发情况。
4. 能够正确处理车站发生旅客突发疾病情况。
5. 会使用应急物品。

## 知识链接

### 一、岗位职责

牢记“以服务为宗旨，待旅客如亲人”的服务理念，为旅客提供温馨服务，帮助旅客解决出行困难，不断改进客运服务工作。客运工作人员熟练掌握旅客突发疾病或发生意外伤害时的岗位要求(表 1-1)，保障旅客安全，及时处理。

**表 1-1　车站旅客病伤岗位职责**

| | | |
|---|---|---|
| 岗位职责 | 客运值班员 | 1. 立即赶赴现场处置，并将情况报客运服务科客伤专干<br>2. 采取积极措施，进行初步救治，并及时联系执勤公安和救护车赶赴现场<br>3. 收集旅客旁证材料，并立即调看和保存现场监控数据 |
| | 客运员 | 1. 经红十字救护员培训合格的客运员在 120 专业救治到来之前，对伤员进行初步救治<br>2. 维护现场秩序，及时疏导旅客 |

### 二、应急物品

车站客运工作人员应掌握旅客病伤应急处置方法，学会应急设施设备的使用(表 1-2)。

**表 1-2　车站旅客病伤时应急物品及其使用方法**

| | 图片(名称) | 使用方法及用途 |
|---|---|---|
| 应急物品 | (担架车) | 用途：用于特殊重点旅客服务。对需使用辅助器具行走的旅客或疾病、老年等旅客使用担架进行接送车服务(需两人同时使用。在人员、担架等未准备妥当时，切忌搬运) |
| | (轮椅) | 用途：用于特殊重点旅客服务。对需使用辅助器具行走的旅客或疾病、老年等旅客使用担架进行接送车服务(如下肢残疾、偏瘫、胸以下截瘫者及行动不便的老年人) |

续上表

| | 图片(名称) | 使用方法及用途 |
|---|---|---|
| 应急物品 | (记录仪) | 用途:用于现场发生非正常情况下的取证工作,开启记录仪进行录音录像,并及时保存备份<br>保管及使用:由客运值班员保管使用;夜间间休前,由当班客运值班员将记录仪放置客运值班室充电,次日继续使用 |
| | (对讲机) | 用途:工作人员之间需通话时,主叫方应转换对讲机通信频道至被叫方守候频率建立通信。通话结束后,主叫方应及时调回原频率守候<br>车站客运班组使用3频(457.725 MHz);乘务班组使用频率为2频(457.950 MHz);动车组司机、随车机械师使用频率为1频(467.200 MHz);普速铁路列车司机、车辆乘务员使用频率为4频(457.700 MHz)(以中国铁路广州局集团有限公司对讲机日常管理与使用为例) |
| | (喇叭) | 用途:用于安全宣传<br>使用:按住按键,讲话完毕后松开按键即可 |
| | (口哨) | 用途:用于站台安全宣传,旅客侵入安全线等突发情况下进行提醒 |

## 三、车站旅客病伤应急处置流程

车站发生旅客突发疾病或意外伤害时,应按《铁路旅客人身伤害及携带品损失处理暂行办法》要求,及时赶赴现场应急处理,处理流程如图1-5所示。

1. 信息报告。了解情况后立即向车站值班室(综控室)、车站派出所报告。救护组赶到现场、分工负责。

2. 组织抢救。立即通知医院派人抢救,并指定专人引导救护人员和救护车进入事故现场(日常应明确紧急通道)。向协议医院移交受伤旅客时,需编制客运记录并办理签字交接。受伤旅客系自身责任时需在客运记录上注明“费用自理”。遇旅客强烈要求到非协议医院治疗时,由客运值班员报请客伤专干。对于摔伤的旅客,不要轻易搬动旅客;当旅客乘坐电梯摔倒时,首先要提醒其他旅客抓紧扶好,其次立刻按停电梯,以免造成二次伤害。

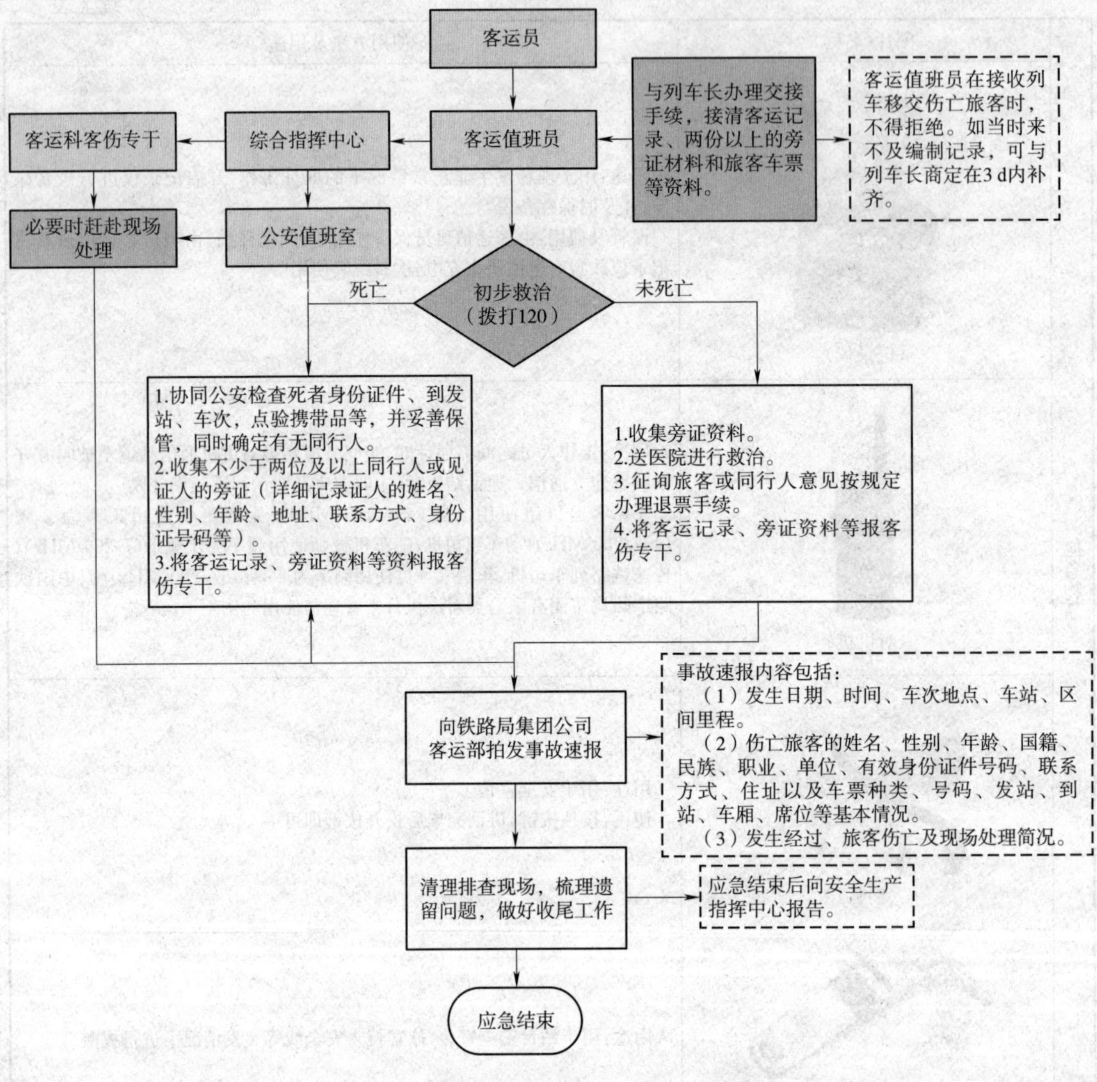


图 1-5　车站发生旅客病伤应急处理流程图

3. 现场保护。维护现场秩序，必要时做好围蔽，避免其他旅客围观，协助公安部门进行事故现场勘查。

4. 资料收集。组织人员对伤亡人员的姓名、性别、单位或地址、车票发到站、伤势部位进行全面登记，清理遗留现场的物品，分门别类登记，集中保管。要注意收集不少于 2 份旅客旁证材料、当事旅客及同行人身份证和车票复印件。对事故现场拍照取证，在处理过程中不要做出让旅客误解或觉得不被尊重的行为，言语要诚恳，安抚好旅客情绪，避免激化矛盾，给后续处理带来不便。做好受伤旅客及其同行人车票的改签或退票服务工作。

5. 通知家属。根据查实的资料，迅速向死伤者家属或工作单位拍发电报，无名无地址的可通过报纸、电视、电台广播寻找，通知伤者家属到指定地点，做好善后安抚、处理工作。如果旅客死亡 10 d 内无法找到家属，尸体按公安部门意见尽快处理，遗物交客运车间按照遗失物品规定妥善保管。

6. 协助查访。协助有关部门查清事故原因，写出事故处理报告报上级主管部门。

## 四、安全风险卡控点

树立"预防为主，安全第一"原则，自觉遵守劳动纪律和安全生产规章，落实各项安全管理制度，防止旅客站内发生意外伤害事故，客运工作人员应妥善处置旅客病伤突发事件。车站客伤安全风险控制措施见表 1-3。

**表 1-3　车站旅客病伤安全风险卡控点及控制措施**

| 序号 | 安全风险卡控点 | 控制措施 |
| --- | --- | --- |
| 风险一 | 旅客意外伤害处理不当 | 1. 及时赶赴现场，确认旅客伤害程度，采取救护措施或通知协议医院救治<br>2. 收集不少于 2 份旁证材料交车站客伤专干，协助公安保护好现场<br>3. 及时上报信息 |
| 风险二 | 站台旅客乘降秩序混乱 | 1. 完善站台揭示，做到清晰、醒目和完整<br>2. 加强宣传，引导上车旅客排队乘车和下车旅客有序出站<br>3. 合理安排旅客进入站台时间，及时制止旅客不文明行为<br>4. 遇列车运行秩序不正常情况下，配合综控室合理安排客车股道，尽量避免同站台大客流列车同时乘降，均衡分散站台乘降组织压力<br>5. 根据车站客流需求，合理做好站台改扩建规划，不断改善客站站台条件 |
| 风险三 | 旅客在站台跟车跑动 | 1. 按规定标准检票、停止检票<br>2. 停检后及时封闭检票口<br>3. 站台作业人员做好旅客安全宣传和引导工作，防止旅客跟车跑动造成伤害 |
| 风险四 | 早放、错放、漏放旅客 | 1. 核对广播、导向信息，发现有误及时通知综控室更改<br>2. 与综控员、站台客运员联防互控，确认放客条件<br>3. 加强候车室宣传，提醒尾部旅客及时检票上车，停检后及时告知站台客运员尾部旅客情况<br>4. 遇两趟及以上列车同时检票时，加强宣传引导，提醒旅客正确乘车 |
| 风险五 | 检票进站通道拥堵 | 1. 清理通道内障碍物，疏导滞留人员，保证通道畅通<br>2. 合理安排放客时间，加强宣传引导，切块放客，增加人工通道检票，快速放行 |
| 风险六 | 换乘旅客与进站旅客发生对流 | 使用喇叭灵活机动对换乘旅客和进站旅客加强宣传引导，必要时，组织换乘旅客在天桥两侧护栏处站立等候，等大批进站旅客下站台后换乘旅客再通过换乘通道进入候车室 |
| 风险七 | 无票换乘旅客从候车室返回站台 | 1. 发现无到达车票的换乘旅客或持电子票的旅客时，验票客运员告知其返回站台通过出站楼梯或乘坐垂直升降电梯到出站口补票或出站，同时使用对讲机通知站台和出站口的客运员返回站台(出站口)的无票人数，引导旅客补票<br>2. 严格落实"一车一清"，站台客运员组织旅客出站(换乘)完毕后，通过对讲机与检票口进行联控，确认无旅客从候车室返回站台 |
| 风险八 | 临时变道造成同站台面作业安全风险 | 1. 临时变更股道造成两趟车同站台面作业，且发车时间相隔 5～12 min 时，站台客运员做好与检票口客运员的联防互控，时刻掌握旅客动态<br>2. 临时变更股道造成两趟车同站台面作业，且发车时间相隔 5 min 以内时，站台客运员提前在楼梯口立岗，为旅客指引所乘列车停靠位置，同时引导旅客按照规定线路换乘<br>3. 列车正在放客时，同站台面相邻一侧有车接进时，站台客运员应在同站台面相邻一侧立岗，引导旅客乘降时注意观察旅客动态(尤其是孩童、携带大件行李和老年旅客)，并进行在安全线内行走、照看好小孩、不要在站台奔跑等方面的安全宣传，确保旅客人身安全 |
| 风险九 | 客运人员到岗不及时 | 1. 监听电台呼唤应答情况，及时提醒闸机口客运人员到岗<br>2. 加强现场巡视，督促检查客运人员到岗作业情况，防止旅客自行过闸或翻闸 |

## 知识运用

### 一、案例分析

1. 动车组列车移交疾病旅客案例

(1)事件概况:×月×日 16:28,A 站接调度员通知:G××次(图定 16:35 通过)8 号车厢一老年旅客(匡××,女,87 岁,身份证:××××,票号 K××,B 站—C 站)因高血压需下交车站送医救治。

(2)事件处置:车站当即拨打 120 并广播寻医。16:37G××次到达 3 站台 4 道,交下疾病旅客及 2 名陪同人员,16:40 开车。旅客下车后病情好转,16:45,120 赶到现场,17:03 旅客随 120 离开车站前往医院治疗。

(3)事件结果:未影响后续列车,旅客送医救治。

2. 动车组移交昏迷旅客案例

(1)事件概况:×月×日 14:46,A 站接调度通知:G××次(CRH380A,B 站—C 站,×客运段担当)列车 5 号车厢有一名 40 多岁的女性乘客昏迷,要求在 A 站下车救治并通知救护车。接到通知后,车站立即拨打×市中医院救护车,并安排人员提前到站台做好接车准备。

(2)事件处置:G××次 15:01 到达 A 站,站长、值班站长、客运值班员到 5 号车厢与车长交接,昏迷乘客躺在 5 号车厢中部过道地板上,有一名其他乘客正在为昏迷乘客进行人工呼吸及心脏复苏抢救措施,15:08 将昏迷乘客抬下列车,一名随行家属及行李一并下车,将昏迷乘客抬至 2 站台座椅上平躺,等待救护车,随后站台客运员与车长交接确认完毕后,G××次 15:10 开。

(3)事件结果:15:22 救护车到达 A 站,15:30 经医务人员确认昏迷乘客已死亡。15:44 经随行家属同意后通知殡仪馆,16:18 殡仪馆来车将死者尸体运走(随行家属一同前往)。

3. 动车组移交摔伤旅客案例

(1)事件概况:×月×日 22:10,A 站客运指挥中心接 G××次列车长电话通知,7 车有一名因头晕摔伤的旅客需交站处理,已联系好 120 救护车。22:32,G××次(D 站—A 站,×客运段担当,图定 22:32 终到)到达 A 站 12 站台,客运值班员同列车交接,因旅客自身无法动弹,为防止二次伤害,工作人员只能在旁陪护并安抚旅客情绪等待急救医生。22:59,120 急救车到达车站。23:04,在急救医生的指导下,客运值班员、领班一起将旅客抬下车。23:05,G×次乘务班组同 A 站报告乘务作业完毕,A 站同司机办理交接,随即列车关门。23:12,将该旅客送往市中心医院。G××次 23:21 入库。

(2)事件结果:旅客得到及时救治。

4. 移交产妇和婴儿案例

(1)事件概况:×月×日 10:22,G××次到达 A 站一站台(图定 10:26 到/10:28 开),车长通知站台客运员:16 号车厢有交接,一名旅客在厕所生下一名婴儿(性别不详),列车广播寻医找到一位医生正在对孕妇及婴儿进行处理。10:23,客运值班员拨打 120,并向行车室汇报;10:45,120 达到 A 站,接手产妇及婴儿;10:47,A 站与车长办理交接客运作业完毕,关闭车门,并向行车室汇报。

(2)事件结果:10:48,G××次开出,本列晚点20 min;11:02,120接产妇及陪同人员离开A站。

5. 站内旅客猝死案例

(1)事件概况:×月×日17:25,A站两名旅客张××(男,48岁)及其侄儿持G××次A站—D站车票,在进站时,正在手检岗位的客运值班员发现张××旅客步履不稳,便主动询问,自述没问题。17:28~17:35,客运值班员看旅客状态不对,主动上前询问,得知是肠胃炎引发肺部感染,并建议马上打"120",但旅客自述没多大问题。18:00左右,旅客张××突然情形不对,客运值班员上前并与陪同人员一起拨打了"120"。然后安排了候车室寻医,并向值班站长汇报,通知公安。值班干部立即赶到现场维护秩序协助处理。18:13,120急救人员赶到,对病人上措施进行抢救。18:13~19:30,对该旅客进行了心肺复苏,19:30,"120"急救人员宣布抢救无效死亡。21:38,市人民医院太平间车辆到达,将死者抬离。

(2)事件结果:抢救无效死亡。

6. 站内旅客突发疾病案例

(1)事件概况:×月×日12:55,客运员在8站台接G××次时,发现4号车厢位置突然有一名旅客晕倒。客运员立即跑过去并用电台通知值班员及值班干部,13:03,G××次正点开出。值班干部及值班员到达现场后,通知综控室进行了广播寻医,同时拨打120。13:47,120将该旅客送医院就医。

(2)事件结果:旅客得到及时救治。

## 二、应急演练

1. 演练目的

为了切实提高车站全体工作人员应对突发事件的处置能力,尤其面对大客流组织中,发生旅客伤害时,能快速、有效处理,车站决定组织站内发生旅客伤害的应急演练。

2. 演练场景

一名旅客进站时,因人多、行李多,在下楼梯时被后面旅客挤摔在楼梯上,爬不起来。

3. 适用预案

关于发布《车站客运非正常情况应急处置办法》的通知。

4. 演练人员及分工

(1)旅客伤害应急演练小组人员

组　长:站长

副组长:客运副站长、值班站长

组　员:客运值班员、客运员、联创工作人员

(2)应急演练小组分工

①站长为总指挥,负责统一指挥和协调。

②客运副站长负责现场指挥,负责人员岗位安排和旅客乘降组织。

③值班站长负责向值班室汇报,协助客运副站长维护现场秩序,妥善安排受伤旅客,并做好安抚工作。

④客运值班员负责召集人员到位并进行分工,带领客运员到旅客受伤区域引导、组织旅

客，拨打 120 急救电话并派人接应，协助旅客办理车票改签退票事宜，拍摄现场视频，收集旁证材料。

⑤持有红十字救护证的客运员负责对受伤旅客进行简单救治。

5. 演练所需道具备品

对讲机、喇叭、轮椅、警示牌、围栏、医药箱。

6. 演练程序

(1)站台工作人员接到候车室放客的通知后，分别在站台南、北楼梯口处立岗，迎接旅客。

(2)值班员用小喇叭宣传、分流，组织旅客下站台上车。

(3)在放客时，客运员发现一旅客摔在楼梯上，急忙上前处理。一边要后面的旅客停下来，调整放客次序，一边询问摔倒旅客伤情。

(4)见旅客迟迟起不来，客运员急忙用电台汇报值班员。

(5)值班员跑到楼梯处，向旅客询问摔倒缘由，并找寻见证者，同时安排客运员组织后面旅客缓慢下楼梯。

(6)值班站长听到电台汇报，急忙从候车室到楼梯，共同处理。

(7)从旅客伤情判断，值班员要综控室通知医院派救护车，并记录通知的时间。

(8)同时值班站长记录下受伤旅客的身份信息及车票信息，与客运值班员一起记录了两份见证材料，系旅客被他人挤摔。

(9)值班员向站长汇报了初步处理情况，站长向站客运科汇报。

(10)站长要副值班员、候车室工作人员分别在落客平台、检票口做好救护人员的进站引导。

(11)救护人员到场，值班员与医院办理交接，编制客运记录，记录相关事项，在记录注明第三者责任，将伤者送医。

(12)受伤旅客的车票、身份证复印件，及旁证材料保存。

(13)站长负责组织召开总结会，对本次演练情况进行全面分析，对演练中出现的问题逐一提出整改要求，并组织其他班组进行学习。

## 典型工作任务三　列车发生旅客病伤应急处置

### 任务目标

1. 明确列车发生旅客病伤时的岗位职责分工。
2. 掌握防止列车发生旅客意外伤害的卡控措施。
3. 能够正确处理列车发生旅客意外伤害突发情况。
4. 能够正确处理列车发生旅客突发疾病情况。
5. 会使用应急物品。

## 知识链接

### 一、岗位职责

牢记“以服务为宗旨，待旅客如亲人”的服务理念，为旅客提供温馨服务，帮助旅客解决出行困难，不断改进乘务服务工作。列车工作人员应熟练掌握旅客突发疾病或发生意外伤害时的岗位要求（表 1-4），保障旅客安全，及时处理。

**表 1-4　列车旅客病伤岗位职责**

<table>
<tr><td rowspan="3">岗位职责</td><td>列车长</td><td>1. 查看旅客受伤害程度，采取措施组织救治<br>2. 同乘警（列车安全员）勘察现场，调查取证<br>3. 如需下车治疗，与车站办理交接，接清客运记录、两份以上的旁证材料和旅客车票等资料</td></tr>
<tr><td>列车员</td><td>1. 发现旅客伤害或疾病时，立即向列车长报告<br>2. 红十字救护员会同列车长及医生对旅客进行救治<br>3. 加强车厢巡视，做好解释，安抚旅客<br>4. 协助列出长，收集旁证材料等</td></tr>
<tr><td>乘警</td><td>1. 勘察现场，收集旁证物证，调查旅客受伤、死亡原因等<br>2. 如遇打架斗殴等治安事件，应立即制止并加以劝导</td></tr>
</table>

### 二、应急物品

列车工作人员应掌握旅客病伤应急处置方法，学会应急设施设备的使用（表 1-5）。

**表 1-5　列车旅客病伤时应急物品及其使用方法**

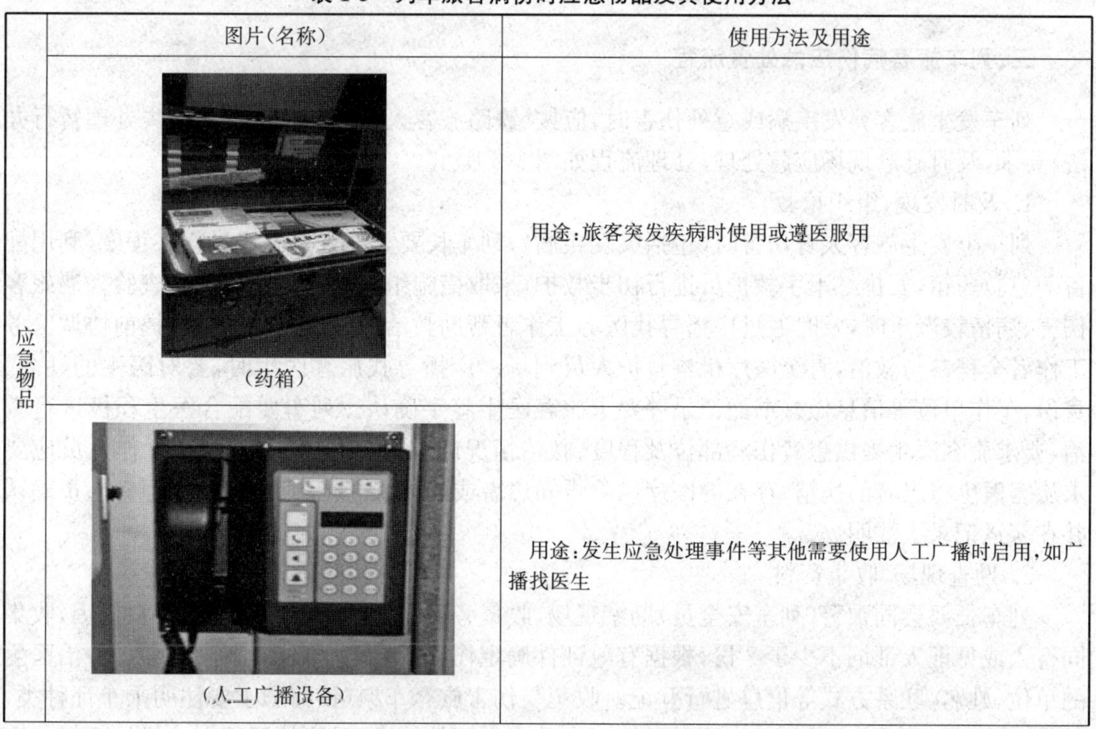

<table>
<tr><td></td><td>图片（名称）</td><td>使用方法及用途</td></tr>
<tr><td rowspan="2">应急物品</td><td>（药箱）</td><td>用途：旅客突发疾病时使用或遵医服用</td></tr>
<tr><td>（人工广播设备）</td><td>用途：发生应急处理事件等其他需要使用人工广播时启用，如广播找医生</td></tr>
</table>

续上表

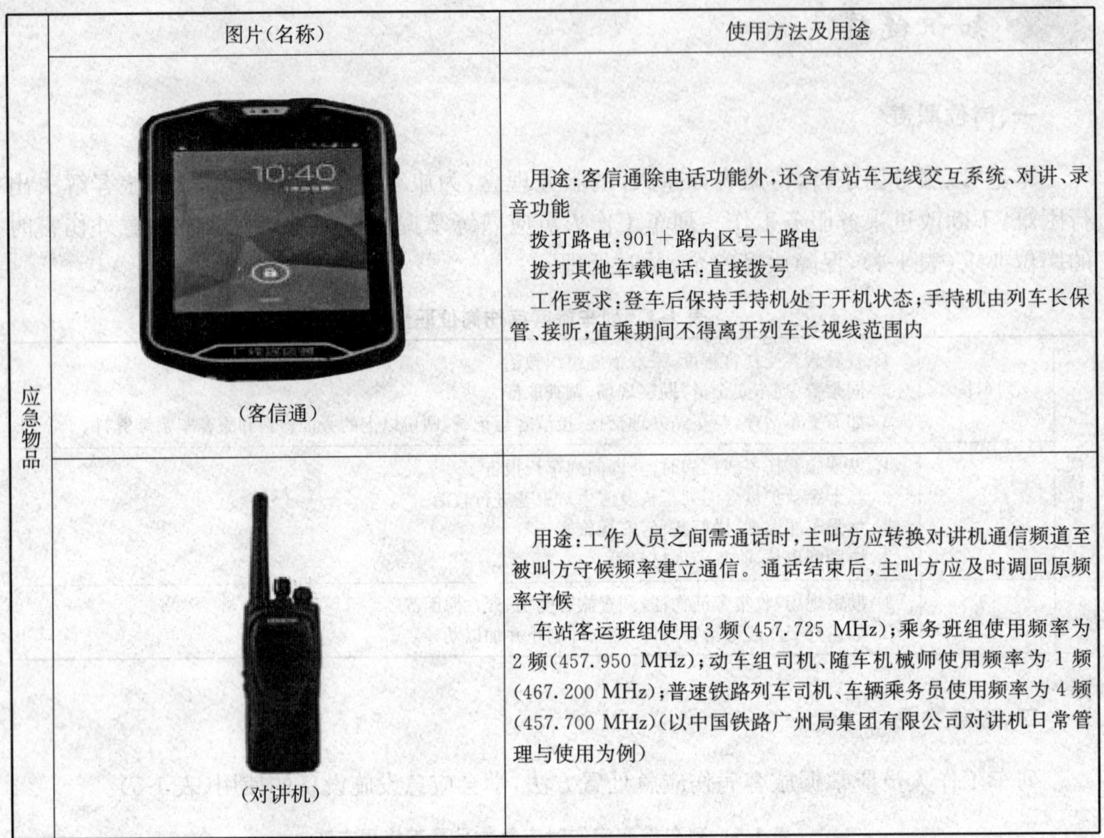

| | 图片(名称) | 使用方法及用途 |
| --- | --- | --- |
| 应急物品 | (客信通) | 用途:客信通除电话功能外,还含有站车无线交互系统、对讲、录音功能<br>拨打路电:901+路内区号+路电<br>拨打其他车载电话:直接拨号<br>工作要求:登车后保持手持机处于开机状态;手持机由列车长保管、接听,值乘期间不得离开列车长视线范围内 |
| | (对讲机) | 用途:工作人员之间需通话时,主叫方应转换对讲机通信频道至被叫方守候频率建立通信。通话结束后,主叫方应及时调回原频率守候<br>车站客运班组使用3频(457.725 MHz);乘务班组使用频率为2频(457.950 MHz);动车组司机、随车机械师使用频率为1频(467.200 MHz);普速铁路列车司机、车辆乘务员使用频率为4频(457.700 MHz)(以中国铁路广州局集团有限公司对讲机日常管理与使用为例) |

## 三、列车旅客病伤应急处置流程

列车发生旅客突发疾病或意外伤害时,应按《铁路旅客人身伤害及携带品损失处理暂行办法》要求,及时赶赴现场应急处理,处理流程如图1-6所示。

1. 及时发现,组织抢救

列车上发生旅客人身伤害时(包括突发疾病),列车长要立即查看旅客受伤害程度,利用配备的急救药箱,安排红十字救护员进行初步救护,采取措施组织救治和进行现场查验。遇旅客伤害、病情较严重时,及时通过广播寻找医务工作者帮助救治,并根据救治需要,提前协调医务工作者全程参与救治,直至医疗机构救护人员到场。广播寻找旅客医生时,要对医生的姓名、身份、工作单位等信息做好书面记录并要求旅客医生签字确认。列车要配合医生积极进行救治,要求旅客医生提供患者伤病部位及程度、救治情况的书面材料。同时,列车工作人员应要求旅客医生将患者的病情、存在的医疗风险告知患者或同行人。抢救死亡时,由医务人员确认并在客运记录上注明。

2. 勘查现场,收集资料

列车长要会同乘警(列车安全员)勘察现场,收集旁证物证,调查旅客受伤、死亡原因,收集同行人或见证人证词不少于2份,根据有效证件确定伤亡者姓名、单位、住址;对参加救治医生的单位、姓名、联系方式等信息进行登记。收集受伤害旅客车票(铁路职工要注明乘车证种类、票号、是否签证、乘车区间、工作证号码等)、有效身份证件信息(采取拍照留存)、描绘现场旅客

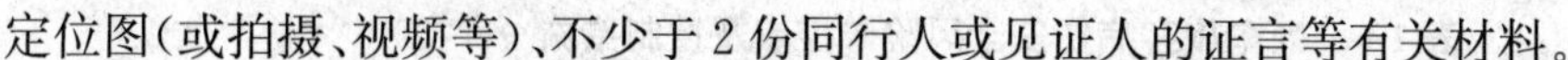

定位图（或拍摄、视频等）、不少于 2 份同行人或见证人的证言等有关材料。

3. 下车救治，办理交接

旅客病伤严重必须停车送医院抢救时，列车长需及时通知司机向列车调度员请示，在最近前方站临时停车，下交病伤旅客。列车长编制客运记录将病伤旅客，连同车票、携带品一并交车站处理。如遇旅客在动车组上意外死亡时，应按规定程序报告铁路卫生防疫部门，由卫生防疫部门对动车组进行消毒卫生学处理。

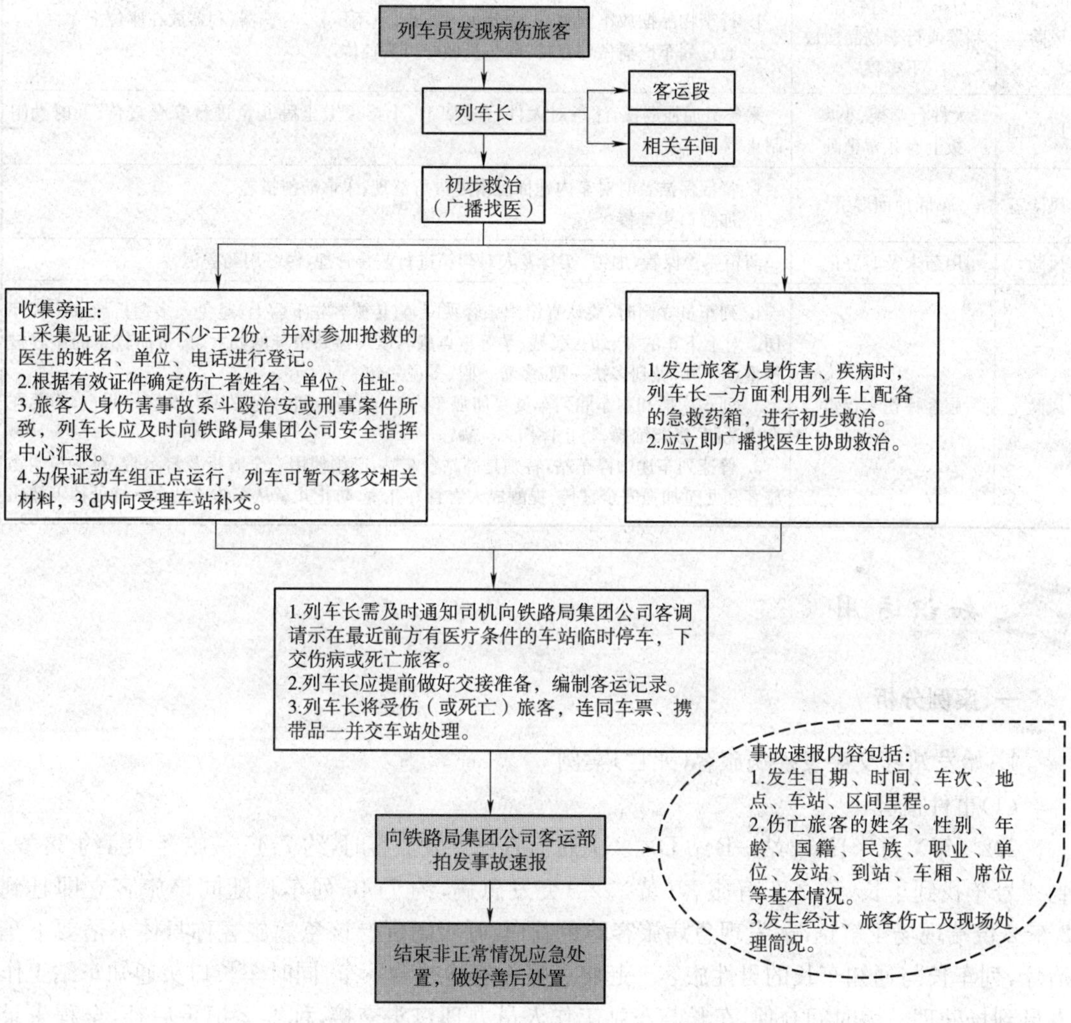

列车员发现病伤旅客

列车长

客运段

相关车间

初步救治<br>（广播找医）

收集旁证：<br>1.采集见证人证词不少于2份，并对参加抢救的医生的姓名、单位、电话进行登记。<br>2.根据有效证件确定伤亡者姓名、单位、住址。<br>3.旅客人身伤害事故系斗殴治安或刑事案件所致，列车长应及时向铁路局集团公司安全指挥中心汇报。<br>4.为保证动车组正点运行，列车可暂不移交相关材料，3 d内向受理车站补交。

1.发生旅客人身伤害、疾病时，列车长一方面利用列车上配备的急救药箱，进行初步救治。<br>2.应立即广播找医生协助救治。

1.列车长需及时通知司机向铁路局集团公司客调请示在最近前方有医疗条件的车站临时停车，下交伤病或死亡旅客。<br>2.列车长应提前做好交接准备，编制客运记录。<br>3.列车长将受伤（或死亡）旅客，连同车票、携带品一并交车站处理。

向铁路局集团公司客运部拍发事故速报

事故速报内容包括：<br>1.发生日期、时间、车次、地点、车站、区间里程。<br>2.伤亡旅客的姓名、性别、年龄、国籍、民族、职业、单位、发站、到站、车厢、席位等基本情况。<br>3.发生经过、旅客伤亡及现场处理简况。

结束非正常情况应急处置，做好善后处置

图 1-6　列车发生旅客病伤应急处理流程图

## 四、安全风险卡控点

树立“预防为主，安全第一”原则，自觉遵守劳动纪律和安全生产规章，落实各项安全管理制度，防止旅客在列车发生意外伤害事故，列车工作人员妥善处置旅客病伤突发事件。列车旅客病伤安全风险卡控点及控制措施见表 1-6。

表 1-6　列车旅客病伤安全风险卡控点及控制措施

| 序号 | 安全风险卡控点 | 控制措施 |
|---|---|---|
| 风险一 | 安全警示标识不全 | 1. 动车组列车关键部位设置安全警示标识，起明示和引导作用<br>2. 加强巡视，发现脱落及时报告车队或相关部门补充 |
| 风险二 | 边门口及通道堵塞 | 1. 动车组车厢的疏散通道必须保持顺畅，不得堵塞边门及消防通道<br>2. 加强列车巡视，及时疏导超员旅客，避免扎堆聚集，造成边门堵塞及通道不通畅影响旅客乘降 |
| 风险三 | 行李架上有铁器、利器或行李物品摆放不牢稳 | 1. 行李物品摆放牢固整齐，做到大不压小，重不压轻，将铁器、利器放在座位下<br>2. 通过列车广播做好宣传，列车员做好口头宣传 |
| 风险四 | 大件行李架、小桌板上有儿童坐卧 | 乘务员加强巡视，注意对大件行李架上、小桌板上坐卧儿童进行安全宣传，及时劝阻制止 |
| 风险五 | 车厢地面湿滑 | 1. 督促保洁及时对车内地面湿滑处进行清理，采取防滑措施<br>2. 加强口头宣传 |
| 风险六 | 用药未及时登记 | 药箱妥善保管，加锁，实行专人对药箱进行监督管理，做好用药登记 |
| 风险七 | 旅客摔伤卡控点 | 1. 列车员立岗时，要认真组织旅客乘降，宣传旅客先下后上，避免人多拥挤导致旅客摔伤。对上下车的老、幼、病、残、孕等重点旅客以及穿高跟鞋的妇女、携带品较重的旅客进行重点照顾，做到多扶一把、多看一眼、多说一句<br>2. 列车广播和本车厢列车员要加强车内安全宣传，随时提醒成人看管好儿童，不要在车内乱跑、攀爬铺梯，防止摔伤<br>3. 普速列车途中停车站，特别是高站台车站，必须使用安全渡板及警示带，对下车购物旅客和儿童加强安全宣传，提醒成人看管好儿童，防止儿童从车体或站台夹缝处掉下摔伤 |

## 知识运用

### 一、案例分析

1. 始发站移交突发疾病旅客(死亡)案例

(1)事件概况

202×年×月×日，A站—B站D××次列车A站始发放客时，约7:45一旅客(男，约38岁)到4号车找到车长，称2车有旅客(黄××)突发急病，约7:46列车长随同该旅客立即赶到2车2位端现场了解情况，发现急病旅客脸色苍白、呼吸急促。该急病旅客称身体不适要下车治疗，列车长与通知车长的男性旅客一起将急病旅客搀扶背下车，同时车长口头通知车站工作人员到场处理。因时间仓促，车长与车站工作人员办理口头交接，称客运记录后补，全程未录视频，列车正点关门发车，收集旁证材料2份。9:43列车长接A站电话告知急病旅客治疗无效宣布死亡。9:44列车长向车队汇报此事，9:50列车长向指挥中心汇报。

(2)处置存在问题

①列车长未按规定打开视频监控。列车长接到热心旅客通知有旅客突发急病，列车长赶往现场途中未开启视频记录仪，之后将急病旅客移交车站全程也未开启视频记录仪，未按“旅客急病处置流程图”中规定接到信息赶往现场同时开启视频记录仪取证。

②对应急处置关键人不留意不重视。列车长接到热心旅客通知并一起帮助把急病旅客搀

扶背下车后，没有询问热心旅客车厢席位信息，为后面收集旁证材料做准备，也没有记住热心旅客长相，以致后面收集旁证材料时找不到该热心旅客，只能另找其他旅客收集 2 份旁证材料。

③现场指挥不灵活。开车后，列车长去处理另一起疾病处置，没有安排列车员去找寻前面的热心旅客，收集旁证材料。没有体现出对一名列车长的大局观，对所管理的班组人员没有做好灵活调配、指挥。

④列车长不重视，汇报不及时。列车长敏感性不强，对急病旅客事件不重视，开车后没有及时向车队和段指挥中心汇报，而是接到 A 站急病旅客死亡的消息后才向车队和段指挥中心汇报。

2. 移交疾病旅客联控不及时案例

(1)事件概况

202×年×月×日 G×次重联动车组列车，13:24 列车到达 A 站，列车编记录移交疾病旅客，车站未签收，经列车长联系×局集团公司客调通知 A 站签收(期间车站未联控作业完毕)，签收完毕后，车站也未联控，列车长提醒车站联控，列车于 13:32 开，晚开 6 min。

(2)事件原因

①车站违反《铁路旅客人身伤害及携带品损失处理暂行办法》(铁运〔2012〕319 号)第十二条“列车向车站移交伤害旅客时，车站不得拒绝接收”的规定。

②车站未及时使用对讲机通知列车长与客运有关的作业完毕。

(3)事件教训

①树立大局意识。将高铁安全和旅客安全作为政治红线和职业底线，进一步提高认识，树立大局意识，确保高铁和旅客安全。

②加强站车联系。进一步加强站车联系，特别是在非正常情况下加强联系沟通，积极主动办理站车交接工作，提前联系、有序交接，不推诿、不扯皮，确保列车正点。

③完善应急处置预案。进一步梳理、修订应急处置预案，不断适应运输生产需要。

## 二、应急演练

1. 旅客突发病伤应急演练方案

(1)立即报告

×月×日，G××次列车运行在××站至××站间，3 车旅客找到 1～4 车列车员，说腰部疼痛难忍。

1～4 车列车员：列车长，3 车有名旅客腰部疼痛难忍。

列车长：3 车有名旅客腰部疼痛难忍，列车长明白，随后就到。1～4 车列车员，维护好车厢秩序，确保救治现场空气畅通。

1～4 车列车员：维护好车厢秩序，1～4 车列车员收到。

(2)调查取证

列车长对讲机通知列车员：“5～8 车列车员立即将红十字救护药箱拿到 3 车。”

列车长广播：“女士们、先生们，本次列车有人患病，请医务工作者到 3 号车厢与列车工作人员联系，我代表患病旅客，向您表示感谢。”

列车长掌握急病旅客基本情况，使用视频仪进行录像取证。

医务工作者与列车红十字救护员共同对旅客实施救治。

经医务工作者与红十字救护员救治，旅客病情未好转。

(3)妥善处理

列车长询问旅客是否需要前方停车站“120”救护车救治，旅客同意。

列车长通知××站：G××次3车一名旅客突发急病，腰部疼痛难忍，需要派“120”救护车进行救治，旅客无同行人，请在3～4连接处3车车门办理交接。

××站：收到。

列车长向运行所在局集团公司客调、本段生产指挥中心报告：我是G××次列车长，3车一名旅客突发急病，腰部疼痛难忍，经医务工作者与红十字救护员救治，旅客病情未好转，已通知××站派“120”救护车进行救治，旅客无同行人。

运行所在局集团公司客调(本段生产指挥中心)：办理好交接工作，随时观察旅客病情。

列车长：办理好交接工作，随时观察旅客病情，G××次列车长收到。

列车到达××站后与车站值班员在客运记录上确认签字。

(4)反馈信息

列车长办理完交接开车后，列车长向运行所在局集团公司客调、本段生产指挥中心报告：“我是G××次列车长，3车一名突发急病旅客，与××站办理交接后，‘120’救护车接走进行救治，列车正点开车，列车秩序良好。”

对旅客了解后续病情后，向本段生产指挥中心报告(有车队派班室时，需向车队派班室报告)。

2. 动车组司机突发疾病无法值乘应急处置演练方案

(1)立即停车

×月×日，G××次列车运行在××站至××站间，司机突发急病，不能安全控制列车，司机立即停车。

列车员广播临时停车：“女士们、先生们，列车现在是临时停车，请列车员加强巡视，注意安全。”

列车长：“G××次司机，什么原因停车。”

司机：“我感觉身体不适，眼睛发花。”

列车长、随车机械师立即到场，由随车机械师打开操纵端司机室门，了解司机病情，停车地点。

列车长对讲机通知列车员：“5～8车列车员立即将红十字救护药箱拿到1车司机室，1～4车列车员广播寻找医务工作者。”

1～4车列车员广播：“女士们、先生们，本次列车有人患病，请医务工作者到1号车厢与列车工作人员联系，我代表患病人员，向您表示感谢”。

列车长立即向运行所在局集团公司客调、本段生产指挥中心报告：“我是G××次列车长，列车因司机突发急病，不能安全控制列车，列车临时停留在××站至××站间××千米××米处，已经通过广播寻找医务工作者，红十字救护员已经到场。”

(2)迅速抢救

医务工作者与列车红十字救护员共同对司机实施救治。

列车长：“1～4车列车员，维护好车厢秩序，确保救治现场空气畅通。”

1～4车列车员："维护好车厢秩序，1～4车列车员明白。"

经医务工作者与红十字救护员救治，司机病情好转，确认可以继续担当乘务工作。

(3)反馈信息

司机与列车长确认开车后，列车长向运行所在局集团公司客调报告："×局集团公司客调，我是G××次列车长，经过医务工作者和红十字救护员救治，司机已经可以继续担当乘务工作，列车现已开车，旅客无不良反应。"

## 典型工作任务四 客伤资料收集

### 任务目标

1. 能按规定收集旁证材料。
2. 会填写谈话记录。
3. 会签订和解协议。

### 知识链接

#### 一、旁证资料

1. 旁证资料要求

(1)发生旅客人身伤害后，列车长、站长应当及时组织现场查验，全面搜集、梳理相关证据资料，检查旅客所持车票的票种、票号、发到站、车次、有效期及有效身份证件信息等，描绘现场旅客定位图，收集不少于2份同行人或见证人的证言及查验记录、现场照片、录像等其他相关证据，形成比较完整的证据链，能够证明发生的过程和原因，初步明确性质，并妥善保管。旅客或第三人能够说明事件发生经过或责任的，应当由其出具书面材料，并签字确认。涉及违法犯罪或者旅客死亡的，由铁路公安机关组织现场勘查。

(2)证人应当具有完全民事行为能力。证人证言中应当记录证人的姓名、性别、年龄、地址、联系方式、有效身份证件信息等内容。有医务工作人员参加救治时，应当由其出具参与救治经过的证言。

(3)证言、证据应当真实，能够反映发生的时间、地点、过程、原因和结果。

2. 旁证资料收集方法

(1)对当事人、发现人、报告人、知情人及其他目击人进行询问。询问时，要注意态度。

(2)收集材料时必须实事求是，客观、细致、完整。

(3)收集材料时，要求两人以上(包括公安)，并按规定要求制作笔录，以示其合法性，一旦制作完成不能随意更改、增删，要保持原样。

3. 确定证人资格

(1)证人是否亲眼看见事情发生、发展、结束的任意一个或多个过程。

(2)证人的生理、年龄、智力等条件是否影响证人辨别是非和正确表达。

(3)证人与当事人双方的关系以及与事件的关系等。

4. 对证词进行审理

(1)审查证言本身是否自相矛盾。

(2)同一事件不同的证人证言证实的情况是否一致。

(3)证人证言与事件其他证据之间是否存在矛盾。

5. 编写证言材料

(1)首部五要素:姓名、性别、年龄;工作单位、职业、现住址;证明的时间;事情发生的时间;事情发生的地点。

(2)正文要求:内容真实,不加以想象和推理;内容详细,不重复、不冗长;内容有针对性,不写与所证情节无关的言词。

(3)尾部:核对内容是否全面、准确、有无遗漏,无误后签名(盖章),登记通信地址或其他联络方式、身份证号码。

## 二、谈话记录

谈话记录内容包括:

1. 询问事情发生的经过。
2. 涉及内容务必真实。
3. 被谈话人必须自愿。
4. 谈话记录需签字确认。

## 三、和解协议

和解协议要求如下:

1. 和解协议要在双方自愿的条件在签订。
2. 和解协议要描述清楚时间发生的经过。
3. 和解协议要说明事情的解决方法、赔偿措施。
4. 和解协议要有双方的签字确认。

# 知识运用

## 一、旁证材料实例

××××年××月××日××时××分,我从××站上车乘坐G××次列车去××,乘坐在×车×号,快到×站前,约××时××分的时候,我正要去洗脸间洗苹果,走过旁边也就是×号时,看到××号的男旅客刚端着泡好的方便面往自己座位走,我赶紧侧身给他让了让,当他刚准备端着面坐下时,自己手摇晃了一下,面里的开水就洒在他左手臂上,我和旁边座位的两位旅客立即找到乘务员,后又与列车长取得联系,经列车长广播寻找医生进行了简单救治,因天气炎热温度较高,怕烫伤的手臂发炎,因此列车长提前打电话与××车站联系,到站后将这位旅客交与××站送医院治疗。

以上是我亲眼所见。

××省××公司:杨××

证人姓名：杨××　　性别：男　　年龄：××岁

联系方式：××××××××××××　身份证号码：××××××××××××××××××××

地址：×××市×××路×××号

## 二、谈话记录实例

××××年×月××日，G××××次列车上，陈某的手指被乘客刘某压伤。乘务员对受伤手指处理完毕后，与陈某进行谈话并做好记录。记录如下：

谈话记录（受害旅客）

时间：××××年×月××日××时××分至××××年×月××日××时××分

地点：××次（××站至××站）列车餐车

谈话人签名：李某、蒋某　　工作单位：××客运段××组

记录人签名：蒋某　　　　工作单位：××客运段××组

被谈话人：陈某　　性别：男　　年龄：××岁　　籍贯：××省××县人

身份证件种类及号码：××××××××××××××××××××

现住址：××省××县××街××号　　联系方式：××××××××××××

问：我们是××铁路集团公司××客运段××班组的列车工作人员（表明身份、出示工作证件），现想向你了解今天发生在××次（××至××）列车上你被车厢过道门夹伤手指一事，你愿意吗？

答：愿意。

问：请你实事求是的反映问题。

答：好的。

问：请问你的姓名、年龄、单位、住址等基本情况？

答：我叫陈某某，男，汉族，初中文化，××年××月××日出生，户籍所在地××省××县××镇××村××号，现住址××省××市××街××号楼××号，联系电话×××××××××××

问：你是从哪里上车的？到哪里去？购买的是什么车票？

答：我是从××站上车的，准备到××去，我的车票是××次××至××站××车××号。

问：你今天在火车上发生了什么吗？

答：我的手指被厕所门夹伤了。

问：好的，请您把受伤过程叙述一下。

答：今天，我从××站上车后一直坐在座位上玩手机，直到车从××站发车不久。我想去上趟厕所，就从座位上起身，走到车厢过道上，来到厕所时，厕所门是关着的，我前面有一个年轻的男旅客正在前面走，他把厕所门打开后，随手用力把厕所门重新关上。我看到他想关厕所门，急忙用手去挡住，但他用的力气太大，把我的手指夹伤了。我的手指当时就破了，流了很多血，止都止不住，我当时疼得蹲到地上了。这时正好过来一名女列车员，她看到我握着手蹲在地上，周围流了很多血，连忙帮我扶到乘务间，并叫来了列车长。列车长和那名女乘务员找来医药棉纱和止血药，帮我把手指包扎起来，并给我受伤的手指拍了张照片，同时带我在×车厢找关门那名男旅客。

问：你现在能认出关门压伤你手指的那名男旅客吗？

答：能，就是刚才列车长和我一起找到的那名男旅客，当时他穿着一件黄色的T恤衫，我记得非常清楚，我手指被压时，他还回头看了我一眼。

问：当时还有什么人在现场看到了你被压伤的情况？

答：当时好像有一名女旅客在打开水，看到了我被压伤一事。

问：你的手指压伤得严重吗？

答：刚压伤的时候很痛很痛，流了很多血，你们帮我包扎后，现在好多了，手指关节现在也能活动了，骨头应该没有压坏。

问：对这件事你有什么要求？

答：非常感谢你们列车工作人员，你们的服务很好。我的手指受伤了，下车后我还要去治疗，我要求压伤我手指的那名男旅客赔偿我一部分的医药费，别的我没有什么要求。

问：好的，我们将把你的要求向那名男旅客反映，如果他愿意赔偿你的部分损失，你们可以进行和解。如果协商不成，你们可以通过司法途径进行处理。

答：好的。

问：你以上所说的是否属实？

答：属实。

问：你阅读下记录，看是否与你所说的相符，如果你无法阅读，我们可以读给你听，如果没有错误，请你在记录上签名、按印。

答：好的。我自己可以阅读。

以上记录我看过，与我说的相符

陈××（捺手印）

××年××月××日

**三、和解协议实例**

在“谈话记录”案例中，最终在乘务员的调解下，受伤旅客和第三方旅客达成和解，签订和解协议，协议内容如下。

和解协议书

甲方当事人：陈某某　性别：男　年龄：43岁　联系电话：×××××××××××

现住址或工作单位：××省××县××街道××号楼××号

代理人：________住址或工作单位______

乙方当事人：刘某某性别：男年龄：31岁　联系电话：×××××××××××

现住址或工作单位：××省××县××街道××号楼××号

代理人：________住址或工作单位______

事由：刘某某伤陈某某手指

简要情况：××××年××月××日×时许，××次（××站至××站）列车在××车站开出不久，××号车厢××号座位旅客刘某某从×号车厢去×号车厢时，在关闭厕所门时，将××车××号座位旅客陈某某的右手食指压伤，以上事实有刘某某、陈某某两人的亲笔证言，列车员高某某的证词等证据证实。

经协商，双方自愿达成协议如下：

1. 乙方刘某某向甲方陈某某当面赔礼道歉；

2. 乙方刘某某自愿一次性赔偿甲方陈某某医药费损失共计人民币 500 元,大写伍佰元整;

3. 今后双方互不追究对方任何责任。

履行期限:当场履行。

履行方式:口头赔礼道歉,并交付人民币 500 元,大写伍佰元整。

本和解协议书经双方当事人签字(或者涂指印)后,即发生法律效力,双方当事人应积极履行本协议,达成和解协议后不履行的,当事人可以就民事争议依法向人民法院提起民事诉讼。

本和解协议书一式三份,存档一份,双方当事人各一份。

甲方当事人:陈某某　　　　　　　　见证人:赵某某　孙某某

甲方代理人:

乙方当事人:刘某某

乙方代理人:

# 典型工作任务五　红十字救护

## 任务目标

1. 能正确使用铁路红十字药箱。
2. 能处理晕厥、低血糖、支气管哮喘、中暑等常见急症。
3. 能进行现场创伤检查,判断创伤情况,掌握创伤救护所需的止血基本技能。
4. 能够判断需要进行心肺复苏的情形,按规定进行心肺复苏操作。

## 知识链接

### 一、铁路红十字药箱认知

1. 相关定义

(1)铁路红十字药箱:在旅客列车、客运车站及沿线小站、工区旅客或铁路职工突发疾病或意外伤害时,用于应急救助便于携带装有非处方药品与器械的药箱,以下简称药箱。

(2)非处方药品:消费者可不经过医生处方,直接从药房或药店购买的药品,而且是不在医疗专业人员指导下就能安全使用的药品。在药品包装盒上有 OTC 标识的药品。

2. 配备原则

(1)铁路红十字药箱内的药品配置应该是国家基本药物范围内的常用、安全、方便、有效的非处方药品、消毒剂以及临床常用的诊疗用具。

(2)非处方药品应包括治疗突发性心血管疾病、高热、咳喘、腹泻、眩晕、过敏、疼痛、外伤出血的药品。

3. 配备标准

根据配置情况,将药箱分为甲、乙、丙三类。

(1)甲类药箱配备药品及器械种类

①药品类

a. 口服药

(a)感冒、退热、止咳化痰类：氨咖黄敏胶囊 5 盒、小儿氨酚黄那敏颗粒 1 盒、美酚伪麻片 1 盒、羧甲司坦片 1 盒。

(b)心血管类：速效救心丸 1 瓶。

(c)平喘类：二羟丙茶碱片 1 盒。

(d)止泻类：盐酸小柴碱片 1 瓶、口服补液盐 1 袋。

(e)抗过敏类：盐酸异丙嗪片 1 盒。

(f)抗晕类：氢溴酸东莨蓉碱片 1 盒。

(g)其他：云南白药 1 盒、藿香正气丸 1 盒。

b. 外用药

(a)退热：小儿退热贴 1 盒、小儿布洛芬栓 1 盒。

(b)外伤类：湿润烧伤膏 1 支、碘伏 1 瓶，苯扎氯铵贴 1 盒。

(c)其他：清凉油 1 盒，松节油探剂 1 瓶。

②器械类

表式袖带血压计 1 台、听诊器 1 个、体温计 2 支、袖珍手电筒 1 个、大剪刀 1 把、16 cm 穹头和直头止血钳各 1 把、12 cm 直镊子 1 把、消毒棉(签、球)、医用胶带 1 卷、三角巾 4 个、无菌纱布 1 包、无菌绷带 1 轴、弹力绷带 1 卷、橡胶止血带 3 根、保护带 2 条、无菌手套 3 副、呼吸面膜 2 片、一次性压舌板 4 片、一次性产包 1 个、一次性连体防护服 3 件、一次性口罩 6 个。

③消毒剂

含氯消毒片剂或粉剂 1 瓶/包，用于环境及物品消毒，单独放置。

(2)乙类药箱配备药品及器械种类

乙类药箱配备参照甲类药箱，器械类不配置保护带、一次性产包，其他数量比甲类可酌情减少。

(3)丙类药箱配备药品及器械种类

①药品类

a. 口服药

(a)感冒、退热、止咳化痰类：氨咖黄敏胶囊 5 盒、美酚伪麻片 2 盒、羧甲司坦片 2 盒、复方甘草片 1 瓶。

(b)心血管类：速效救心丸 1 瓶。

(c)平喘类：二羟丙茶碱片 1 盒。

(d)胃肠道类：多潘立酮片 1 盒、盐酸小檗碱片 1 瓶、口服补液盐 2 袋、氢氧化铝复方制剂 1 袋。

(e)抗过敏类：盐酸异丙嗪片 1 盒。

(f)抗眩晕类：氢溴酸东莨菪碱片 1 盒。

(g)其他：云南白药 1 盒、蛇药片 1 盒、藿香正气丸 1 盒。

b. 外用药

(a)外伤类：湿润烧伤膏 1 支、碘伏 1 瓶、苯扎氯铵贴 1 盒。

(b)其他：氯霉素滴眼液 3 支、祛风油 1 瓶、复方丁香罗勒油(红花油)1 瓶、松节油搽剂 1

瓶、伤湿止痛膏 1 盒。

②器械类

血压计 1 台、听诊器 1 个、体温计 2 支、袖珍手电筒 1 个、大剪刀 1 把、16 cm 弯头止血钳 1 把、消毒棉(签、球)、医用胶带 1 卷，三角巾 2 个、无菌纱布 1 包、无菌绷带 1 轴、弹力绷带 1 卷，橡胶止血带 2 根、无菌手套 2 副。

③消毒剂

含氯消毒片剂或粉剂 1 瓶/包，用于环境及物品消毒，单独放置。

4. 使用原则

(1)药箱配置

甲类药箱配置：单程全程运行时间超过 4 h、运行区间超过 1 h 或总运行距离超过 1 000 km 的旅客列车。

乙类药箱配置：客运车站或达不到上述条件的旅客列车。

丙类药箱配置：沿线小站、工区。

各铁路局集团公司根据本局集团公司旅客列车使用药械的情况可适当增加药品及器械的配置数量。

(2)使用规定

①旅客列车

在旅客列车上遇到旅客患病时，通过列车广播向旅客中的医务工作者求助。列车红十字救护员立即携带药箱到达现场，并对伤病员及时实施初步救护。红十字救护员在实行紧急救护时应将有关情况告知患者及同行旅客。箱内药品与器械限于在旅客列车运行中，车上人员突发疾病或创伤时简易救治。红十字救护员用药械后应当客观、翔实地填写药械使用登记表，登记表应包含日期、药品名称、数量、发放人签名和使用人签名。

②客运车站

在车站遇到旅客患急重症需要紧急抢救时，应旅客要求或本人已神志不清时立即联系 120 急救中心。在 120 救护车到来之前，车站红十字救护员立即携带药箱到达现场，并对伤病员及时实施初步救护，同时通过车站广播向旅客中的医务工作者求助。红十字救护员在实行紧急救护时应将有关情况告知患者及同行旅客，箱内药品与器械限于在旅客候车期间突发疾病或创伤时简易救治，红十字救护员用药械后应当客观、翔实地填写药械使用登记表。

③沿线小站、工区

箱内药品与器械限于职工工作期间突发疾病或创伤时简易救治。用药械后应当客观、翔实地填写药械使用登记表。

④药械补充

各管理单位每月补充药械时，应携带上月的药械使用登记表及药械补充申领表。列车红十字药箱内的药械每次使用消耗后，应在返乘时及时向客运段申领补充，确保在出乘时药械齐全。其他单位红十字药箱内的药械每月补充一次，如有特殊情况药械用完可随时申请补充。

5. 铁路红十字药箱管理

(1)放置地点与标识

旅客列车红十字药箱放置于列车医疗点，客运车站红十字药箱放置于候车室，工区放置于方便使用的地方。放置红十字药箱的位置应设置紧急救护标识，明示紧急救护设施。紧急救护标识和药箱外标识统一使用红十字标识(图 1-7)。

(2)使用证和清单目录

每个药箱内应有使用证(图 1-8)和清单目录,使用证应有发证机构盖章,清单目录包括药品品名、数量及有效期。

图 1-7　红十字标识

铁路红十字药箱使用证

单位名称:

使用地址:

适用范围:旅客或铁路职工突发急病或创伤时,简易救治免费使用。

发证机关:　　　　　　（盖章）

图 1-8　铁路红十字药箱使用证

(3)管理人员

药箱由经过初级及以上红十字救护培训并取得合格证的红十字救护员专人负责管理,并及时检查药品的完整性和有效期。上级管理部门适时对药箱的使用情况进行检查与指导。

(4)药品回收

使用单位不得随意丢弃过期药品,而应做好登记,交回给配备部门,由配备部门交回医药部门集中销毁,以防流入非法渠道。

## 二、红十字救护方法

### 1. 心肺复苏

现场救护员首先对患者有无反应、意识和呼吸做出基本判断。只要发现无意识、无呼吸(或叹息样呼吸),立即向急救系统求救后开始进行心肺复苏(CPR)。

(1)识别判断

判断意识:现场救护员在患者身旁快速判断其有无损伤和反应,判断成人意识可轻拍患者双肩,并大声呼叫:“你怎么了?”判断婴儿意识可用手指轻弹或拍其足底。患者无动作或应声,即判断为无意识。

判断呼吸:如患者无意识,应立即检查患者有无呼吸。如果患者为俯卧位,先将其翻转为仰卧位再检查呼吸。保持患者呼吸道通畅,采用“听、看、感觉”的方法判断呼吸,检查时间约 10 s。

(2)呼叫、求救

发现患者无意识、无呼吸(或叹息样呼吸),应立即高声呼叫:

“快来人呀,有人晕倒了!”

“我是救护员。”

“请这位先生(女士)帮忙拨打‘120’,附近如果有 AED 请取来。”

“有会救护的请帮忙。”

当拨通急救电话后，要清楚地回答急救接线员的询问，并进行简要说明。

(3)心肺复苏体位

如果急救人员判断患者无反应、无呼吸或是呼吸异常，将患者置于心肺复苏体位。

①救护员位置

现场急救人员位于被复苏者的一侧，宜于右侧，近胸部部位。

②心肺复苏体位

如果被救者处于俯卧位或其他不宜复苏体位，急救人员应将被救者翻转为复苏体位。

(4)徒手心肺复苏

①胸外按压

a. 确定按压部位。胸部正中、两乳头连线水平，即胸骨下半部；难以准确判断乳头位置时(如体型肥胖、乳头下垂等)，可采用滑行法。

b. 一只手掌根紧贴患者胸壁，双手十指相扣，掌根重叠，掌心翘起。

c. 肘关节伸直，上肢呈一直线，双肩位于手上方，以保证每次按压的方向与胸骨垂直。

d. 对正常体形的患者，按压胸壁的下陷幅度至少为 5 cm，但不超过 6 cm。

e. 每次按压后，放松使胸廓恢复到按压前位置，放松时双手不离开胸壁，连续按压 30 次。

f. 按压频率为 100～120 次/min。

g. 按压与放松间隔比为 1∶1。

②开放气道

观察口腔，如有异物进行清除。采用抬头举颏法打开气道，下颌角及耳垂连线与平卧面约呈 90°角。

③人工呼吸

救护员用手捏住患者鼻孔，防止漏气，用口把患者口完全罩住，呈密封状，缓慢吹气 2 次，每次吹气应持续 1 s，确保吹气时可见胸廓隆起。吹气不可过快或过度用力，推荐约 500～600 mL 潮气量。

④重新评价

以 30∶2 的按压/吹气比例，进行 5 组 CPR。5 组后，重新检查呼吸和脉搏，时间约 10 s。如患者心搏和自主呼吸仍未恢复，继续重复 CPR。如患者心搏和自主呼吸已恢复，应将其翻转为复原体位，随时观察生命体征。

⑤单纯胸外按压的 CPR

若施救者在救治心搏骤停患者时不愿或不能实施口对口人工呼吸，可只进行胸外按压。胸外按压应连续进行，每分钟 100～120 次。持续按压，直到专业急救人员到达或患者恢复心搏和自主呼吸。但是，对于儿童、婴儿及缺氧性心搏骤停的患者(如溺水、呼吸道阻塞)，应实施带人工呼吸的心肺复苏。

⑥其他特殊情况

对淹溺或其他因窒息原因所致心搏骤停者，如果只有一人在现场而无法同时呼救时，应先实施 1 min CPR，然后再启动急救系统。如有 2 人及以上在场，一人打电话，另一人马上实施 CPR。

(5)儿童心肺复苏

①操作步骤

a. 用手拍打儿童双肩并大声呼唤，判断有无意识；用“听、看、感觉”的方法判断有无呼吸。

b. 无意识、无呼吸(或叹息样呼吸)，立即启动急救系统。

c. 立即实施 CPR,如果只有一人在现场而无法同时呼救时,应先实施 1 min CPR,再启动急救系统,继续 CPR。

②儿童 CPR 标准流程

a. 开放气道:观察口腔,如有异物进行清除。采用抬头举颏法打开气道,下颌角及耳垂连线与平卧面约呈 60°角。

b. 人工呼吸:采用口对口人工呼吸,每次吹气时间应持续约 1 s,连续吹气 2 次,吹气时可见胸廓隆起。

c. 胸外按压:按压部位与成人相同,为胸部正中、两乳头连线水平,即胸骨下半部,采用单掌或双掌按压,按压频率 100～120 次/min,按压深度至少为胸廓前后径的 1/3(约 5 cm),每次按压后胸廓完全恢复原状。单人施救按压/吹气比 30∶2,2 人及以上施救为 15∶2。每 5 组 CPR 评估一次效果。

(6)婴儿心肺复苏

①操作步骤

a. 用手拍打足底,判断有无意识;用"听、看、感觉"的方法判断有无呼吸。

b. 无意识、无呼吸(或叹息样呼吸),立即启动急救系统。

c. 立即实施 CPR,如果只有一人在现场而无法同时呼救时,应先实施 1 min CPR,再启动急救系统,继续 CPR。

②婴儿 CPR 操作流程

a. 开放气道:观察口腔,如有异物进行清除。采用抬头举颏法打开气道,下颌角及耳垂连线与平卧面约呈 30°角。

b. 人工呼吸:采用口对口鼻人工呼吸,每次吹气时间应持续约 1 s,连续吹气 2 次,吹气时可见胸廓隆起。

c. 胸外按压:按压部位为胸部正中、两乳头连线下方水平,采用双指或双手环抱双拇指按压(只适应于双人施救时),按压频率 100～120 次/min,按压深度至少为胸廓前后径的 1/3(约 4 cm),每次按压后胸廓完全恢复原状。单人施救按压/吹气比为 30∶2,2 人及以上施救为 15∶2。每 5 组 CPR 评估一次效果。

2. 创伤出血与止血

严重的创伤常引起大量出血而危及伤员的生命,在现场及时、有效地为伤员止血是挽救生命必须采取的措施。血液由血浆和血细胞组成。成人的血液量约占自身体重的 8%,每千克体重含有 60～80 mL 血液。

(1)出血类型

①按出血部位分

出血是指血管破裂导致血液流至血管外,按其出血部位分为外出血和内出血。外出血是指血液经伤口流到体外,在体表可看到出血;内出血是指血液流到组织间隙、体腔或皮下。身体受到损伤时可能同时存在内、外出血。

②按血管类型分

按血管类型可分为动脉出血、静脉出血和毛细血管出血。

a. 动脉出血。动脉血含氧量高,血色鲜红。一旦动脉受到损伤,出血可呈涌泉状或随心搏节律喷射。

b. 静脉出血。静脉血含氧量少，血色暗红。一旦静脉受到损伤，血液可大量涌出。

c. 毛细血管出血。任何出血都包括毛细血管出血，血色鲜红，出血量一般不大。

③失血量与症状

a. 轻度失血。突然失血占全身血容量 20%(成人失血约 800 mL)，可出现轻度休克症状：口渴、面色苍白、出冷汗、手足湿冷、脉搏快而弱(可达每分钟 100 次以上)。

b. 中度失血。突然失血占全身血容量 20%～40%(成人失血 800～1 600 mL)时，可出现中度休克症状：呼吸急促烦躁不安，脉搏可达每分钟 100 次以上。

c. 重度失血。突然失血占全身血容量 40%(成人失血约 1 600 mL)以上时，可出现重度休克症状：伤员表情淡漠，脉搏细、弱或摸不到，血压测不清，随时可能危及生命。

(2)外出血止血方法

①止血材料

常用的材料有无菌敷料、细带、三角巾、创可贴、止血带，也可用毛巾、手绢、布料、衣物等代替。

②少量出血的处理

伤员伤口出血不多时，可做如下处理：

a. 救护员先洗净双手(最好戴上防护手套)。

b. 表面伤口和擦伤用干净的流动的水冲洗。

c. 用创可贴或干净的纱布、手绢包扎伤口。

注意：不要用药棉或有绒毛的布直接覆盖在伤口上。

(3)严重出血的止血方法

控制严重的出血，要分秒必争，立即采取止血措施，同时呼叫救护车。

①直接压迫止血法(最直接、快速、有效、安全的止血方法，可用于大部分外出血的止血)

a. 救护员快速检查伤员伤口内有无异物，如有表浅小异物要先将其取出。

b. 将干净的纱布或手帕等作为敷料覆盖到伤口上，用手直接压迫止血。必须是持续用力压迫。

c. 如果敷料被血液浸透，不要更换，再取敷料在原有敷料上覆盖，继续压迫止血，等待救护车到来。

②加压包扎止血法

在直接压迫止血的同时，可用绷带(或三角巾)加压包扎。

a. 救护员首先直接压迫止血，压迫伤口的敷料应超过伤口周边至少 3 cm。

b. 用绷带(或三角巾)环绕敷料加压包扎。

③止血带止血法

当四肢有大血管损伤，直接压迫无法控制出血，或不能使用其他方法止血以致危及生命时，尤其在特殊情况下(如灾难、战争环境、边远地区)，可使用止血带止血。

a. 表带式止血带止血。

(a)如上肢出血，在上臂的上 1/3 处(如下肢出血，在大腿的中上部)垫好衬垫(可用绷带、毛巾、平整的衣物等)。

(b)将止血带缠绕在肢体上，将一端穿进扣环，并以拉紧至伤口停止出血为度。

(c)在明显的部位注明结扎止血带的时间。

b. 布带止血带止血。

在事故现场，往往没有专用的止血带，救护员可根据现场情况，就地取材，利用三角巾、围巾、领带、衣服、床单等作为布带止血带。但布带止血带缺乏弹性，止血效果差，如果过紧还容易造成肢体损伤或缺血坏死，因此，尽可能在短时间内使用。

(a)将三角巾或其他布料折叠成约 10 cm 宽平整的条状带。

(b)如上肢出血，在上臂的上 1/3 处(如下肢出血，在大腿的中上部)垫好衬垫(可用绷带、毛巾、平整的衣物等)。

(c)用折叠好的条状带在衬垫上加压绕肢体一周，两端向前拉紧，打一个活结(也可先将条状带的中点放在肢体前面，平整地将带的两端向后环绕一周作为衬垫，交叉后向前环绕第二周，并打一活结)。

(d)将一绞棒(如铅笔、筷子、扫把、竹棍等)插入活结旁的圈内，然后提起绞棒旋转绞紧至伤口停止出血为度。

(e)将棒的另一端插入活结套内固定。

(f)结扎好止血带后，在明显的部位注明结扎止血带的时间。

c. 注意事项。

出血救护流程如图 1-9 所示。

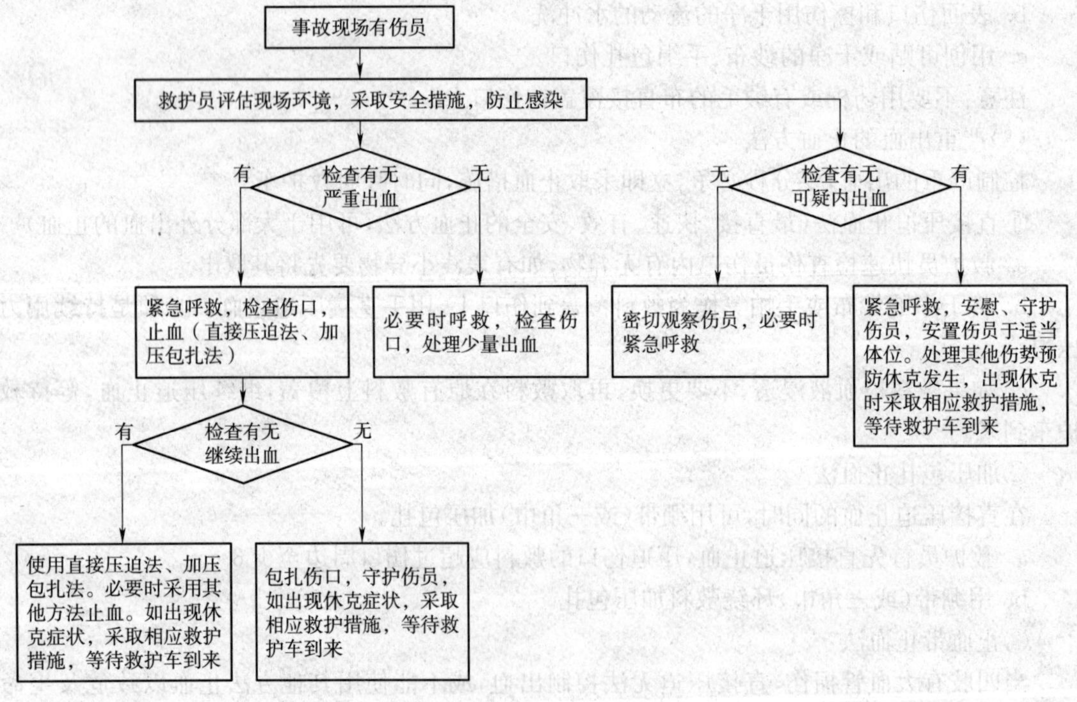


图 1-9 出血救护流程

(a)止血带不要直接结扎在皮肤上，应先用平整的衬垫垫好，再结扎止血带。

(b)结扎止血带的部位应在伤口的近心端。上肢结扎应在上臂的上 1/3 处，下肢结扎应在大腿中上部。对于损毁的肢体，也可把止血带结扎在靠近伤口的部位，有利于最大限度地保存肢体。

(c)止血带松紧要适度,以伤口停止出血为度。

(d)结扎好止血带后,要在明显部位加上标记,注明结扎止血带的时间,应精确到分钟。

(e)结扎止血带后每隔 40～50 min 或发现伤员远端肢体变凉,应松解一次,松解时如有出血,可压迫伤口止血。松解约 3 min 后,在比原结扎部位稍低的位置重新结扎止血带。

(f)应尽快送伤病员去医院救治。

(g)禁止用铁丝、电线、绳索等当作止血带。

3. 晕厥

晕厥俗称昏厥,是指患者突然发生严重的、一过性的脑供血障碍,从而导致的短暂意识丧失。发作时意识完全丧失,患者不能维持正常姿势而就地摔倒。

(1)临床表现

突然发生迅速的、短暂的、自限性的,并且能够完全恢复的意识丧失,即所谓"来得快,去得快"。意识丧失的持续时间多在 30 s 以内。

(2)应急救护原则

①立即将患者以仰卧位置于平地上,头略放低,松开过紧的衣领和腰带等。

②开窗通风,保持室内空气清新。

③观察患者的神志及生命体征,检查有无摔伤。

④上述处理未见好转,应拨打急救电话,或将患者送至就近的医院进一步诊治。

4. 糖尿病急症

糖尿病急症主要有糖尿病酮症酸中毒、高血糖高渗状态、低血糖症等。以下重点介绍低血糖症。

(1)临床表现

出汗、颤抖、心悸、焦虑、紧张、有饥饿感、软弱无力、面色苍白、四肢发冷、脉搏快而饱满等。

(2)应急救护原则

①安静平卧位,注意观察生命体征,保持气道通畅。

②有条件时可测试血糖水平。

③意识清醒者鼓励进食甜食或糖水。

④严重者拨打急救电话,迅速护送至医院。

5. 支气管哮喘

(1)临床表现

多数患者有支气管哮喘发作史。常见症状有咳嗽、喘息、呼吸困难、胸闷、发绀,严重时被迫采取坐位或端坐呼吸。

(2)应急救护原则

①将呼吸困难的患者移至舒适的位置、空气流通的环境,松开衣物,保持气道通畅,如有条件应立即给予吸氧。

②经过培训的救护员可帮助呼吸困难的患者使用自备的支气管扩张药。

③立即呼叫"120",送就近医院进一步诊治。

6. 中暑

高温是发生中暑的根本原因。体内热量不断产生,散热困难,外界高温又作用于人体,体内热量越积越多,加之体温调节中枢发生障碍,身体无法调节,最后引起中暑。

(1)临床表现

多汗、口渴、乏力、头晕、头痛、眼花、耳鸣、恶心、胸闷、心悸、体温正常或略高。

(2)应急救护原则

①立即将患者转移到阴凉、通风或温度较低的环境。

②口服淡盐水或含盐清凉饮料，还可服用藿香正气水、十滴水、人丹等。

③体温升高者，可采用冷敷(用冰袋冷敷双侧腋下、颈动脉处及腹股沟区等)、冷水擦浴全身(除胸部)。

④必要时呼叫“120”。

## 知识运用

### 一、案例分析：发烧旅客救护

1. 事件概况

202×年×月×日，G×次列车驶出A站后，5车厢乘务员接到一位母亲求助，其十岁儿子突发高烧。母子从B站上车准备去往C站。

2. 事件处理

(1)乘务员通过对讲机向列车长汇报情况。

(2)乘务员用水银温度计为患者测量体温，体温38.5℃，中度发烧。

(3)乘务员在其母亲的配合下进行物理降温。

(4)乘务员发动广大旅客提供适用于儿童的降温药品，最终6号车厢一位旅客提供了降温药，为患病儿童服下。

(5)列车途经×站后，患者病症有所缓解，在征得其母亲同意后，不需要下车进行治疗。

(6)乘务员嘱咐周围乘客提供必要帮助，并留2份旁证材料。

### 二、案例分析：划伤手指旅客救护

1. 事件概况

202×年×月×日，G×次动车组列车上，3号车厢乘客王某在用水果刀削梨子时，不慎将手指划伤流血，乘务员带医药箱赶来救护。

2. 事件处理

(1)通知列车长，广播寻找医务人员协助处理。

(2)采用加压包扎方法进行止血处理。

(3)经过处理后，停止流血。

(4)经医务人员确认无大碍，并征求旅客意见后，不需要下车处理。

(5)保留2份旁证材料，如有医务旅客参与，需留下证明材料。

### 三、案例分析：昏厥旅客救护

1. 事件概况

202×年×月×日，G×次动车组列车驶出A站。对讲机里传来急促的声音：“列车长，5

号车厢有一位老人身体不适，晕倒在地。”列车长王某吩咐广播求医，自己带着药箱快速赶到现场，老人的家人和旅客都焦急围在一旁，王某立即疏散旅客，留出空间，保持空气流通，老人渐渐有了意识，列车员陈某拿了杯热水给老人。此时，一名医生旅客听到广播赶了过来，为老人就医，诊断为血压偏高，医生建议尽快下车就医，以防不测。王某立即致前方停车站B站联系救护车，同时做好旁证材料。列车到达B站，王某将老人和家属一起交给车站，并送上救护车。

2. 事件处理

(1)通知列车长。

(2)将晕厥旅客置于通风环境中进行相应救助。

(3)通过广播，寻找医生协助进行救助。

(4)判断晕厥原因，根据实际情况决定是否需要中途下车治疗。

(5)保留2份旁证材料。

## 复习思考题

1. 铁路乘意险的特点有哪些？
2. 旅客人身伤害事故的处理原则有哪些？
3. 哪些旅客人身伤害情形，车站应承担相应责任？
4. 哪些旅客人身伤害情形，列车应承担相应责任？
5. 列车发现精神病患者应如何处理？
6. 受伤旅客经现场抢救无效死亡，旅客尸体应如何处理？
7. 车站发生旅客疾病或意外伤害时，应如何处理？
8. 列车发生旅客疾病或意外伤害时，应如何处理？
9. 旅客突发疾病或意外伤害时，收集旅客证明材料时注意事项有哪些？
10. 铁路红十字药箱配置和使用规定是什么？

# 项目二　火灾爆炸应急处置

## 学习目标

1. 知识目标
- 掌握铁路消防安全管理的相关要求
- 掌握火灾分类和等级
- 掌握旅客运输“三品”的查堵及处理方法
- 掌握车站和列车火灾应急处理流程
- 明确消防组织和岗位职责

2. 能力目标
- 能按规定进行消防安全管理
- 能按规定进行旅客运输“三品”的查堵及处理
- 能达到消防知识“四懂四会一禁止”，消防设备“两知一会”标准
- 发生火灾爆炸事故时能够进行应急处理

3. 素质目标
- 具有良好的职业意识和安全意识
- 具有较强的集体意识和团队合作精神
- 具有自我管理能力，能履行道德准则、行为规范和行业规范

## 典型工作任务一　消防安全认知

### 任务目标

1. 能达到消防知识“四懂四会一禁止”，消防设备“两知一会”标准。
2. 掌握火灾等级和分类。
3. 掌握旅客运输“三品”的查堵及处理。

### 知识链接

#### 一、消防知识应达到的标准要求

消防安全管理贯彻“预防为主、防消结合”的方针，坚持“铁路局集团公司统一领导、业务部门加强管理、专门机关依法监督”的原则，实行岗位防火责任制和标准化管理。部门组织认真学习消防知识，人人达到消防安全“四懂四会一禁止”，消防设备“两知一会”（知位置、知性能、会使用）。

1. 四懂

“四懂”是懂火灾的危险性、懂火灾预防措施、懂扑灭初期火灾的方法、懂得逃生疏散的方法。

(1)懂火灾的危险性。火一旦失去了控制,超出有效的范围,就会烧掉人类经过辛勤劳动创造的物质财富,甚至夺去许多人的生命和健康,造成难以挽回和弥补的损失。

(2)懂火灾预防措施。控制可燃物、控制着火源等。

(3)懂扑灭初期火灾的方法。冷却法、窒息法、隔离法、抑制法。

(4)懂得逃生疏散的方法。

2. 四会

“四会”是会报警、会使用消防器材、会扑救初期火灾、会组织人员疏散逃生。

(1)会报警。当发现火灾要迅速拨打 119 火警电话,报警时要清晰说明失火地点、性质、火势大小、进入火点道路等情况。

(2)会使用消防器材。要学会使用灭火器、消火栓、缓降器、防烟面罩等消防设施。

(3)会扑救初期火灾。

(4)会组织人员疏散逃生。

3. 一禁止

禁止在灭火器上挂放物品。

## 二、火灾等级及分类

1. 火灾分类

火灾依据物质燃烧特性,可划分为 A、B、C、D、E 五类。

(1)A 类火灾:指固体物质火灾。这种物质往往具有有机物质性质,一般在燃烧时产生灼热的余烬。如木材、煤、棉、毛、麻、纸张等火灾。

(2)B 类火灾:指液体火灾和可熔化的固体物质火灾。如汽油、煤油、柴油、原油、甲醇、乙醇、沥青、石蜡等火灾。

(3)C 类火灾:指气体火灾。如煤气、天然气、甲烷、乙烷、丙烷、氢气等火灾。

(4)D 类火灾:指金属火灾。如钾、钠、镁、铝镁合金等火灾。

(5)E 类火灾:指带电物体和精密仪器等物质的火灾。

2. 火灾等级

火灾事故分为特别重大、重大、较大和一般火灾的等级标准,“以上”含本数,“以下”不含本数。

(1)特别重大火灾是指造成 30 人以上死亡,或者 100 人以上重伤,或者 1 亿元以上直接财产损失的火灾。

(2)重大火灾是指造成 10 人以上 30 人以下死亡,或者 50 人以上 100 人以下重伤,或者 5 000 万元以上 1 亿元以下直接财产损失的火灾。

(3)较大火灾是指造成 3 人以上 10 人以下死亡,或者 10 人以上 50 人以下重伤,或者 1 000 万元以上 5 000 万元以下直接财产损失的火灾。

(4)一般火灾是指造成 3 人以下死亡,或者 10 人以下重伤,或者 1 000 万元以下直接财产损失的火灾。

## 三、旅客运输“三品”的查堵及处理

1. 防止“三品”造成事故的方法

三品即易燃品、易爆品、有毒危险品。

(1)站车要利用各种宣传工具,多渠道、多形式大力向旅客宣传严禁携带“三品”进站上车的规定。

(2)站车广播要把此项工作列入广播计划,每天应多次进行专题广播。同时要在主要候车、售票、进出站通道等场所张贴“三品”宣传画、宣传揭示。

(3)客运人员要加强口头宣传。认真执行铁路旅客运输危险品检查处理有关规定。

“三品”查堵工作要经常化、制度化、常年坚持。应该严格把住检查“五道关”。即:

①站台清理关。在始发车、过路车进入本站以前,要对滞留在站台上的旅客和闲杂人员进行彻底清理,不准任何旅客和行李未经车站检查提前进入站台上车。

②通道看守关。所有能够进入站台的非旅客检票进站通道,要指派负责的人员看守,禁止闲杂人员和乘车人员从这些通道进入站台上车。

③进站检查关。对进站候车旅客一律要经过检查,方可进站上车。负责行李开包检查人员,要高度负责,认真检查。有“三品”安检仪的车站,要开机检查,专人监视,发现可疑,立即开包逐件检查,确认无误方可放入。

④候车检查关。各候车室的客运、公安及执勤人员对出候车室又重新进入候车室旅客的行李要重新开包检查。

⑤站台检查关。中间小站要加强站台两头的卡堵,对未经候车检查的旅客行李,都要开包逐一检查。

2. 危险品检查

(1)实施运输安全检查的铁路职工应当统一着装,佩带“安全检查证”。

(2)安检工作应当坚持“安全第一、严格检查,文明执勤、热情服务”的原则。安检人员值勤时不得从事与安检工作无关的活动。

(3)安检工作可采用仪器或人工查验。对旅客和托运人进入下列场所时应进行安检:

①铁路车站站房和作为车站组成部分的广场、站台、候车、售票、行包托运、寄存场所、宾馆饭店等。

②车站在站房外划定的候车区域。

③旅客列车。

(4)手工人身检查由公安机关依法实施,对女旅客实施手工人身检查时,必须由女工作人员进行。

(5)旅客携带物品和托运的行李、包裹都必须经过安检仪检查,发现可疑物品时应当开箱(包)检查,必要时也可以随时抽查。未配备安检仪或仪器故障及临时停电时,要逐个开箱(包)检查。

(6)实施人工检查时,一般应由旅客自己打开行李、包裹或携带物品,必要时可由检查人员进行重点开包查验,但应尽量保持旅客物品完好。因检查不慎损坏物品时,应当按有关规定,经安检领导小组认定并区分责任后进行赔偿,应由安检部门赔偿的,在事故损失性费用中列支。

(7)旅客或托运人申明所携物品不宜接受公开检查的,安检人员应根据实际情况,在适当场合检查。

(8)旅客或托运人无正当理由拒绝检查时,携带或托运物品疑似为危险物品,但受客观条件限制又无法认定其性质的,旅客或托运人又不能提供该物品性质和可以经旅客列车运输的检测证明时,在车站应拒绝其进站或运输;在列车上终止其旅行或托运,由列车长编制客运记录,交前方停车站处理。

(9)对可疑物品的检查可按下列原则掌握:凡封装良好,无针孔、破封等异常情况,能够确认为瓶装酒、水、易拉罐饮料等物品，以及能够确认其物质安全性的肥皂等块状、膏状物品予以放行；属于易燃、易爆、剧毒、腐蚀等危险品要坚决收缴；不能辨明识别的，要采取开盖检查、请专业部门鉴定等方法，查明性质，妥善处置，确保安全。

(10)严禁持站台票人员和其他人员未经安检从出站口进入车站；铁路职工应凭工作证进入车站，携带行李物品必须通过安全检查；进入车站区域作业的职工必须佩带明显标志；严禁非工作人员通过行李房或随客车车底进站；严禁列车工作人员从车库带人进站；车站内部职工通道应由相关单位派专人把守。

(11)遇到停电、机器故障时，要进行人工开包检查，坚决把"三品"堵在站外车下。按排查六字法作业，即："宣、看、问、闻、摸、查"。

六字法的内容：

①宣：广播宣传安全知识。

②看：看进站旅客的表情，进行初步判断。

③问：对旅客携带品进行询问。

④闻：旅客携带物品是否有异味。

⑤摸：用手触摸旅客携带品进行初步检查。

⑥查：旅客携带品通过检查仪，对重点进行开包检查。

⑦处：处理危险品。

3. 禁止旅客携带"三品"目录

(1)枪支、子弹类(含主要零部件)。

①军用枪、公务用枪：手枪、冲锋枪、步枪、机枪、防暴枪等以及各类配用子弹。

②民用枪：气枪、猎枪、运动枪、麻醉注射枪等以及各类配用子弹。

③道具枪、发令枪、钢珠枪、催泪枪、电击枪等以及各类配用子弹。

④上述物品的样品、仿制品。

(2)爆炸物品类。

①弹药：炸弹、照明弹、燃烧弹、烟幕弹、信号弹、催泪弹、毒气弹、手雷、地雷、手榴弹等。

②爆破器材：炸药、雷管、导火索、导爆索、震源弹、爆破剂等。

③烟火制品：礼花弹、烟花(含冷光烟花)、鞭炮、摔炮、拉炮、砸炮等各类烟花爆竹，发令纸、黑火药、烟火药、引火线，以及"钢丝棉烟花"等具有烟花效果的制品等。

④上述物品的仿制品。

(3)管制器具。

①管制刀具：根据《管制刀具分类与安全要求》(GA 1334—2016)，认定为管制刀具的专用刀具(匕首、刺刀、佩刀、三棱刮刀、猎刀、加长弹簧折叠刀等)、特殊厨用刀具(加长砍骨刀、加长西瓜刀、加长分刀、剔骨刀、屠宰刀、多用刀等)、开刃的武术与工艺礼品刀具(武术刀、剑等)，以及其他管制刀具[超过《日用刀具分类与安全要求》(GA/T 1335)规定的尺寸规格限制要求的各种刀具]。

②其他器具：警棍、军用或者警用匕首、催泪器、电击器、防卫器、弩、弩箭等。

(4)易燃易爆物品。

①压缩气体和液化气体：氢气、甲烷、乙烷、环氧乙烷、二甲醚、丁烷、天然气、乙烯、氯乙烯、丙烯、乙炔(溶于介质的)、一氧化碳、液化石油气、氟利昂、氧气(供病人吸氧的袋装医用氧气除外)、水煤气等。

②易燃液体:汽油(包括甲醇汽油、乙醇汽油)、煤油、柴油、苯、酒精、酒精体积百分含量大于70%或者标志不清晰的酒类饮品、1,2—环氧丙烷、二硫化碳、甲醇、丙酮、乙醚、油漆、稀料、松香油等。

③易燃固体:红磷、闪光粉、固体酒精、赛璐珞、发泡剂H、偶氮二异庚腈等。

④自燃物品:黄磷、白磷、硝化纤维(含胶片)、油纸及其制品等。

⑤遇湿易燃物品:金属钾、钠、锂、碳化钙(电石)、镁铝粉等。

⑥氧化剂和有机过氧化物:高锰酸钾、氯酸钾、过氧化钠、过氧化钾、过氧化铅、过醋酸、双氧水、氯酸钠、硝酸铵等。

(5)毒害品。

氰化物、砒霜、硒粉、苯酚、氯、氨、异氰酸甲酯、硫酸二甲酯等高毒化学品以及灭鼠药、杀虫剂、除草剂等剧毒农药。

(6)腐蚀性物品。

硫酸、盐酸、硝酸、氢氧化钠、氢氧化钾、有液蓄电池(含氢氧化钾固体、注有酸液或碱液的)、汞(水银)等。

(7)放射性物品。

放射性物品指含有放射性核素,并且其活度和比活度均高于国家规定豁免值的物品,详见《放射性物品分类和名录(试行)》。

(8)感染性物质。

感染性物质包括可感染人类的高致病性病原微生物菌(毒)种和感染性样本,详见《人间传染的病原微生物名录》中危害程度分类为第一类、第二类的病原微生物。

(9)其他危害列车运行安全的物品。

①可能干扰列车信号的强磁化物。

②硫化氢及有强烈刺激性气味或者有恶臭等异味的物品。

③容易引起旅客恐慌情绪的物品。

④不能判明性质但可能具有危险性的物品。

(10)法律、行政法规、规章规定的其他禁止携带、运输的物品。

4. 危险品的处理

(1)站车检查出危险品时,按下列规定处理:

①对危险品应依法予以收缴或扣押,但进站、拖运前查出少量的危险品,可由旅客、托运人选择交送站亲友带回或放弃该物品。

②对携带、托运、寄存数量较大的危险品,由公安机关登记、保管、处理。

③对未列入管制范围内的可能危害公共安全的器具,一般不进行罚没,应劝携带者交送行人员带回或办理托运;特殊情况下,公安派出所可代为保管,并出具保管单据,限定30 d内取回,逾期视为主动放弃,由公安派出所按无主物品处理。

④对违反规定携带危险品进站上车或在车站寄存危险品或违反规定托运危险品的,应依照有关法律法规给予处罚;情节严重,构成犯罪的,应依法追究刑事责任。

⑤旅客进站上车时主动交出其携带的危险品的,可以从轻、减轻或不予处罚。

⑥对收缴危险品或予以处罚的,安全检查人员应向当事人告知有关权利。

(2)在列车上查获的危险品由列车工作人员妥善保管,由乘警按公安站车交接程序向前方停车站派出所移交。鞭炮、发令纸、摔炮、拉炮等易爆物品应立即浸湿处理,不可倒置、捣装、脚踢、手捏等。雷管、炸药、导火索、子弹等交由公安处理。

## 知识运用

### 一、案例分析:旅客携带鞭炮

1. 事件概况

202×年×月×日,×客运段担当的A站始发D×次列车上,安全检查人员对旅客携带品进行开包检查。发现5号车厢一名持A站到B站车票旅客的携带行李中夹有鞭炮1 500响,该旅客为×厂工人王××。

2. 事件处理

(1)乘务员立即通知列车长和乘警。

(2)将鞭炮进行浸水处理,以确保安全。

(3)列车长会同乘警要详细登记携带危险品旅客的姓名、身份证号、工作单位或家庭住址以及危险品名、数量,并向本段派班室、车队汇报。

(4)维护好车厢旅客秩序。

### 二、案例分析:×铁路局集团公司K××次车底火灾事故

1. 事件概况

202×年×月×日1:40,A站—B站K××次客车车底在A站检修作业在库内停留时,保洁员许×在8号车厢9号包房吸烟,将未熄灭的烟头遗留在35号铺上,引燃卧铺上的可燃物引起火灾,在该车休息的8人员中有6人撤离火灾现场,2人中毒窒息死亡。

2. 事件原因及处理流程

一是群体违章违纪,作业严重脱标。库内看车期间严禁车内吸烟和使用明火、当班睡觉、饮酒和擅离值守、携带他人在车上留宿,并要定时对车辆进行巡视检查。二是现场失管失控。经调查,×客运段保洁车间前4个月,车内保洁作业人员吸烟、串岗、离岗、无故旷工等严重两违问题多达48件,占67%,但未召开任何形式会议组织分析、制定整改措施。三是应急预案不完善,突发事故处置不当。火灾发生时只顾各自逃生,无人组织有序撤离和及时对火灾有效施救。四是结合部管理失控,作业场区管理制度不落实。

3. 事件后果

事故造成2人中毒窒息死亡,构成铁路交通一般A类事故。

# 典型工作任务二 车站火灾爆炸应急处置

## 任务目标

1. 掌握车站防火防爆安全相关规定。
2. 明确车站发生火灾爆炸事故的岗位职责分工。
3. 能够正确处理车站发生火灾爆炸突发情况。
4. 会使用应急物品。

## 知识链接

### 一、车站防火防爆安全相关规定

1. 旅客车站集散厅、售票厅和候车室区域内严禁开设公共娱乐场所，站房其他区域开设公共娱乐场所应设置独立的防火分区。站房内设置的餐饮、售货等营业性场所，应符合消防安全规定。

2. 车站行包房按货物仓库严格消防管理，应加强监督检查。站台临时堆放行包应在指定区域，不得堵塞消防通道，不得埋压、圈占遮挡消防设施。

3. 车站应严格落实易燃、易爆危险物品查堵措施。车站配置的安检仪，应保持状态良好，运转正常。

4. 车站应向旅客宣传铁路站车防火、防爆的规定。严禁携带易燃、易爆危险物品进站上车，严禁在候车室等禁烟场所吸烟，不得在通道处堆放行李物品，不得擅自动用消防设施器材。

5. 候车室、集散厅、售票厅、旅客通道内应设置应急照明灯和疏散指示标志，疏散通道应保持畅通。

### 二、岗位职责

消防安全管理贯彻“预防为主，防消结合”的方针，实行岗位防火责任制和标准化管理。客运工作人员应掌握站内和站台发生火灾时的岗位职责（表 2-1），服从命令，听从指挥，落实防火措施。

**表 2-1　车站火灾爆炸时岗位职责**

| | | |
|---|---|---|
| 岗位职责 | 值班站领导 | 1. 了解掌握现场信息，向上级部门及时汇报火灾的具体情况<br>2. 组织力量对火灾进行现场处置和救援<br>3. 组织做好旅客的安抚疏散工作，并主动联系地方政府、单位协助救援工作 |
| | 综合指挥中心 | 1. 了解掌握现场情况，向车站物管部门、公安值班室报告火警，并拨打 120 做好伤员救治工作<br>2. 及时将情况通报车站领导并向集团值班室报告<br>3. 负责与客服调度联系，及时将上级命令传达到位 |
| | 客运车间值班干部 | 1. 立即赶赴现场，组织各岗位根据预案分工进行旅客疏散、扑救火情、抢救伤员工作<br>2. 及时将现场处置情况向综合指挥中心汇报 |
| | 行车值守员 | 掌握火灾情况及其对列车运行的影响，及时向列车调度员汇报并按其指示办理 |
| | 客运值班员 | 1. 组织扑救初起火情，组织做好旅客的转移、疏散、安置、解释和安抚工作<br>2. 视火情情况及时拨打 119 火警电话报警<br>3. 指定专人引导消防人员进入到起火点进行扑救火灾 |
| | 客运员 | 1. 听从客运值班员的安排，做好各项应急处置工作<br>2. 参与扑救初起火情<br>3. 负责对受伤人员进行初步救治（有红十字救护员培训合格的客运员） |

### 三、应急物品

车站客运工作人员应认真学习消防知识，人人达到“四懂四会”，提高防火灭火技能。车站防火防爆应急物品见表 2-2。

**表 2-2　车站防火防爆应急物品**

| | 图片(名称) | 摆放位置 | 使用方法及用途 |
|---|---|---|---|
| 应急物品 |  (灭火器) | 存放在各候车大厅和通道的消火栓内 | ①右手托着压把,左手托着灭火器底部,轻轻地取下灭火器;②除掉铅封;③拔掉保险销;④左手握着喷管,右手握着压把;⑤在距火焰 2 m 的地方,右手用力压下压把,左手拿着喷管左右摆动,喷射干粉覆盖整个燃烧区 |
| |  (消火栓) | 安装在候车大厅和通道墙壁内 | 火灾发生时,找到离火场最近的消火栓,打开消火栓箱门,取出水带,将水带的一端接在消火栓出水口上,另一端接好水枪,拉到起火点附近后方可打开消火栓阀门。当消防泵控制柜处于自动状态时,直接按动消火栓按钮启动消防泵,当消火栓控制柜处于手动状态时,应及时派人到消防泵房手动启动消防泵 |
| |  (防爆桶) | 放置在安检口 | 用途:放置危险爆炸物品,防范及减弱爆炸物品爆炸时对周边人员及物品造成损伤 |
| |  (防爆毯) | 放置在安检口 | 用途:用防爆毯的内围栏套住可疑爆炸物,并且尽可能将其放到内围栏的中心点,之后再用外围栏套住内围栏,最后盖上防爆盖毯即可。使用时要保证冷静,将防爆三件套中心尽量对齐。重要的是,要保证防爆毯与爆炸物品之前留有一定空间并完全覆盖爆炸物,这样可以防止防爆毯使用的纤维对周围造成伤害 |
| |  (危险品检查仪) | 放置在安检口 | 用途:查验旅客行李包裹是否携带违章物品 |

续上表

| | 图片(名称) | 摆放位置 | 使用方法及用途 |
|---|---|---|---|
| 应急物品 | (安全门) | 放置在安检口 | 用途:根据门体不同部位的红灯提示,明确该旅客大致金属携带部位 |
| | (安检值机电脑) | 放置在安检口 | 用途:通过电脑显示及时发现危险物品及违禁品等 |
| | (手持式金属探测器) | 放置在安检口 | 用途:探测人或物体携带的金属物 |

## 四、站内发生火灾应急处置流程

车站站内发生火灾时,应按照图 2-1 的流程统一指挥、快速反应、正确处置。

1. 报告火警

(1)发现站内有爆炸、明火、冒烟、消防设施报警时,第一时间报客运值班员,同时马上切断事故附近的电源或通知客运值班员切断事故附近的电源,防止火势蔓延,并使用就近的灭火器紧急扑救。

(2)遇火势迅猛,无法扑灭时,应首先拨打地区消防中心火警电话(119)报警,再逐级上报。报火警时要说清楚地点、起火楼层、燃烧物、消防车进路,报告内容为:"××地方发生火灾(爆炸),请迅速前来扑救,地址:××。"听从客运员值班员安排,在指定地点引导消防车及消防人员及时进入火场施救。

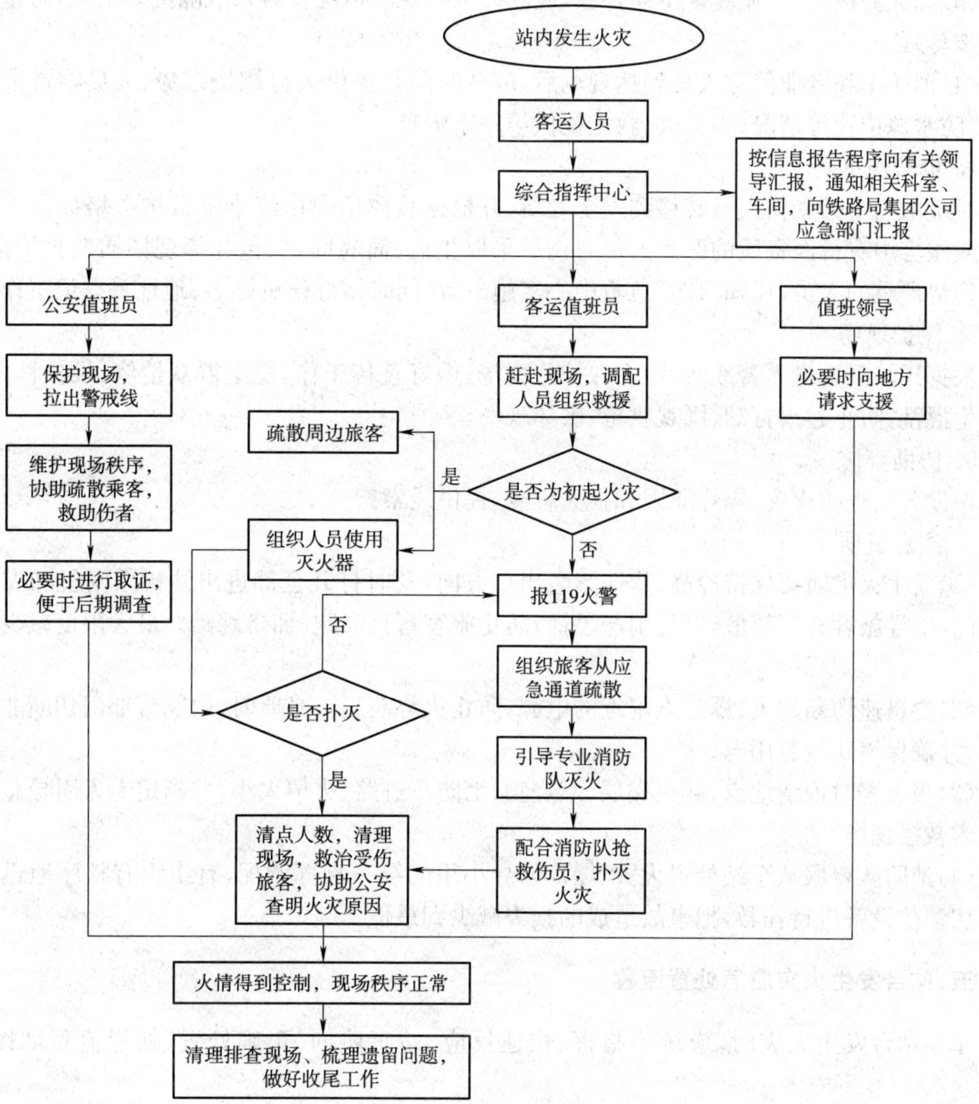

站内发生火灾
客运人员
综合指挥中心
按信息报告程序向有关领导汇报，通知相关科室、车间，向铁路局集团公司应急部门汇报
公安值班员
客运值班员
值班领导
保护现场，拉出警戒线
赶赴现场，调配人员组织救援
必要时向地方请求支援
维护现场秩序，协助疏散乘客，救助伤者
疏散周边旅客
是
是否为初起火灾
否
组织人员使用灭火器
必要时进行取证，便于后期调查
报119火警
否
组织旅客从应急通道疏散
是否扑灭
是
引导专业消防队灭火
清点人数，清理现场，救治受伤旅客，协助公安查明火灾原因
配合消防队抢救伤员，扑灭火灾
火情得到控制，现场秩序正常
清理排查现场、梳理遗留问题，做好收尾工作

图 2-1　站内火灾应急流程图

2. 疏散旅客及物资

(1)发生火灾后，迅速根据客运值班员安排打开所有安全出口、疏散通道，立即组织处于着火层等受火灾威胁的人员沿火灾蔓延的相反方向，向疏散走道、安全出口有序疏散。疏散时要稳定旅客情绪，按照预案，迅速、有序地撤离火场，防止发生拥挤混乱，挤倒挤伤旅客。确认检查、核实疏散人员是否安全撤离火灾现场。

(2)疏散抢救原则是：先人员(旅客)后物资，先贵重物品，后一般物品。

3. 扑救火灾

(1)迅速切断起火、爆炸点附近的电源，防止火势蔓延。

(2)义务消防队员接到火警扑救的命令后，按照分工利用车站的室内外消火栓、干粉灭火车、干粉灭火器等迅速展开扑救工作。

(3)如火势很大,迅速蔓延不易扑救,应立即根据现场情况及时采取隔离等措施,防止火势进一步蔓延。

(4)消防车和专业消防人员到达现场后,应及时向其提供火势燃烧态势、人员物资被困方位、消防水源位置等情况,为灭火、救人提供第一手资料。

4. 抢救伤员

对疏散出来的受伤人员转移到安全处所,并根据具体情况由红十字救护员培训合格的客运员或旅客中有行医资质的医务人员对伤员采取止血、简易固定、包扎等现场初期救护措施。若有伤势严重的人员,通知"120"急救中心实施急救,同时做好伤员姓名、地址等登记工作。

5. 保护现场

根据现场需要设立警戒线,注意保护好现场,做好宣传工作,稳定群众情绪,维护秩序,以免发生混乱,防止趁火打劫、围观哄抢、破坏现场。

6. 协助查访

协助公安查明火灾、爆炸原因和损失程度,提供线索。

7. 注意事项

(1)发生火灾时要保持冷静,辨明紧急出口方向,及时打开全部进出站检票闸机和安全通道大门,引导旅客有序疏散,以免引起恐慌,防止旅客盲目窜跑、拥挤踩踏。最大限度减少人员伤亡。

(2)要迅速切断起火、爆炸点附近的电源,防止火势蔓延。必要时,由物管部门切断非消防电源,并确保消防应急用电。

(3)报火警时说清地点、起火楼层、燃烧物、消防车进路、火情大小,并指定专人引导救援车辆进入救援现场。

(4)消防队要服从车站处置火灾、爆炸领导小组的统一指挥调配,有组织有秩序地迅速动用一切消防设备进行扑救,把事故造成的损失减少到最低。

## 五、站台发生火灾应急处置流程

车站站台发生火灾时,应统一指挥、快速反应、站车协同、正确处置,处置流程如图 2-2 所示。

1. 报告火警

(1)发现火情或接到站台客运员报告发现火情时,第一时间赶赴现场,并向大班主任和综控室报告,同时马上切断事故附近的电源或通知客运员切断事故附近的电源,防止火势蔓延,并使用就近的灭火器紧急扑救。

(2)遇火势迅猛,无法扑灭时,应首先拨打地区消防中心火警电话(119)报警,再逐级上报。报火警时要说清楚地点、起火楼层、燃烧物、消防车进路,报告内容为:"××地方发生火灾(爆炸),请迅速前来扑救,地址:××。"客运值班员指派客运员在指定地点引导消防车及消防人员及时进入火场施救。

2. 疏散旅客及物资

(1)迅速打开所有安全出口、疏散通道,有序疏散旅客,根据列车停靠的站台特点将旅客疏散到候车室或站外安全地点,并做好安抚工作,稳定旅客情绪,维持秩序,加强人工宣传引导,避免旅客自行出站或穿越股道发生意外。

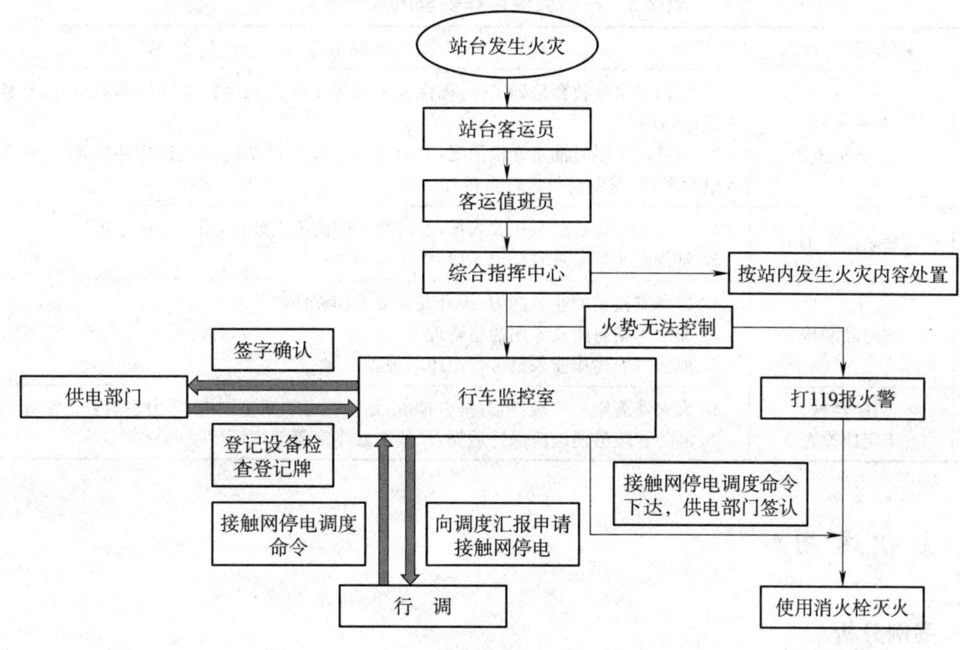

图 2-2 站台火灾应急流程图

(2)疏散抢救原则是:先人员(旅客)后物资,先贵重物品,后一般物品。

3. 扑救火灾

(1)接到火警扑救的命令,立即赶赴火灾现场,利用灭火器材与列车员一起扑救。

(2)救火原则:在扑救离接触网不足 4 m 燃着物时,用水和一般灭火器灭火必须得到接触网已经停电通知;车厢起火部位距带电导线不足 4 m 时,不得用水救火。救火者所站位置要距离导线 2 m 以外,在接触网未断电之前救援人员不得用水喷淋灭火。

(3)消防车和专业消防人员到达现场后,客运值班员应及时向其提供火势燃烧态势、人员物资被困方位、消防水源位置等情况,为灭火、救人提供第一手资料。

4. 抢救伤员

对疏散出来的受伤人员转移到安全处所,并根据具体情况由红十字救护员培训合格的客运员或旅客中有行医资质的医务人员对伤员采取止血、简易固定、包扎等现场初期救护措施。若有伤势严重的人员,由客运值班员通知“120”急救中心实施急救,同时做好伤员姓名、证件号码、住址、联系电话等登记工作。

5. 保护现场

根据现场需要设立警戒线,注意保护好现场,做好宣传工作,稳定群众情绪,维护秩序,以免发生混乱,防止趁火打劫、围观哄抢、破坏现场。

## 六、安全风险卡控点

贯彻“预防为主,防消结合”方针,遵循“铁路局集团公司领导、业务部门加强管理、专门机关依法监督”的原则,落实各项安全管理制度,防止车站发生火灾爆炸事故。车站火灾爆炸安全风险卡控点及控制措施见表 2-3。

表 2-3　车站火灾爆炸安全风险卡控点

| 序号 | 安全风险卡控点 | 控制措施 |
|---|---|---|
| 风险一 | 旅客未经安检通道进站 | 1. 加强安检员教育培训工作，确保人人通过安全门和手持金属探测器检查，严禁未经安检进站候车<br>2. 不定期不限时抽查安检情况，对查处未经安检进站的旅客进行补检外，对相关责任人进行考核，对安检员进行再教育培训 |
| 风险二 | 违禁品保管不当 | 1. 对查获的违禁品及相关人员，及时交车站值班员处理，做好交接记录<br>2. 对普通违禁品及时登记入册 |
| 风险三 | 危险品漏检 | 1. 提高安检员的业务能力，提升安检员工作责任心<br>2. 加强车站封闭及专用通道管理<br>3. 加强对安检作业人员劳动纪律的检查 |
| 风险四 | 消防器材未定期检查 | 1. 灭火器需定期检查：铅封是否掉落、是否在有效期范围内、压力表是否正常等<br>2. 消防和疏散通道应保持通畅，严禁在候车室等禁烟场所吸烟 |

## 知识运用

### 一、案例分析

1. 山火未影响行车案例

(1)事件概况：×月×日 21:30，A 站值班员接调度员通知，有司机汇报 A—C 间 K1860＋050 处有山火，车站值班干部当即通知驻站公安及工务进行核查。21:49，经驻站公安及工务了解，发生山火地点为 C—A 间 K1860＋300 处的公铁桥下的铁路护栏外方，当地公安及政府部门已到场处置。23:50，驻站工务汇报，相关地段山火已熄灭。

(2)事件影响：未影响行车安全及铁路设备设施。

2. 山火影响行车案例

(1)事件概况：×月×日 17:45，A 站行车应急值守员接调度通知，A 站至 B 站间下行线 K1217＋700 处发现山火。应急值守员当即汇报值班干部，并通知驻站工务、公安、电务等部门，至 18:27，山火完全扑灭。全程中心操作。

(2)事件影响：G××次(图定 17:49 到、17:51 开)实际 17:45 到、18:12 开，晚开 21 min；G1333 次(图定 18:03 到、18:05 开)实际 18:00 到、18:15 开，晚开 10 min。

3. 当地村民烧荒导致火灾案例

(1)事件概况：×月×日 10:51，A 站、B 站接调度通知：G××次司机在 B—A 区间下行线运行左侧发现山火。两站值班干部当即通知相关设备单位及驻站公安。15:30，经设备单位及公安确认，沪昆高速娄邵区间 K1231＋700 至 K1232＋100 处相关地段栅栏内均已过火完毕，确认过火面积约 1 400～1 500 $m^2$。

(2)事件影响：因线路、边坡及栅栏等高度差原因，山火未影响到行车，全程中心操作。

### 二、应急演练

1. 演练目的

为确保车站发生火灾事故时能及时扑救初起火灾，做好旅客的转移、疏散、安置、解释和安抚，有效降低火灾事故带来的损失，提高火灾事故发生后的应急反应能力，最大限度地减轻灾害对运输秩序的影响和对运输设备造成的损害。

2. 演练场景

(1)9:30 车站综控室接到客运值班员关于出站口建筑废物堆起火的情况汇报。

(2)综控员通过监控核实后立即向值班站长汇报“出站口建筑废物堆起火”。

3. 适用预案

车站发生火灾事故，危及人身安全。

4. 演练人员、定位

组长：站长

副组长：客运副站长、行车副站长、派出所副所长

组员：全体客运人员、联创、保洁、商铺

5. 演练所需道具备品

电台、灭火器、喇叭。

6. 安全重点项点

(1)所有参加火灾事故消防应急疏散演练人员必须穿铁路制服。

(2)演练人员在演练中必须严肃认真，有令则行、有禁则止。严禁演练中说笑打闹、拖拖拉拉。

(3)内勤负责演练的摄像、摄影及宣传报道工作。

(4)车站演练前在事发场地备好相关灭火工具及用品。

7. 演练程序

(1)发生火灾时，客运值班员立即向车站值班站长汇报，车站值班站长向车站值班室电话汇报并说明情况，迅速启动车站火灾事故消防应急疏散预案。

(2)稳定旅客情绪。车站值班站长和客运值班员组织客运人员立即赶赴现场，利用各种宣传工具加强宣传，稳定旅客情绪，防止旅客盲目窜跑、互相拥挤，发生群死群伤事故。

(3)疏散旅客。根据起火、爆炸点，客运人员组织旅客按最近径路安全有序地撤离现场，同时积极组织灭火。

(4)切断火源，及时扑救。事故发生地点就近工作人员在领班的带领下必须第一时间赶赴现场，切断起火、爆炸点附近的电源，并选用附近适当的灭火器具，紧急扑救，减少损失。

(5)抢救伤员。在疏散旅客、迅速扑救的同时，通知×市人民医院，配合医务人员积极救治伤员。

(6)保护现场。在组织疏散、扑灭火灾、抢救伤员的过程中协助公安维持现场秩序，避免发生混乱。火灾扑灭后，注意保护现场，彻底清理检查，防止余火复燃。

(7)协助查访。协助公安查明火灾事故原因和损失程度，提供线索，以利侦查破案，火灾爆炸演练结束。

(8)做好总结。站长负责组织召开总结会，对本次演练情况进行全面地分析总结，对演练中出现的问题逐一提出整改要求，并由客运副站长组织其他班组进行学习。

# 典型工作任务三　列车火灾爆炸应急处置

## 任务目标

1. 掌握动车组防火防爆安全相关规定。
2. 明确列车发生火灾爆炸事故的岗位职责分工。
3. 能够正确处理列车发生火灾爆炸突发情况。
4. 会使用应急物品。

## 知识链接

### 一、动车组防火防爆安全相关规定

1. 动车组的制造、维修应严格执行中国铁集团颁布的相关技术标准，保证质量。有关验收部门和运用单位要严格按标准进行验收，达不到标准不得出厂。

2. 动车组采用的非金属材料（结构材料、装饰材料、保温材料、密封材料、管材等）必须是难燃材料，其燃烧性能和产烟毒性必须符合国家和国铁集团有关技术标准。

3. 动车组电气设备、消防设备、非金属材料所采用的产品应是经国家有关质量监督主管部门鉴定合格的产品。

4. 动车组的电气绝缘、防雷、电气接地、漏电、过流、过热、防水防测保护及线路敷设连接应符合线路标准。

5. 上线运行的动车组，必须符合《铁路动车组运用维修规程（暂行）》规定的质量标准。

6. 严格执行联检制度。动车组出库联检时，应对电气设备、消防设施、器材等设备及各部位的消防安全状况进行全面检查，确认状态良好，严格办理交接。终到后，进行消防安全检查，按定办理交接。

7. 运行中，动车组乘务人员应严格标准化作业，认真执行岗位防火责任制。

8. 动车组各部位均不得吸烟，车厢内应设置禁止吸烟标志。

9. 应通过图形标志、电子显示、广播宣传等方式，向旅客进行禁止吸烟、严禁携带易燃易爆危险物品、逃生知识、灭火器、紧急破窗锤使用方法等消防安全宣传。

10. 铁路局集团公司应制定动车组消防设备、电气装置的操作规程。

11. 对担当动车组乘务的工作人员进行消防安全培训，熟悉新技术新设备的性能，掌握各岗位防火职责和消防知识技能，经考试取得合格证后方可上岗。

12. 配电柜、箱体无破损，状态良好，保持清洁无杂物。电器元件安装牢固，接线及插销无松动，按钮开关、指示灯作用良好。

13. 严禁乱拉电线和违章安装、更换电气装置、元件。严禁擅自使用电热器具等电器。

14. 餐车配备的冰箱、电烤箱、微波炉、电磁炉等电器及各车厢的电茶座，插头安装牢固，保持清洁，周围不得放置杂物。餐饮炉具使用时，操作人员不得离岗，做到人离断电。

15. 火灾自动报警系统保持状态良好，并按规定进行定期检测。配置列车内部无线对讲机，保证不间断使用及状态良好。

16. 乘务人员应严格遵守电气设备、消防设备操作规程，加强巡检，发现故障及时处置。

17. 各车厢应配备手提式 2 kg ABC 干粉灭火器和水基型灭火器各 2 具，应设置在车厢两端适当位置，安装牢固，便于取用。驾驶室配备 5 kg 二氧化碳或 5 kg ABC 干粉灭火器 1 具，固定放置在便于取用的位置。

18. 灭火器应定期由专业维修企业，按照国家有关规定进行检查维修，张贴维修标志，并在灭火器筒体上涂打到期时间(×年×月到期)。未经使用的水基型灭火器出厂期满 3 年必须送厂维修，首次维修以后每满 1 年必须送厂维修。未经使用的干粉灭火器、洁净气体灭火器和二氧化碳灭火器出厂期满 5 年必须送厂维修，首次维修以后每满 2 年(动、客车车厢为 1 年)必须送厂维修。

19. 加强灭火器日常维护保养和管理，保证处于良好状态。灭火器应保持清洁，严禁搭挂物品，严禁挪作他用。

20. 发现有旅客违章携带易燃易爆危险物品，要采取措施妥善处理。对判明不了性质的物品，严禁在车上进行试验。

21. 严禁用水冲刷地板和电气设备，严禁用湿布擦拭电器和在电气设备上放置物品。作业人员在车上作业时严禁吸烟。

22. 动车组出库后停留期间，由动车组停放所在局集团公司负责安排人员在地面看守，看守人员不得上车。

23. 动车组运行途经的铁路沿线各车站以及动车段、所应加强消防设施建设，具备扑救动车组火灾能力。

24. 办理动车组旅客乘降的车站，要落实易燃易爆危险物品查堵措施，严禁旅客携带易燃易爆危险物品进站上车。

25. 应加强动车组消防安全检查，及时发现和消除火灾隐患，确保动车组消防安全。

## 二、岗位职责

消防安全管理贯彻“预防为主，防消结合”的方针，实行岗位防火责任制和标准化管理。列车工作人员应掌握列车发生火灾时的岗位职责，服从命令，听从指挥，落实防火措施。列车火灾爆炸时岗位职责见表 2-4。

**表 2-4　列车火灾爆炸时岗位职责**

<table>
<tr><td rowspan="3">岗位职责</td><td>列车长</td><td>列车长作为总负责人，负责全面指挥和调度协调工作<br>1. 全面指挥，组织灭火扑救<br>2. 组织其他工作人员迅速从列车两侧将灭火器集中至起火现场扑救<br>3. 组织工作人员疏散旅客，抢救伤员，防止发生混乱<br>4. 发动和组织旅客开展自助自救活动</td></tr>
<tr><td>乘警长</td><td>乘警长作为协调指挥，负责现场警卫、疏散旅客、调查取证工作<br>1. 维护列车秩序，保护现场<br>2. 情况紧急时，发动和组织旅客从车门或使用紧急破窗锤破窗，从逃生窗正确逃生<br>3. 在积极组织扑救火灾，疏散旅客的同时，还要积极抢救伤员<br>4. 了解事故详细情况，做好调查访问笔录，搜集相关证据</td></tr>
<tr><td>机械师</td><td>机械师作为协助指挥，负责列车灭火、车辆分离、设置防护、救援等工作<br>1. 按照列车长的指挥，迅速切断电源<br>2. 设置防护<br>3. 正确指导乘务人员和旅客充分利用车内消防器材或其他可以利用的工具迅速扑救<br>4. 正确指导乘务人员和旅客利用车门紧急开关开门或从逃生窗逃生</td></tr>
</table>

续上表

| | | |
|---|---|---|
| 岗位职责 | 司机 | 司机立即采取紧急停车措施，负责协助机械师车辆分离，设置防护工作 |
| | 列车员 | 列车员及相关工作人员按实现分工或按组长的安排负责灭火，信息传递、隔离、疏散旅客、维护稳定车内秩序，保护现场<br>1. 听从列车长指挥，迅速参加扑救<br>2. 使用防火隔断门迅速封锁车厢，严防旅客在列车运行中跳车、串车发生意外事故<br>3. 在疏散旅客的同时，做好宣传工作，稳定旅客情绪，以免发生混乱<br>4. 在扑救火灾，疏散旅客的同时，本着“先救人，后救物，先伤后亡，先重伤后轻伤”的原则，积极抢救伤员<br>5. 情况紧急时，发动和组织旅客正确利用车门和逃生窗逃生<br>6. 积极向公安机关提供线索，协助搞好现场调查，尽快查明事故原因 |

## 三、应急物品

列车工作人员应认真学习消防知识，人人达到“四懂四会”，提高防火灭火技能。列车上发生火灾爆炸时的应急物品见表 2-5。

**表 2-5　列车上发生火灾爆炸时应急物品**

| | 图片（名称） | 使用方法及用途 |
|---|---|---|
| 应急物品 | 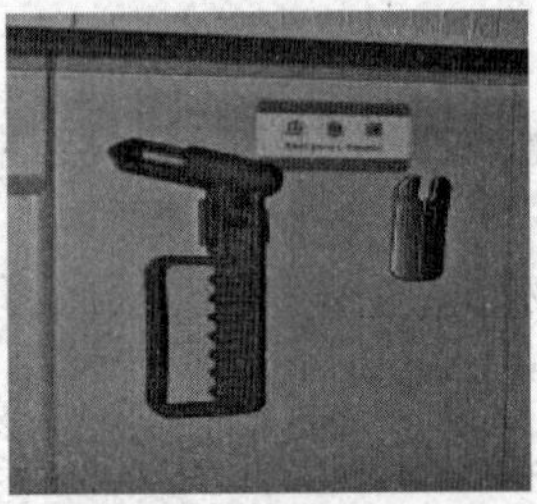 （应急锤） | 在危险情况时，用应急锤敲开紧急出口窗逃生。应急锤放置在紧急出口窗附近的侧墙上<br>操作步骤：1. 敲击红点至最外层；2. 用力往外推玻璃；3. 玻璃推落后可逃生 |
| |  （防火隔断门） | 防火隔断门采用具备防火性能的不锈钢材质，发生火灾时，能够阻止或延缓火势蔓延，最长阻燃时间一般为 30 min。需要隔离起火车厢时，关紧并使用车钥匙加锁 |
| |  （防爆箱） | 竖立放置于 1 车挂衣柜内且已铅封，当发现易爆物品时用防爆箱隔断 |

续上表

| | 图片(名称) | 使用方法及用途 |
|---|---|---|
| 应急物品 |  (紧急开门装置——塞拉门) | 用途:动车组车门分为塞拉门和侧拉门两种,塞拉门一般在车门侧面墙体立柱上有紧急开门拉手,按照提示,可拉开车门。侧拉门(CRH2 系列动车组)也有紧急开门阀,只要将车门的气路切除,就可以打开车门<br>紧急开门:将按钮外部防护罩按破,按下按钮,配合内部紧急开锁手柄,手动打开车门<br>钥匙开关:用钥匙扭动开关,配合内部紧急开锁手柄,手动打开车门 |
| | 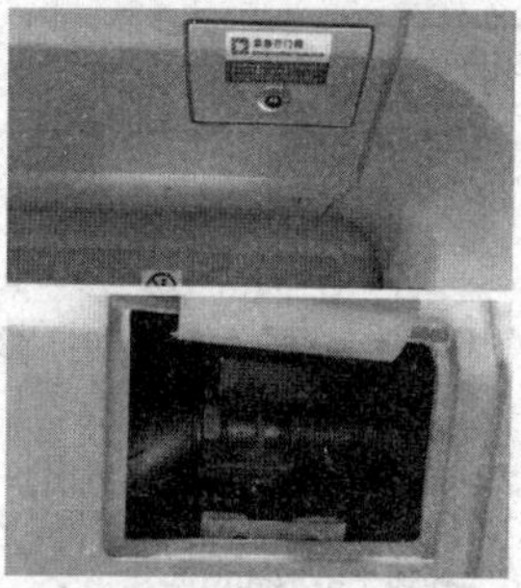 (紧急开门装置——侧拉门) | |
| | 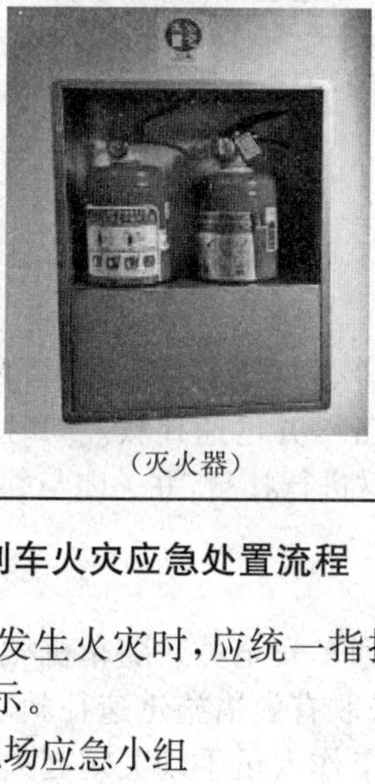 (灭火器) | 灭火器:分为手提式水基型灭火器和手提式干粉灭火器<br>(1)手提式干粉灭火器使用方法:取下灭火器,上下摇晃数次,拔去保险销,握紧喷嘴对准火焰根部,按下压力把由近及远喷射<br>适用范围:普通的固体材料火、可燃液体火、气体和蒸气火、带电设备火<br>(2)手提式水基型灭火器使用方法:拔出保险销、喷嘴盖,将喷嘴对准火焰根部,按下压把喷射<br>适用范围:固体材料火、可燃液体火、可燃气体火、电器设备火 |

## 四、列车火灾应急处置流程

列车发生火灾时,应统一指挥、快速反应、站车协同、正确处置、尽快开车。处理流程如图 2-3 所示。

1. 现场应急小组

现场应急小组由列车长任组长,乘警、机械师任副组长,全面负责应急预案的启动实施,按职责分工下设三个工作小组:

(1)灭火组:由列车长任组长,乘务员、餐吧人员为组员,负责灭火,控制火势,传递灭火器材。

(2)救护组:由机械师任组长,随车保洁人员为组员,负责疏散旅客、抢救伤员、抢救物资。

(3)现场保护组:由乘警任组长,随车保洁人员为组员,负责现场保护、稳定旅客,维持秩序、调查取证。

2. 发生初起火灾处理流程

(1)迅速扑救

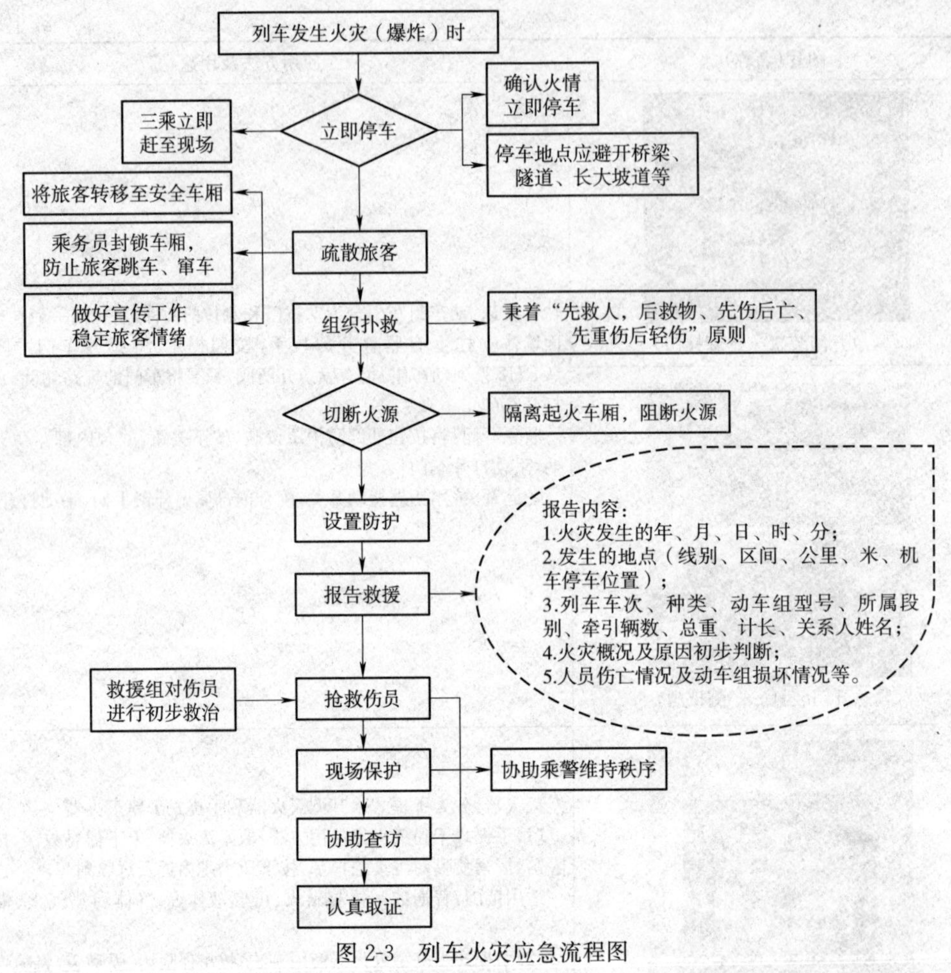


图 2-3　列车火灾应急流程图

最先发现、到达现场的列车工作人员(含随车机械师、乘警、列车安全员、客运、餐服、保洁等人员,下同)应立即使用报警按钮(必要时使用紧急停车设备),并迅速扑救。同时通知列车长,口头宣传旅客疏散。全体工作人员立即就近使用灭火器材进行扑救,并关闭与邻近车厢相关的防火隔断门,以防止火势蔓延,危急旅客生命安全。

(2)疏散旅客

接到司机或旅客的火情警报,列车长、乘警(无乘警时为列车安全员)、随车机械师应立即赶赴现场,如核实有火情,立即通知司机,并根据火情特点,采取有效措施迅速扑救,必要时应组织旅客向安全车厢疏散。待旅客撤离后,列车长组织列车工作人员手动关闭起火车厢通道阻火门,司机降低车速,避免空气流通助长火势。如确认无火情,列车长要迅速告知司机,并协助乘警调查,做好记录。

(3)全面检查

火情扑灭后,列车长、乘警(无乘警时为列车安全员)、随车机械师要对起火部位进行全面检查,应现场持续观察监护不少于 30 min,确认火情已完全熄灭且不会复燃,列车长布置乘务员继续对起火部位进行观察至终点站。

(4)救治伤员

如有旅客受伤,应立即进行救治,按照旅客意外伤害事故处理的有关程序进行处理。在扑

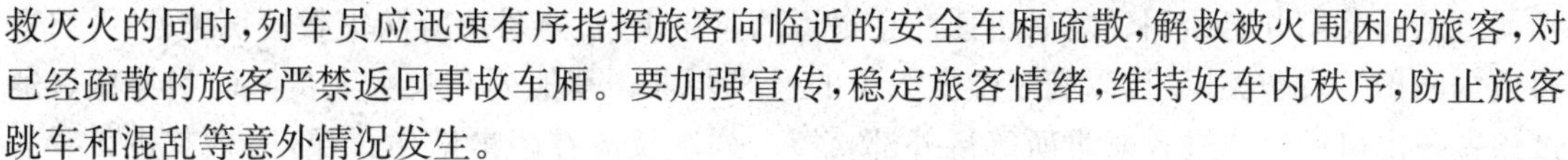

救灭火的同时，列车员应迅速有序指挥旅客向临近的安全车厢疏散，解救被火围困的旅客，对已经疏散的旅客严禁返回事故车厢。要加强宣传，稳定旅客情绪，维持好车内秩序，防止旅客跳车和混乱等意外情况发生。

(5)调查取证

如确认是外来火源或烟头等原因导致火情，乘警(无乘警时为列车安全员)负责组织列车工作人员、旅客现场调查取证，并形成书面材料。

(6)及时报告

列车长要及时告知司机灭火信息，并逐级汇报事件经过和处置过程。

3. 发生火灾爆炸应急处理流程

(1)立即停车

列车员发现火灾事故或接到火灾事故报告、火警报警装置报警后，应迅速赶往事故地点了解火情后，根据火灾威胁行车和旅客人身安全情况，初步判断火灾会形成灾害或危害程度较重，或使用灭火器仍无法将火扑灭，严重威胁行车和旅客人身安全时，应立即使用紧急制动手柄或通过列车通话单元呼叫司机停车(及时报告列车调度员)，列车员若判定是电气火灾，应同时通知机械师关闭电源。司机应立即停止车内通风、停车，坚守岗位，做好后续协同处理的准备工作。当全部人员向安全车厢疏散完毕后，险情仍未得到有效控制，需向地面疏散时，原则上不准停留在区间、隧道和桥梁，由列车长向司机请求在最近营业站停车向地面疏散。如确定在最近营业站停车时，客服调度应先通知前方停车站提前做好准备，组织旅客疏散。

(2)疏散旅客

①先期到达的列车员应迅速将着火车厢内的旅客向相邻车厢或地面安全地带有序地疏散转移，避免发生秩序混乱，造成踩踏伤害事故；随后到达的列车员在列车长、乘警的指挥下全力投入扑救工作。如车厢内浓烟弥漫危及人员生命安全时，应立即使用安全锤将车窗玻璃击碎，排出浓烟并保持车内通风，并指导被困旅客用湿毛巾、手帕、衣物捂住口鼻，采取低姿行走的方式疏散到安全车厢，防止旅客跳车等意外情况发生。

②如须在区间疏散时，列车长向司机提出请求，由司机向列车调度员申请，并由列车调度员明确下车方向。原则上应扣停邻线列车后，打开列车运行方向右侧车门(靠邻线侧)进行下车疏散，列车长在接到司机转告列车调度员已扣停邻线列车及下车方向的通知后，立即指挥列车工作人员打开列车指定方向侧车门，根据需要安装好疏散舷梯(安全渡板)或应急梯，组织旅客向地面安全地带疏散，同时做好安全宣传和防护，严禁旅客跨越线路；如遇险情危及旅客安全，须在区间疏散，又未能及时接到扣停邻线列车的命令，列车长应通知司机并会同随车机械师打开列车运行方向左侧车门(无线路一侧)，结合现场实际，确定旅客疏散方向和疏散方式，列车工作人员应做好旅客安全宣传和防护，严禁旅客跨越线路。

③在隧道需停车疏散旅客时，应尽可能将事故列车拉到洞外明线段进行疏散。在着火列车行驶至救援站明线段后开展疏散救援，着火车厢应尽可能停靠于紧急救援站明线段中间。紧急情况下需在长大隧道内疏散旅客时，列车长应提前通知客服调度需开启隧道照明，客服调度通知供电部门通过远动开关方式开启照明；紧急情况供电人员无法及时赶到现场时，客服调度需向供电部门确定离列车最近的照明开关箱位置，通知最先到达现场人员开启隧道照明、防护门。需列车长开启时，客服调度将位置信息转达至列车长。列车长接到通知后，安排客运乘务人员(原则上为男性)携带通信、照明工具，手动解锁打开列车运行方向无线路一侧指定车门(单洞双线隧道位于运行方向左侧，双洞单线隧道位于运行方向右侧)，沿隧道内的疏散通道，

到就近的开关箱开启照明。之后迅速前往最近的紧急出口、避难所等防灾救援设施处，并打开通道内防护门及防灾风机，以满足疏散人员的通风要求。其他列车乘务人员同时引导旅客通过该紧急出口逃生或进入避难所等待外部救援。列车长应在疏散队伍最尾部，在其进入紧急出口或进入避难所前向所在局集团公司客服调度汇报具体人数及位置。

④旅客需下高架桥等待救援时，客服调度应提前通知工务部门，并告知公安局指挥中心。工务部门提前打开指定疏散梯，同时将疏散梯的打开处置情况及时汇报调度所。调度所根据工务部门反馈信息，将相关情况通知司机转告列车长与随车机械师，列车长接到高架桥疏散梯打开的通知后，组织旅客向指定疏散梯处有序疏散。

(3)迅速扑救

列车长应立即通过对讲机或列车通话单元呼叫全体列车员参与扑救，全体列车员到达现场后，在列车长的统一指挥下集中列车所有灭火器材，快速将本车厢的灭火器传递到起火车厢，根据火灾现场实际情况采取有效的灭火方案和扑救措施展开扑救，控制火势，扑灭火源。同时要防止发生旅客盲目跳车、趁火打劫等意外事件。实施扑救时可动用一切可以利用的人力、物资、器械。列车班组力量无法扑救时应彻底关闭防火隔断门，以防止火势蔓延。

(4)切断火源

①停车后须分解列车时，司机、机械师要密切配合，如使用重联车组时，重联的机车司机要与机械师及时沟通，按照先摘后、后摘前的方法将着火车组分解分离，即：先将着火车辆与后部车列分离，并将着火车辆尽量转移到线路平坦易于救援处，再将前部车列与着火车辆分离，切断火源，防止火势蔓延。

②重联动车组列车需解编时，由随车机械师负责引导，司机确认并拉开安全距离。解编后，动车组应分别按规定采取防溜措施。

③对甩下的车辆，在车站由车站人员负责采取防溜措施；在区间由司机、车辆乘务员负责采取防溜措施。

(5)设置防护

列车分离后，司机应迅速指挥做好列车防护工作；列车长应立即通知当地铁路局集团公司客调，由铁路局集团公司客调通知电力调度将接触网停电，在电源未切断之前任何人不得用水灭火。

列车在区间被迫停车后，随车机械师（车辆乘务员）、客运乘务组均应听从司机指挥，处理有关行车、列车防护和事故救援等事宜：

①已请求救援时，从救援列车开来方面（不明时，从列车前后两方面），距离列车不少于300 m处放置响墩防护；在仅运行动车组列车的线路上，列车在区间被迫停车后已请求救援时，由随车机械师在救援列车开来方面，距离列车不少于 300 m 处人工进行防护，不再放置响墩防护。

②列车分部运行，机车进入区间挂取遗留车辆时，应从车列前方距离不少于 300 m 处放置响墩防护。

③防护人员设置的响墩在停车原因消除后，由防护人员撤除。

④配备列车防护报警装置的列车应首先使用列车防护报警装置进行防护。

(6)报告救援

司机要立即向行车调度、邻近车站客运调度、段派班室报告简要情况，报告内容应简明扼要，车次、时间、地点、火势情况要报告清楚，必要时应迅速请求事故发生地的铁路局集团公司向当地政府、公安机关和驻军请求支援。

报告内容：________局铁客调(车站、段派班室)您好,我是________次列车长________时________分,列车运行至________线________区间________千米________米处,机后________辆________车因________原因引发火灾,车上旅客共计________人,其中重点旅客________人,目前人员和财产损失情况________,食品、备品、旅客用水情况________,已与________站取得联系。(仅供参考)

(7)抢救伤员

①在疏散旅客、迅速扑救火灾时,应先从起火车厢开始,积极抢救伤员,其次是火势蔓延方向的相邻一节车厢,而后是另一相邻车厢,并动员旅客中的医护人员参加,共同实施抢救。

②需要在区间组织旅客换乘时,列车调度员组织担当换乘任务的动车组列车进入邻线指定位置停车。担当换乘任务的列车到达邻线指定位置停妥后,司机向列车调度员报告。列车调度员通过申请换乘的列车司机通知列车长组织旅客换乘。担当换乘任务的列车长确认旅客换乘完毕后通知司机,司机得到列车长通知,确认车门关闭,具备开车条件后起动列车,并向列车调度员报告。

(8)保护现场

在扑救火灾时,要注意保护好现场,根据需要设置警戒区,禁止救援以外的人员进入现场,不得擅自移动现场任何物品,妥善保护事故现场痕迹、物证等有关证据材料。列车乘务人员要采取多种形式做好宣传工作、稳定旅客情绪,维持秩序,防止混乱,保护好火灾现场。对已经疏散的旅客严禁返回事故车厢,防止旅客跳车和混乱等意外情况发生。

(9)协助查访

列车长、乘警要积极协助公安机关调查事故情况,提供线索,帮助调查。

(10)认真取证

乘警应及时了解事故情况,调查取证,为现场勘察、认定火灾原因创造条件。列车长应组织列车员做好如下工作:

①清点火灾车厢旅客人数,恢复原始座号,登记车票号和身份证号。

②询问目击旅客火灾原因,协助乘警进行调查,找出火灾肇事者或说明情况。

③统计伤亡人数。

④调查旅客损失的物品,登记造册。

⑤尽力做好旅客的餐饮供应。恢复运行后,列车长要将列车受损情况及时向有关部门进行反馈,拍发电报,编制客运记录。

## 五、安全风险卡控点

树立“预防为主,防消结合”方针,坚持“铁路局集团公司领导、业务部门加强管理、专门机关依法监督”的原则,落实各项安全管理制度,防止列车发生火灾爆炸事故。列车火灾安全风险控点及控制措施见表2-6。

**表2-6　列车火灾安全风险卡控点**

| 序号 | 安全风险卡控点 | 控制措施 |
| --- | --- | --- |
| 风险一 | 危险品上车 | 1. 认真执行岗位防火责任制,掌握常见易燃易爆危险品的种类、性质和识别方法,做好列车危险品查堵工作<br>2. 认真落实危险品查堵“六字法”:宣、看、闻、问、摸、查<br>3. 危险品需及时交站,发现鞭炮、发令纸之类危险品需先进行浸水处理 |

续上表

| 序号 | 安全风险卡控点 | 控制措施 |
| --- | --- | --- |
| 风险二 | 车厢内紧急破窗锤缺失 | 1. 清点核对,确认无损坏短缺后办理交接签认<br>2. 将紧急破窗锤及基座作为“三乘检查”、巡视检查工作中的必查项目 |
| 风险三 | 禁烟管理不到位 | 1. 定时广播宣传有关禁烟规定,按规定设置禁烟标识<br>2. 发现旅客吸烟时及时劝阻,必要时通知公安处理 |
| 风险四 | 配电柜未锁闭 | 1. 锁闭后要加强检查,防止漏锁<br>2. 遇柜门及锁损坏无法锁闭时要及时报修并加强看管 |

## 知识运用

### 一、案例分析

1. G×次旅客手机掉落商务座夹缝导致冒烟案例

(1)事件概况

202×年×月×日,×铁路局集团公司动车一队担当的G×次动车组,运行中商务座出现冒烟,列车长、机械师立即到场处置,处理过程中列车未发生烟雾报警,未造成列车降速停车。

(2)事件分析

经调查分析,故障原因为商务座旅客不小心将放在座椅左侧缝隙处的手机掉入座椅内侧,旅客多次调节座椅后导致手机与座椅发生摩擦出现冒烟,经处理,手机已取出,但已烧焦变形。

(3)事件教训

①加强作业卡控。列车长要根据每站商务座旅客上车情况,追踪、询问商务座专(兼)职服务员手机安全宣传工作落实情况,对未落实工作要求的,对责任人纳入自控型班组考核。

②加强安全提醒。专(兼)职服务员在进入商务座车厢进行续水、送餐、卫生清洁、到站提醒等服务时,注意观察是否有旅客将手机等小件物品放在座椅边缘处,并进行一对一的提醒,避免干扰其他旅客。

③加强监督落实。一是要组织专(兼)职服务员进行培训,要求人人掌握服务流程,熟知宣传用语。二是相关动车队加强现场督促,干部添乘时重点检查、抽问商务座服务和安全提示工作落实情况,检查列车长宣传及现场监督作用发挥情况。

2. G×次保温柜冒烟故障案例

(1)事件概况

202×年×月×日,×局集团公司担当的G×次(A站—B站)动车组,运行中因9车餐车保温柜冒烟停车,经处理后维持运行至中途站C站更换热备车底。

(2)事件分析

经调查分析,故障原因为餐车保温箱内饭盒的油汁溢出,沿保温柜内壁流到加热管附近受热后冒烟。

(3)事件教训

①开展餐车油污清理整治。立即组织开展一次厨房设备设施的专项清理,重点对餐车保温柜接油盒、进风口、出风口、加热模块等部位进行一次彻底的油污清洁,排查厨房用电设备检查作业标准是否落实,动车组其他加热装置是否存在火灾隐患,是否已纳入动车组日常检查修

范围。

②规范餐车设备使用管理。一是加强对厨房设备日常使用管理，整齐码放餐食，防止油汁溢出，发现油污要及时处理，确保餐车内冷藏柜、冷冻柜、展示柜、保温柜、电烤箱、消毒锅洁净状态良好，防止使用不当引起电气火灾或造成人身伤害。二是针对动车组厨房用电设备，除进行必要的通电检查及日常使用外，必须将设备电源开关置于“关闭”位。

3. D×次违规加热冒烟案例

(1)事件概况

202×年×月×日，由动车二队担当D×次(A站—B站)动车组，运行在×至×区间，餐服员李某在餐吧内使用微波炉加热自己食用的馒头，设定加热时间过长，导致加热的馒头在微波炉里冒烟产生烟雾报警。

(2)事件分析

餐服员李某岗位基本业务不熟悉，盲目操作列车电器设备，设置加热时间2 min过长，且使用普通塑料袋包装馒头一起加热，加热过程中未监管。

(3)事件教训

①加强新职人员业务技能和操作培训，确保人人过关。

②严格按照操作规程，操作电气设备，使用中有人监管，用后清洁，离人断电。

## 二、应急演练

1. 演练目的

为确保突发情况下应急有备、处置及时妥当，以及根据应急演练安排计划，同时进行动车组列车发生火灾、爆炸事故时的应急演练，以促进铁路运输安全，特组织车班以大组为单位开展本次活动。

2. 演练场景

G×次列车运行至×至×间，3号车厢运行方向左侧卫生间垃圾箱起火。

3. 适用预案

适用于列车发生火灾、爆炸事故时的应急演练。

4、演练人员、定位

(1)列车长：负责与司机、机械师的沟通协调，全面布置、处理。

(2)列车员：负责组织旅客疏散和灭火。

(3)保洁员：负责灭火和车下防护工作。

(4)餐服人员：做好旅客疏散安抚及服务工作。

5. 演练所需道具备品

客运记录、电报、对讲机、手持机、灭火器。

6. 安全重点项点

(1)确保旅客人身安全。

(2)确保乘务员人身安全。

(3)确保人民财产安全。

7. 应急处置流程

(1)立即停车

×年×月×日,G×次列车运行至×至×间,分管3号车厢列车员巡视中发现3车运行方向左侧卫生间垃圾箱起火,火势迅猛,立即拉下3号车厢紧急制动阀,同时对讲机通知列车长:“报告车长,3号车厢卫生间垃圾箱内起火,请立即到达现场。”报告完毕后立即取下3号车厢卫生间对面灭火器,进行灭火。

列车长:“3号车厢卫生间垃圾箱内起火,明白。”列车长接到列车员对讲通知后,立即赶赴现场。

司机:“G×次列车长,3号车厢紧急制动阀被触发,请立即到场确认。”

列车长:“G×次司机,3号车厢卫生间垃圾箱内起火,已经使用紧急制动阀停车。”

司机:“G×次司机明白。”

列车长:“G×次随车机械师,3号车厢卫生间垃圾箱内起火,暂时不能判明火源,立即到达现场将3号车厢全部电源关闭。”

随车机械师:“G×次随车机械师收到。”

列车长对讲机通知全体列车员:“全体乘务人员注意,3号车厢卫生间垃圾箱内起火,分管5～8车列车员立即集中携带灭火器赶赴现场灭火。1～4车列车员负责将3号车厢旅客疏散至2号车厢。旅客疏散完毕后,1～4车列车员将2车、3车之间防火隔断门关闭,维护2号车厢内秩序;灭火人员和器材全部到位后,分管5～8列车员负责关闭3、4车连接处的防火隔断门,关门后协助乘警(安全员)维护4～8车车内秩序。餐服员1名坚守岗位,另一名配合维护4～8车秩序。”

列车员:“1～4车列车员收到。5～8车列车员收到。”

餐服员:“收到。”

(2)疏散旅客

在疏散过程中列车长广播:“本次列车3号车厢需要紧急疏散,请乘坐在3号车厢的旅客听从列车工作人员的引导,不要拥挤,有序疏散到2车。其他车厢的旅客请不要惊慌,要保持车厢通道畅通,协助老人、儿童和行动不便的旅客,请予以配合。”

广播中,1～4车列车员组织3号车厢内旅客向2号车厢转移。疏散原则:先将靠近2号车厢的旅客依次转移,重点协助老人、儿童和行动不便的旅客。同时口头宣传:“请大家不要携带行李物品,不要拥挤,依次向2号车厢转移,请大家帮助身边的老人、儿童和行动不便的旅客,注意安全!”

1～4车列车员确认起火车厢旅客全部转移后,立即开启2、3车间防火隔断门,对讲机通知列车长:“3号车厢旅客疏散完毕,防火隔断门已经关闭。”

列车长:“明白,确认是否有旅客受伤。”

1～4车列车员:“明白,已经确认无旅客受伤。”

(3)迅速扑救

在疏散旅客的同时,列车长组织随车机械师、列车员,集中列车上的灭火器材实施扑救。经过×分钟扑救火情已经得到控制。

(4)设置防护

列车长接到旅客疏散完毕后通知:“列车员加强车厢巡视,并安抚旅客情绪,防止2号车厢旅客返回起火车厢。”

1～4车列车员:“加强车厢巡视,安抚旅客情绪,防止2号车厢旅客返回起火车厢,收到。”

餐服员："加强车厢巡视，安抚旅客情绪，防止 2 号车厢旅客返回起火车厢，收到。"

(5)报告救援

司机立即向列车调度员或车站值班员（车务应急值守人员）报告。由车站值班员拨打 119 和 120 报警，并转报铁路局集团公司列车调度员列车停车地点、封锁本线或邻线区间等事宜。

列车长向运行所在局集团公司客调、本段生产指挥中心报告："运行所在局集团公司客调（本段生产指挥中心），我是 G×次列车长，×点×分，列车运行到×站至×站间×千米×米处，3 号车厢卫生间垃圾箱内起火，已经将起火车厢旅客全部转移至 2 号未起火车厢，列车已经停车，火情已经得到控制，全体工作人员正在灭火，详情续报。"

运行所在局集团公司客调（本段生产指挥中心）："迅速扑灭火情，防止蔓延，维护好车内秩序，防止引起旅客恐慌，确保旅客人身安全，有情况立即汇报。"

火情扑灭后，列车长使用对讲机与随车机械师确认："G×次随车机械确认火情是否完全扑灭。"

随车机械师确认后："G×次火情已经完全扑灭。"

列车长："是否具备开车条件。"

随车机械师："列车具备开车条件，可以开车。"

列车长："G×次司机，3 号车厢火情已经扑灭，已与随车机械师确认具备开车条件，可以开车。"

司机："G×次司机明白。"

列车长："1～4 车列车员保护好现场，协助乘警（安全员）调查取证。"

1～4 车列车员："保护好现场，协助乘警（安全员）调查取证，列车员收到。"

(6)信息报告

列车长向运行所在局集团公司客调（本段生产指挥中心）报告："运行所在局集团公司客调（本段生产指挥中心），我是 G×次列车长，×点×分经随车机械师确认 3 号车厢火情已经完全熄灭，列车具备开车条件，已经通知司机可以开车，未造成旅客受伤，车内秩序良好，旅客情绪稳定。"

运行所在局集团公司客调（本段生产指挥中心）："加强旅客安抚，维护好车内秩序。"

列车开车。

## 复习思考题

1. 消防工作中的"四懂四会"是什么？
2. 站车查出危险品，应如何处理？
3. 车站人工检查危险品"七字法"的内容是什么？
4. 客运人员要严格把握住的"五道关"是什么？
5. 火灾事故分为哪些等级？
6. 列车上查获危险品时，应如何处理？
7. 简述干粉灭火器使用范围和使用方法。
8. 简述车站站台发生火灾的应急处理流程。
9. 简述车站站内发生火灾的应急处理流程。
10. 简述列车发生火灾的应急处理流程。

# 项目三　突发公共卫生事件应急处置

## 学习目标

1. 知识目标

• 了解突发公共卫生事件、铁路突发公共卫生事件、重大传染病疫情、群体性不明原因疾病和重大职业中毒事件等相关名词

• 掌握铁路突发公共卫生事件的分级和三级应急响应程序

• 掌握发生铁路突发公共卫生事件时各岗位职责分工

• 掌握车站和动车组发生中毒和重大传染病疫情时应急处理流程

2. 能力目标

• 站车发生旅客食物中毒时能够进行应急处置

• 站车发生重大传染疫情时能够进行应急处置

3. 素质目标

• 具有较强的社会责任感，能坚守岗位，尽职尽责

• 具有较强的集体意识和团队合作精神

• 具有自我管理能力，能履行道德准则、行为规范和行业规范

## 典型工作任务一　铁路突发公共卫生事件认知

### 任务目标

1. 掌握铁路公共卫生事件分级和应急响应流程。
2. 掌握传染病分类。
3. 掌握食物中毒自救方法。

### 知识链接

#### 一、突发公共卫生事件的相关定义

1. 突发公共卫生事件是指突然发生、造成或可能造成社会公众健康严重损害的重大传染病疫情、群体性不明原因疾病、重大食物中毒以及其他影响公众健康的事件。

2. 铁路突发公共卫生事件(简称突发事件)是指国内突然发生重大传染病疫情、群体性不明原因疾病，造成或者可能造成社会公众健康严重损害，并有可能借铁路传播的事件；铁路车站、列车发生3人以上集体性或有死亡的食物中毒事件，铁路单位内部发生的3人以上集体性职业中毒、食物中毒、传染病暴发流行事件。

3. 重大传染病疫情是指某种传染病在某段时间内发生、涉及范围广泛，出现大量的病人或死亡病例，其发病率远远超过常年的发病率水平的情况。

4. 群体性不明原因疾病是指在短时间内（通常是在2周内），某个相对集中的区域内同时或相继出现具有共同临床表现病人，且病例不断增加，范围不断扩大，又暂时不能明确诊断的疾病。

5. 重大职业中毒事件是指由于职业危害原因而造成管内生产单位发生3人以上职业中毒事故或发生死亡事件。

## 二、铁路突发公共卫生事件的分级

按照突发公共卫生事件性质、危害程度、涉及范围，将铁路突发公共卫生事件划分为特别重大（Ⅰ级）、重大（Ⅱ级）、较大（Ⅲ级）和一般（Ⅳ级）四级。以下有关数量的表述中，"以上"含本数，"以下"不含本数。

1. 特别重大突发公共卫生事件（Ⅰ级）

（1）省际发生群体性不明原因疾病暴发流行或甲类传染病、传染性非典型性肺炎、人感染高致病性禽流感、肺炭疽等，并有可能通过铁路传播的事件。

（2）集团公司管内铁路单位和旅客列车发生的100人以上并出现2人以上死亡，或出现10人以上死亡的食物中毒事件。

（3）集团公司管内铁路单位发生的50人以上，或出现5人以上死亡的急性职业中毒事件。

（4）国内突然发生特别重大公共卫生事件，造成或可能造成公众健康严重损害，并有可能借铁路传播，国铁集团指定集团公司参与处理的事件。

2. 重大突发公共卫生事件（Ⅱ级）

（1）县（市、区）际间或铁路范围内发生群体性不明原因疾病暴发流行或甲类传染病、传染性非典型性肺炎、人感染高致病性禽流感、肺炭疽等，并有可能借铁路传播的事件。

（2）集团公司管内铁路单位和旅客列车发生的50人以上并出现死亡，或出现5人以上10人以下死亡的食物中毒事件。

（3）集团公司管内铁路单位发生的30人以上50人以下，或出现3人以上5人以下死亡的急性职业中毒事件。

（4）国家提出控制要求或国铁集团应急管理部门认定的其他重大突发公共卫生事件。

3. 较大突发公共卫生事件（Ⅲ级）

（1）集团公司管内铁路单位和旅客列车发生的50人以上，或出现3人以上5人以下死亡的食物中毒事件。

（2）集团公司管内铁路单位发生的10人以上30人以下，或出现1人以上3人以下死亡的急性职业中毒事件。

（3）集团公司管内铁路自备集中式供水引起供水人群发病人数100人以上，或出现1人以上死亡病例的饮用水污染事件。

(4)集团公司管内群体性不明原因疾病发病人数 30 人以上,或出现 2 人以上死亡病例的事件。

(5)地方政府或集团公司应急管理部门认定的其他较大突发公共卫生事件。

4. 一般突发公共卫生事件(Ⅳ级)

(1)集团公司管内铁路单位和旅客列车发生的 10 人以上 50 人以下,或出现 1 人以上 3 人以下死亡的食物中毒事件。

(2)集团公司管内铁路单位发生的 3 人以上 10 人以下,未出现死亡的急性职业中毒事件。

(3)集团公司管内铁路自备集中式供水引起供水人群发病人数 30 以上 100 人以下,未出现死亡病例的饮用水污染事件。

(4)集团公司管内群体性不明原因疾病发病人数 10 人以上 30 人以下,或出现死亡病例的事件。

(5)集团公司应急管理部门认定的其他一般突发公共卫生事件。

## 三、突发公共卫生事件分三级应急响应

1. Ⅰ级响应:发生 3 人以上死亡或跨两个以上铁路局集团公司的 100 人以上旅客食物中毒和职工职业中毒事故,省际发生不明原因疾病暴发流行或甲类传染病发生,以及国家提出突发公共卫生事件控制要求的。

2. Ⅱ级响应:旅客列车上发生 30 人以上中毒或 1 人以上死亡的旅客食物中毒、铁路单位发生 30 人以上中毒或 1 人以上死亡的职工职业中毒事故、铁路范围内发生传染病流行、地方政府提出突发公共卫生事件控制要求的和有毒化学品在铁路运输过程中泄漏引起公共人群急性中毒。

3. Ⅲ级响应:旅客列车上发生 3 人以上旅客食物中毒、铁路单位发生 3 人以上职工职业中毒事故、一个铁路地区发生传染病暴发和铁路运输放射性物质包装失去屏蔽效能,放射性物质撒漏或丢失。

## 四、法定传染病的分类

截至 2020 年 2 月 4 日,法定传染病共 40 种,其中甲类传染病 2 种,乙类传染病 27 种,丙类传染病 11 种。

1. 甲类传染病也称为强制管理传染病,包括鼠疫、霍乱共 2 种。对此类传染病发生后报告疫情的时限,对病人、病原携带者的隔离、治疗方式以及对疫点、疫区的处理等,均强制执行。

2. 乙类传染病也称为严格管理传染病,包括:新型冠状病毒感染、传染性非典型肺炎、艾滋病、病毒性肝炎、脊髓灰质炎、人感染高致病性禽流感、麻疹、流行性出血热、狂犬病、流行性乙型脑炎、登革热、炭疽、细菌性痢疾和阿米巴性痢疾、肺结核、伤寒和副伤寒、流行性脑脊髓膜炎、百日咳、白喉、新生儿破伤风、猩红热、布鲁氏菌病、淋病、梅毒、钩端螺旋体病、血吸虫病、疟疾、人感染 H7N9 禽流感共 27 种。对此类传染病要严格按照有关规定和防治方案进行预防和控制。其中,乙类传染病中新型冠状病毒肺炎、传染性非典型肺炎和炭疽中的肺炭疽,采取甲类传染病的预防、控制措施。

3. 丙类传染病也称为监测管理传染病,包括流行性感冒、流行性腮腺炎、风疹、急性出血性结膜炎、麻风病、流行性斑疹伤寒和地方性斑疹伤寒、黑热病、包虫病、丝虫病,除霍乱、细菌

性和阿米巴性痢疾、伤寒和副伤寒以外的感染性腹泻病、手足口病共 11 种。对此类传染病要按国务院卫生行政部门规定的监测管理方法进行管理。

### 五、食物中毒自救

1. 饮水:立即饮用大量干净的水,以达到对毒素稀释的目的。

2. 催吐:用手指压迫咽喉,产生呕吐反应,尽可能将胃里的食物排出。但是对腐蚀性毒物中毒以及处于昏迷休克或患有心脏病、肝硬化等疾病的病人不宜采取上述方法!

3. 导泻:如果吃下去的中毒食物超过 2 h,且精神尚好,则可在医务人员的指导下服用泻药,以促进中毒食物尽快排出体外。

4. 保胃:误食腐蚀性毒物,如强酸、强碱后,应及时服用稠米汤、鸡蛋清、豆浆、牛奶等,对胃黏膜具有保护作用。

## 知识运用

1. 港口、机场、铁路疾病预防控制机构应当履行的报告责任

《传染病防治法》第三十二条规定:"港口、机场、铁路疾病预防控制机构以及国境卫生检疫机关发现甲类传染病病人、病原携带者、疑似传染病病人时,应当按照国家有关规定立即向国境口岸所在地的疾病预防控制机构或者所在地县级以上地方人民政府卫生行政部门报告并互相通报。"

2. 发生传染病时,可以实施交通卫生检疫的条件

(1)《传染病防治法》第四十四条规定:"发生甲类传染病时,为了防止该传染病通过交通工具及其乘运的人员、物资传播,可以实施交通卫生检疫。具体办法由国务院制定。"

(2)《国内交通卫生检疫条例》第二条规定:"列车、船舶、航空器和其他车辆(以下简称交通工具)出入检疫传染病疫区和在非检疫传染病疫区的交通工具上发现检疫传染病疫情时,依照本条例对交通工具及其承运的人员、物资实施交通卫生检疫。在中华人民共和国国际通航的港口、机场以及陆地边境和国界江河口岸的国境卫生检疫,依照《中华人民共和国国境卫生检疫法》的规定执行。"

3. 在火车、飞机等公共交通工具上发现传染病病人的处理方法

(1)《突发公共卫生事件应急条例》第三十八条规定:"交通工具上发现根据国务院卫生行政主管部门的规定需要采取应急控制措施的传染病病人、疑似传染病病人,其负责人应当以最快的方式通知前方停靠点,并向交通工具的营运单位报告。交通工具的前方停靠点和营运单位应当立即向交通工具营运单位行政主管部门和县级以上地方人民政府卫生行政主管部门报告。卫生行政主管部门接到报告后,应当立即组织有关人员采取相应的医学处置措施。交通工具上的传染病病人密切接触者,由交通工具停靠点的县级以上各级人民政府卫生行政主管部门或者铁路、交通、民用航空行政主管部门,根据各自的职责,依照传染病防治法律、行政法规的规定,采取控制措施。"

(2)《国境卫生检疫法实施细则》第四条规定:"入境、出境的人员、交通工具和集装箱,以及可能传播检疫传染病的行李、货物、邮包等,均应当按照本细则的规定接受检疫,经卫生检疫机关许可,方准入境或者出境。"

第五条规定:“卫生检疫机关发现染疫人时,应当立即将其隔离,防止任何人遭受感染,并按照本细则第八章的规定处理。卫生检疫机关发现染疫嫌疑人时,应当按照本细则第八章的规定处理。但对第八章规定以外的其他病种染疫嫌疑人,可以从该人员离开感染环境的时候算起,实施不超过该传染病最长潜伏期的就地诊验或者留验以及其他的卫生处理。”

4. 保障疫情防控所需器械、药品等物资的生产和供应的规定

(1)《传染病防治法》第四十九条规定:“传染病暴发、流行时,药品和医疗器械生产、供应单位应当及时生产、供应防治传染病的药品和医疗器械。铁路、交通、民用航空经营单位必须优先运送处理传染病疫情的人员以及防治传染病的药品和医疗器械。县级以上人民政府有关部门应当做好组织协调工作。”

第七十二条规定:“铁路、交通、民用航空经营单位未依照本法的规定优先运送处理传染病疫情的人员以及防治传染病的药品和医疗器械的,由有关部门责令限期改正,给予警告;造成严重后果的,对负有责任的主管人员和其他直接责任人员,依法给予降级、撤职、开除的处分。”

(2)《铁路法》第十五条第二款规定:“对抢险救灾物资和国家规定需要优先运输的其他物资,应予优先运输。”

(3)《国内水路运输管理条例》第二十三条规定:“水路运输经营者应当依照法律、行政法规和国家有关规定,优先运送处置突发事件所需的物资、设备、工具、应急救援人员和受到突发事件危害的人员,重点保障紧急、重要的军事运输。出现关系国计民生的紧急运输需求时,国务院交通运输主管部门按照国务院的部署,可以要求水路运输经营者优先运输需要紧急运输的物资。水路运输经营者应当按照要求及时运输。”

## 典型工作任务二　车站发生旅客食物中毒应急处置

### 任务目标

1. 明确车站发生旅客食物中毒岗位职责分工。
2. 能够正确处理车站站内旅客发生食物中毒突发情况。
3. 会使用应急物品。

### 知识链接

#### 一、岗位职责

树立“以人为本、关爱生命”的思想,为旅客提供温馨服务,帮助旅客解决出行困难。客运工作人员应掌握旅客发生食物中毒事件时的岗位要求(表 3-1),保障旅客在旅行途中的健康与安全。

**表 3-1　车站发生食物中毒时的岗位职责**

| | | |
|---|---|---|
| 岗位职责 | 值班站领导 | 1. 积极了解掌握现场信息，向上级部门及时汇报中毒具体情况<br>2. 统一指挥，组织封闭现场，救治患者，开展调查，控制事态的发展<br>3. 必要时联系地方政府、单位配合救治工作 |
| | 综合指挥中心 | 1. 及时将情况通报车站领导并向集团值班室报告<br>2. 负责与客服调度联系，及时将上级命令传达到位<br>3. 负责联系疾控中心、医院等卫生防疫部门 |
| | 客运车间值班干部 | 1. 立即赶赴现场，组织封闭现场、封存食物、收集证据、安置并配合医院救治病人<br>2. 及时将现场处置情况向综合指挥中心汇报<br>3. 配合公安调查情况 |
| | 客运值班员 | 1. 遇列车交接病人，做好与列车、医院的工作交接及旅客信息登记工作<br>2. 设置隔离区域，将中毒及疑似病人集中管理，开窗通风，做好服务工作，稳定病人、旅客情绪。等候医院救护人员到来<br>3. 配合卫生防疫部门对污染场所进行彻底检查消毒 |
| | 客运员 | 听从客运值班员的安排，做好各项应急服务工作 |

## 二、应急物品

车站客运工作人员应掌握旅客食物中毒的应急处置方法，学会应急设施设备的使用（表 3-2）。

**表 3-2　车站发生食物中毒时的应急物品**

| | 图片（名称） | 使用方法及用途 |
|---|---|---|
| 应急物品 | （对讲机） | 用途：工作人员之间需通话时，主叫方应转换对讲机通信频道至被叫方守候频率建立通信。通话结束后，主叫方应及时调回原频率守候<br>车站客运班组使用 3 频（457.725 MHz）；乘务班组使用频率为 2 频（457.950 MHz）；动车组司机、随车机械师使用频率为 1 频（467.200 MHz）；普速铁路列车司机、车辆乘务员使用频率为 4 频（457.700 MHz）（以中国铁路广州局集团有限公司对讲机日常管理与使用为例） |
| | （记录仪） | 用途：用于现场发生非正常情况下的取证工作，开启记录仪进行录音录像，并及时保存备份<br>保管及使用：由客运值班员保管使用；夜间间休前，由当班客运值班员将记录仪放置客运值班室充电，次日继续使用 |
| | （GSM 手机） | 用途：确保手机处于开机状态，用于联系列车长及其他车站相关业务受理等 |

续上表

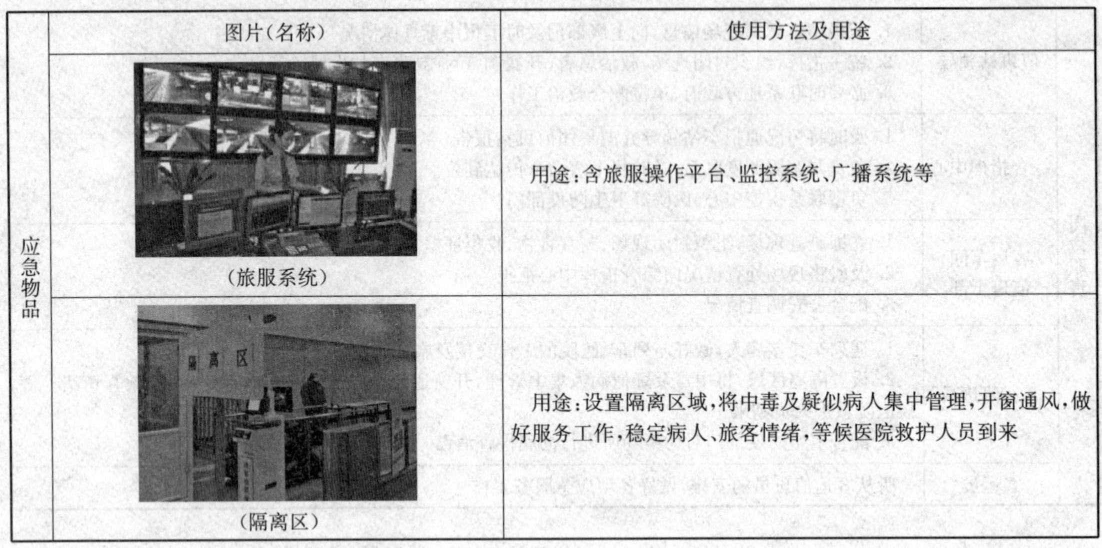

| | 图片(名称) | 使用方法及用途 |
|---|---|---|
| 应急物品 | (旅服系统) | 用途:含旅服操作平台、监控系统、广播系统等 |
| | (隔离区) | 用途:设置隔离区域,将中毒及疑似病人集中管理,开窗通风,做好服务工作,稳定病人、旅客情绪,等候医院救护人员到来 |

## 三、车站食物中毒应急处置流程

车站发生旅客食物中毒时,客运工作人员应及时赶赴现场处理,处理流程如图 3-1 所示。

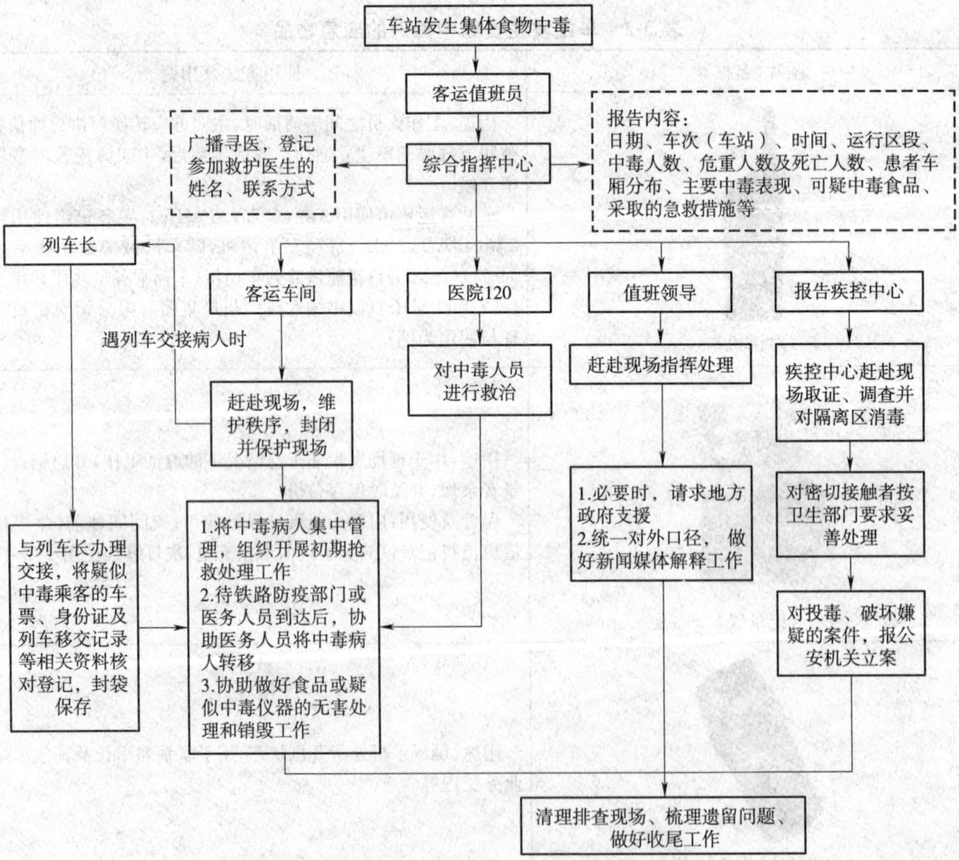

车站发生集体食物中毒

客运值班员

综合指挥中心

广播寻医,登记参加救护医生的姓名、联系方式

报告内容:日期、车次(车站)、时间、运行区段、中毒人数、危重人数及死亡人数、患者车厢分布、主要中毒表现、可疑中毒食品、采取的急救措施等

列车长

客运车间

医院120

值班领导

报告疾控中心

遇列车交接病人时

赶赴现场,维护秩序,封闭并保护现场

对中毒人员进行救治

赶赴现场指挥处理

疾控中心赶赴现场取证、调查并对隔离区消毒

与列车长办理交接,将疑似中毒乘客的车票、身份证及列车移交记录等相关资料核对登记,封袋保存

1.将中毒病人集中管理,组织开展初期抢救处理工作
2.待铁路防疫部门或医务人员到达后,协助医务人员将中毒病人转移
3.协助做好食品或疑似中毒仪器的无害处理和销毁工作

1.必要时,请求地方政府支援
2.统一对外口径,做好新闻媒体解释工作

对密切接触者按卫生部门要求妥善处理

对投毒、破坏嫌疑的案件,报公安机关立案

清理排查现场、梳理遗留问题、做好收尾工作

图 3-1　车站发生旅客中毒事件应急流程图

1. 站内发生

(1)及时报告。旅客发生食物中毒现象后,当班客运员应立即报告值班员,并做好相关记录,记录的内容包括:旅客姓名、性别、年龄、地点、中毒时间、病人主要症状、中毒人数、餐饮名称等。值班员要立即汇报综控室、车间值班干部,并通知卫生所人员和疾控中心负责人;车间值班干部要立即向车站值班领导汇报。

(2)组织抢救。综控室通知医务室人员到现场实施救治,及时拨打120急救电话,联系地方救护中心做好移交病人的各项准备工作及抢救工作。设置隔离区域,将中毒及疑似病人集中管理,开窗通风,做好服务工作,稳定病人、旅客情绪,等候医院救护人员到来。

(3)保护现场。值班员应于第一时间到达现场,立即组织客运员封存可疑食物、呕吐物样品,保留造成食物中毒或可能造成食物中毒的餐料、工具、设备,同时保护好现场,等待公安部门到场处理。如不能排除是车站商铺售卖食品所致,要立即通知相关商铺停止食品售卖,告知已购买食品的旅客停止继续食用,防止事态扩大。

(4)调查取证。配合卫生防疫部门开展食物中毒调查,积极提供有关线索,协助做好后续工作。

2. 列车移交

(1)站台客运员接到食物中毒事件的报告时,应立即汇报值班员和综控室;综控室立即向车间值班干部汇报,并通知医务室人员和疾控中心负责人;车间值班干部要立即汇报车站值班领导。

(2)值班员及时与列车长办理交接,站台值班员对旅客食物中毒发病情况的报告进行详细登记,登记内容包括车次、发病时间、地点、病人主要症状、发病人数、进食人数、食物名称、旅客到站、所在车厢、病人简况及主要症状。

(3)值班员通知列车长,保护好现场,对剩余的可疑中毒食品要保管好,对病人的排泄物和呕吐物不要急于销毁或倒掉;厨房的炊事工具、盛入食品的容器应保留,有利于及时查明中毒原因。

(4)对列车移交下的中毒病人,站台值班员要与列车长办理相关交接手续,及时通知综控室联系医务室人员救护,并拨打120急救电话,速到车站予以送院抢救。

## 四、安全风险卡控点

客运工作人员应自觉遵守劳动纪律和安全生产规章,严格执行岗位作业标准,妥善处置旅客中毒应急事件。车站食物中毒安全风险卡控点及控制措施见表3-3。

**表3-3　车站食物中毒安全风险卡控点**

| 序号 | 安全风险卡控点 | 控制措施 |
|---|---|---|
| 风险一 | 客运记录交接不清 | 1. 站车交接时认真审核客运记录内容,杜绝盲目签认<br>2. 对本班未完成的客运记录事项进行交班,双方在交接班簿上签字确认 |
| 风险二 | 突发事件的应急处置不当 | 1. 按要求及时启动相关应急预案<br>2. 认真组织开展突发事件的应急处置演练<br>3. 抓好业务知识培训,提高人员业务素质<br>4. 配置相关应急处置设备,提高应急处理能力 |
| 风险三 | 车站商铺监管不力 | 1. 招商中注重商铺信誉<br>2. 经营中加强商铺监管 |

## 知识运用

### 一、案例分析

1. 事件概况

×年×月×日 13:00 起,×局集团公司担当的 A 站—C 站 D×次列车,共有 19 名旅客陆续出现呕吐、腹泻症状,列车将发病旅客分别移交 B 车站送医救治。

2. 事件分析

系 19 名发病旅客食用了在 A 车站站内某商铺销售的卤鸡腿所致。原因是患有急性肠炎的售货员在售货过程中,污染了卤鸡腿,加之卤鸡腿在常温下放置时间超过 2 h 未经复热销售。

3. 事件教训

(1)高度重视旅客食品安全,增强法制观念,提高安全防范意识。

(2)加强和规范车站食品销售管理,车站与站区食品生产经营单位签订安全协议,加强监督工作。

(3)严格落实《食品卫生法》,严把食品进货、储存、加工、销售关。

(4)加强对食品卫生工作的日常检查,及时发现,并整改存在问题,防控食品安全事故。

(5)完善相关突发事件应急处置预案,提高应急处置能力。

### 二、应急演练

根据《车站年度客运系统应急演练计划的通知》文件要求,车间结合实际,进行一次旅客食物中毒事件应急演练。

1. 演练目的

提高对食物中毒事故应急处置水平,及时、有序、科学处理食物中毒事件,确保旅客、工作人员身体健康、生命安全。

2. 演练场景

客运员在候车室巡视检查时,发现一名旅客出现头晕、腹痛、恶心、呕吐等症状瘫坐在座椅旁,疑似食物中毒。

3. 适用预案车站

适用发生旅客食物中毒应急预案。

4. 演练人员、定位

车间客运管理人员及作业人员。

(1)车间主任、书记:负责统一指挥和协调。

(2)当日值班干部:负责向车站值班室汇报,启动应急预案,现场的指挥和协调。

(3)主任安全员:负责盯控综控室,综控室人员做好广播寻医、联系铁路疾控中心、医院等卫生防疫部门,并通知急救中心前来抢救。

(4)主任值班员:组织客运值班员、客运员查找、救治中毒旅客,并封存可疑食品及食具、病人呕吐物,停止销售可疑食品,并登记食物中毒旅客的姓名、性别、年龄、现住址、通信方式、身份证号码。

(5)车间其他管理人员及日勤现场维护:做好旅客的乘降组织工作,防治其他旅客聚众观看、拍照摄像。

(6)车间内勤:负责摄影,留存影像资料。

5. 演练所需道具备品

电台、担架、救护车。

6. 安全重点项点

各班组在进行演练前,要组织全体职工认真学习应急演练方案,尤其是参加演练的人员一定要清楚各自岗位职责,确保演练过程中,人员能迅速到位,处置恰当。

7. 演练程序

(1)客运员在候车室巡视检查时,发现一名旅客出现头晕、腹痛、恶心、呕吐等症状瘫坐在座椅旁,疑似食物中毒现象,立即电台通知综控室。

(2)综控室汇报值班干部,值班干部汇报车站值班室后,启动应急预案赶赴现场。

(3)启动应急预案后:

①综控室立即广播全站找医、通知定点医院派救护车。

②工作人员做好医生的引导工作,保证医生第一时间赶到现场救治。

③主任值班员、客运值班员现场处理,询问不适旅客安排到适当地点休息等待,并将旅客自带食品进行封存。

④广播寻医后,医生赶到现场进行救治,查明该旅客误食有毒物品,建议立即封锁该区域进行隔离,并送往医院救治。作业人员及时为旅客编制因病退票客运记录,交票房办理退票手续。

⑤车间安排好足够人员,备好担架、口罩、手套等防护用品,所有工作人员都戴好防护用品对该区域旅客进行疏散,并做好旅客的解释工作,防止旅客拍照、录像。

⑥救护车到达,将旅客送至进站口,赶往医院进行救治。

(4)救护车离开后,应急演练结束。

## 典型工作任务三　列车发生旅客食物中毒应急处置

### 任务目标

1. 明确列车发生旅客食物中毒时岗位职责分工。
2. 能够正确处理列车旅客发生食物中毒突发情况。
3. 会使用应急物品。

### 知识链接

#### 一、岗位职责

树立“以人为本、关爱生命”的思想,为旅客提供温馨服务,帮助旅客解决出行困难。列车工作人员应掌握列车发生旅客食物中毒事件时的岗位要求(表 3-4),保障旅客在旅行途中的健康与安全。

**表 3-4　列车食物中毒岗位职责**

| | | |
|---|---|---|
| 岗位职责 | 列车长 | 1. 接到中毒病例,应立即会同司机,向前方车站、客运(客服)调度和段值班室报告<br>2. 应广播找医生,一起对患者进行救护;无医护工作者,组织红十字救护员对患者进行初步救治<br>3. 同乘警(列车安全员)勘察现场,调查取证<br>4. 如需下车治疗,与车站办理交接 |
| | 列车员 | 1. 发现旅客中毒或疑似传染病时,立即向列车长报告<br>2. 红十字救护员会同列车长及医生对旅客进行救治<br>3. 疑似中毒事件,应封锁现场,封存可疑食品 |
| | 乘警 | 1. 会同列车长组织开调查工作,调查取证<br>2. 判断为投毒等恐怖事件,公安应及时向上级汇报 |
| | 司机 | 向列车调度员汇报情况,确定停站方案 |

## 二、应急物品

列车工作人员应掌握旅客食物中毒的应急处置方法,学会应急设施设备的使用(表 3-5)。

**表 3-5　列车食物中毒需应急物品及使用方法**

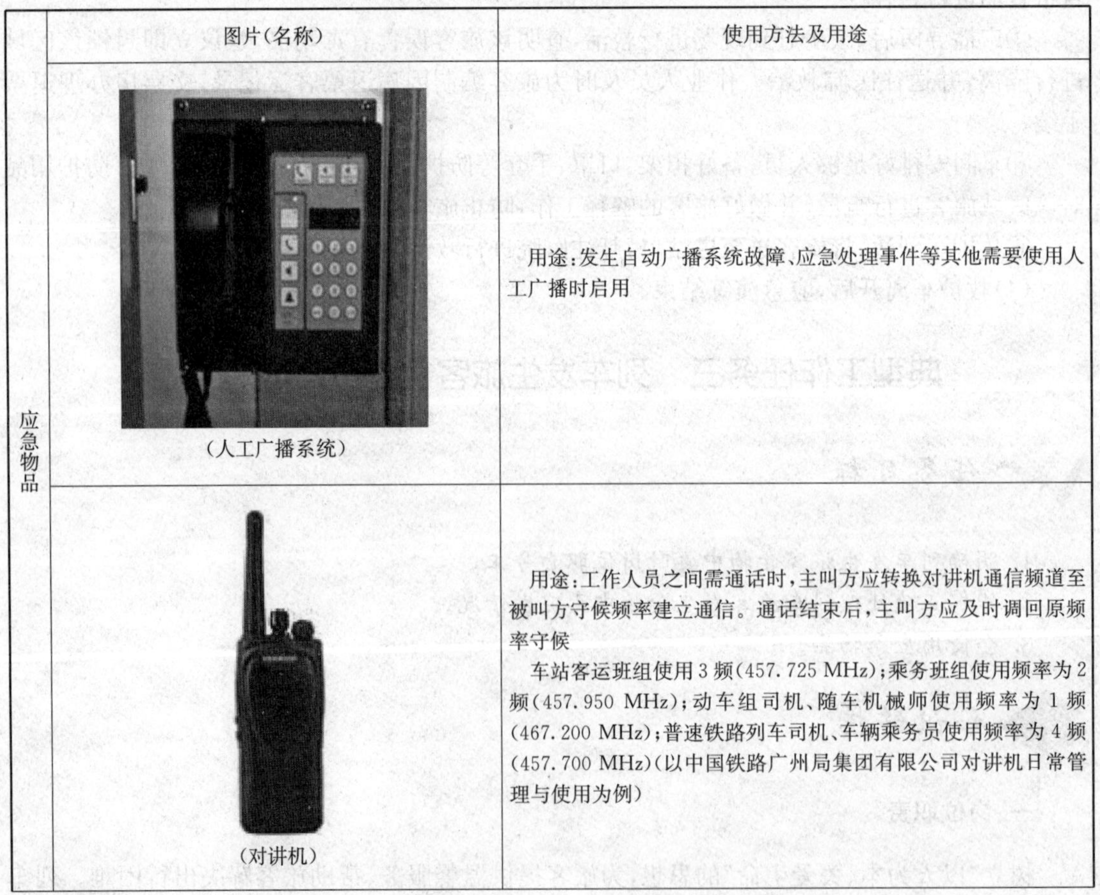

| | 图片(名称) | 使用方法及用途 |
|---|---|---|
| 应急物品 | (人工广播系统) | 用途:发生自动广播系统故障、应急处理事件等其他需要使用人工广播时启用 |
| | (对讲机) | 用途:工作人员之间需通话时,主叫方应转换对讲机通信频道至被叫方守候频率建立通信。通话结束后,主叫方应及时调回原频率守候<br>车站客运班组使用 3 频(457.725 MHz);乘务班组使用频率为 2 频(457.950 MHz);动车组司机、随车机械师使用频率为 1 频(467.200 MHz);普速铁路列车司机、车辆乘务员使用频率为 4 频(457.700 MHz)(以中国铁路广州局集团有限公司对讲机日常管理与使用为例) |

续上表

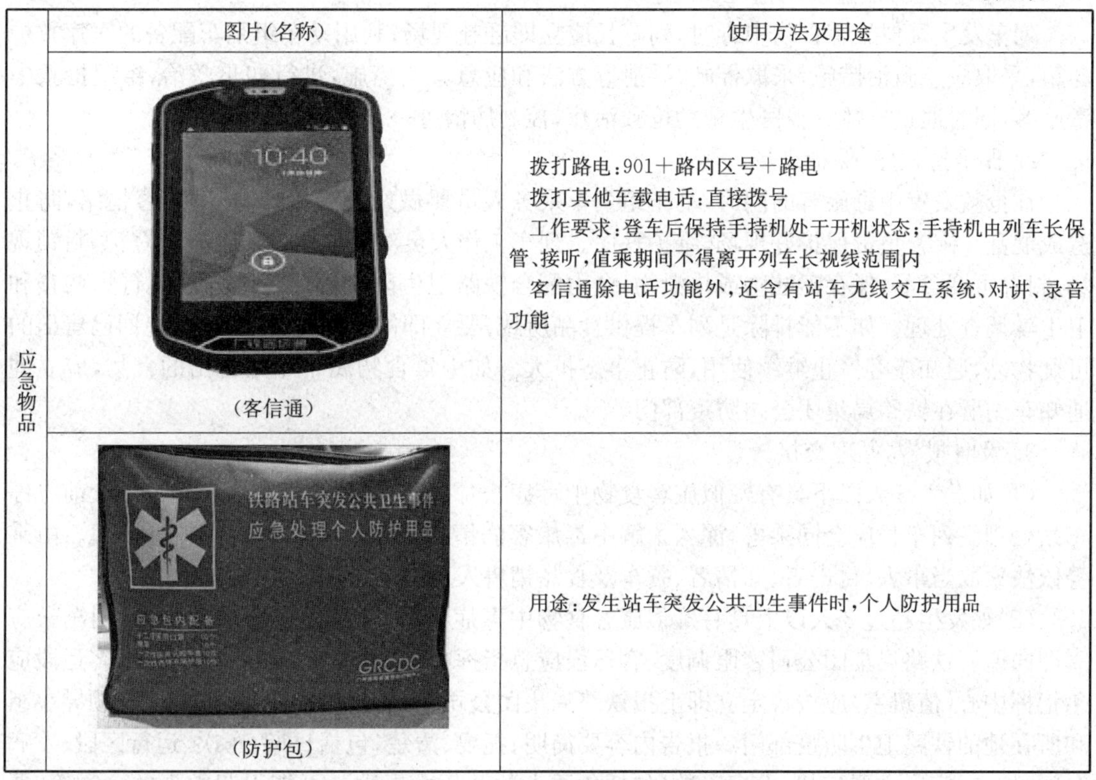


| | 图片(名称) | 使用方法及用途 |
| --- | --- | --- |
| 应急物品 | (客信通) | 拨打路电:901＋路内区号＋路电<br>拨打其他车载电话:直接拨号<br>工作要求:登车后保持手持机处于开机状态;手持机由列车长保管、接听,值乘期间不得离开列车长视线范围内<br>客信通除电话功能外,还含有站车无线交互系统、对讲、录音功能 |
| | (防护包) | 用途:发生站车突发公共卫生事件时,个人防护用品 |

## 三、列车食物中毒应急处置流程

列车发生旅客食物中毒时,列车工作人员应及时赶赴现场处理,流程如图 3-2 所示。

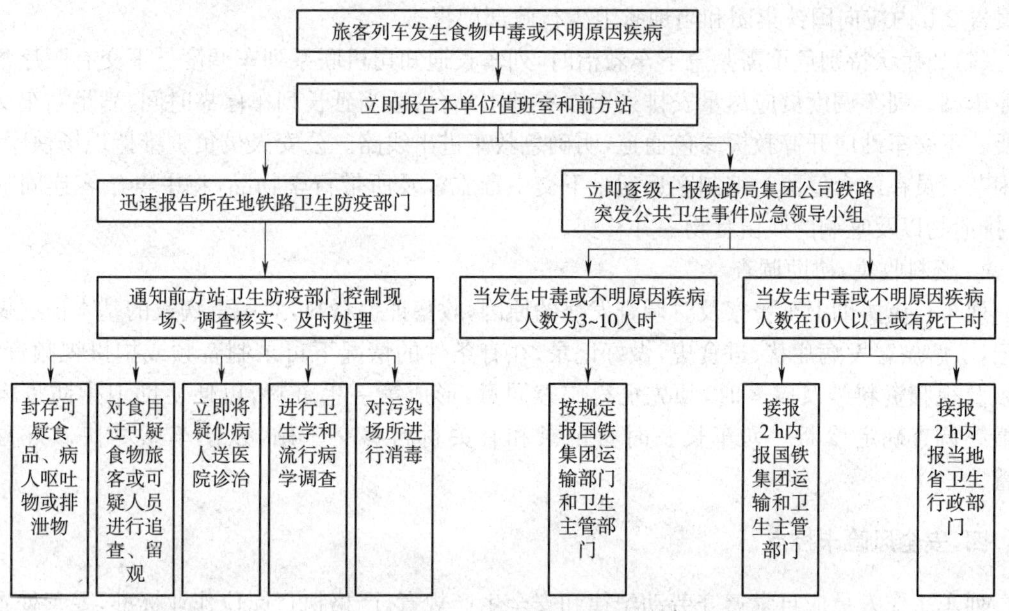


图 3-2　列车发生旅客食物中毒应急流程图

1. 赶赴现场，迅速辨明情况。

列车发生疑似旅客食物中毒时，列车长应立即赶赴现场，利用动车组列车配备的医疗救护药箱，采取应急救治措施，采取催吐、导泄等方法和应急救治措施，进行初步救治，组织抢救中毒旅客，同时通过广播寻找医生帮助抢救治疗，控制病情进一步发展。

2. 保维持秩序，保护现场。

在抢救安置中毒旅客的同时，动车组列车乘务人员要做好解释工作，稳定旅客情绪，防止造成混乱。乘警负责保护好现场、维护秩序。列车工作人员对疑似中毒人员进行登记，封锁现场，封存可疑食品，保存呕吐物或排泄物，全力配合铁路卫生防疫部门依法开展流行病调查和卫生学调查处理。如不能排除是列车提供食品所致，要立即停止列车食品供应，追回已售出的可疑物品，通知旅客停止继续使用，防止事态扩大。如中毒食物属于车站售出的食物，应立即通知车站所在铁路局集团公司防疫部门。

3. 及时报告，办理交接。

(1)如发生 3 人以下具有疑似旅客食物中毒症状时，必要时列车长编制客运记录交前方停车站处理。列车长应会同乘警，深入了解中毒旅客病情、人数，调查旅客疑似中毒原因。由乘警依法索取当事人、目击者、知情者、餐车及食品销售人员的笔录。

(2)如发生超过 3 人以上具有疑似旅客食物中毒症状时，除按上述要求救治外，列车长应立即向所属铁路局集团公司客服调度、客运段应急指挥中心(值班室)和前方站报告，客运段应急指挥中心(值班室)应按规定立即上报铁路局集团公司铁路突发公共卫生事件应急领导小组和所在地的铁路卫生防疫部门。报告内容要简明、扼要、清楚，包括日期、车次、运行区段、发病时间、地点、病人主要症状、发病人数(包括危重人数及死亡人数)、可能引起中毒的食物等，要求车站组织采取的措施。如怀疑投毒导致食物中毒时，还应同时向铁路公安机关报告，并做好相关记载。

(3)发生 10 人以上或有死亡的重大食物中毒事件后，铁路局集团公司应急领导小组在接到报告 2 h 内应向国铁集团和当地省卫生行政部门报告。

(4)如症状特别危重需紧急下车救治时，列车长通知司机联系列车调度员下交有医疗条件的停车站。列车调度员应尽量安排列车停靠基本站台，适当延长列车停靠时间，满足站车交接需要。下交车站应开辟救援绿色通道，明确急救车进出线路。公安人员负责维持现场秩序，禁止闲杂人员在站台停留。编制客运记录下交中毒旅客及所带行李物品，将中毒旅客连同呕吐物、排泄物以及吃剩的残留食物一并移交。

4. 资料收集，协助调查。

列车长应协助上车警察及时调查发病的原因，收集证据材料，对中毒病人的基本情况做好登记，了解旅客发病症状、进食史，做好记录，在有条件的情况下可录制音频或拍摄视频资料，音频及视频资料涉及旅客时，须先征得旅客同意，形成第一手资料，以便协助卫生防疫等部门最终调查确定诊断。列车长及时将记录和有关材料移交车站，以便车站尽快做好善后处置。

**四、安全风险卡控点**

列车工作人员应自觉遵守劳动纪律和安全生产规章，严格执行岗位作业标准，妥善处置旅客中毒应急事件。列车发生食物中毒安全风险卡控点及控制措施见表 3-6。

表 3-6　列车发生食物中毒安全风险卡控点

| 序号 | 安全风险卡控点 | 控制措施 |
|---|---|---|
| 风险一 | 对讲机使用不当 | 开车前调试检查，确认性能良好，随身携带保持联络畅通，保证电量充足 |
| 风险二 | 联劳作业呼叫应答不落实 | 当班精力集中，有呼必答、应答及时、内容正确，用语规范 |
| 风险三 | 餐车食品安全保障不到位 | 1. 防止违规私上商品<br>2. 防止不合格食品未做报废处理 |

## 知识运用

### 一、案例分析

1. G××列车发生食物中毒案例

(1)事件概况

202×年×月×日，××站开往××站的G××次(动车)列车，××站开车后，5号车厢一名旅客找到列车工作人员，自述吃过列车出售的小零食后(食品变质，袋内食品发霉)，感觉腹部疼痛，并有呕吐现象，乘务员用对讲机通知列车长和乘警到场，并通过广播寻找医务人员，经医务初步诊断，该旅客为食物中毒，列车对其进行简单救治，并用塑料袋封存其剩余食物，收集旅客的呕吐物。

(2)事件处理

因在列车上食用变质食品导致旅客食物中毒，列车应启动应急预案，有效处置，联系救护车于前方停车站及时救治。食物中毒处置流程：判明情况、迅速救治、报告救助、封存食品、停止供应、调查取证、配合调查、办理交接、上报材料、权威鉴定。

①迅速救治。列车上发生旅客食物中毒时，餐服长、餐服员应听从列车长指挥，积极做好救治，同时要保护好现场，组织调查。对疑似旅客进行登记，登记内容包括姓名、性别、年龄、实际居住地址、联系方式、身份证号码等。配合列车长做好食物中毒旅客的全部抢救和善后工作。

②立即汇报。餐服长应在第一时间报告列车长，列车长应立即向客调、前方站、局集团公司疾控中心和段值班室汇报。报告内容包括车次、时间、运行地点、发病人数、病人情况、病人所在车厢。列车上应立即停止销售相关食品，以防止扩大不良反应的区域。

③分析留样。分析造成食物中毒的原因，封存造成食物中毒或者可能导致食物中毒的食品、快餐，对旅客的呕吐等排泄物要留样封存，到站后送卫生防疫部门检验。

④保护现场。保管好供应的食品，维持原有的生产状况。对引起中毒的可疑食品，原料及留样食品立即封存，放入冷藏箱(柜)交调查人员。禁止继续食用和擅自销毁。追回售出的中毒食品或疑似中毒食品。对制作盛放可疑食品的工具、容器以及可能的中毒现场予以控制。

⑤配合调查。在卫生部门的专用人员到达后，配合专业人员收集可疑食品和中毒人员的呕吐物、排泄物、洗胃液等。同时介绍中毒的情况并开展流行病学调查。待现场调查结束后，按照卫生专业人员要求进行现场消毒清洁处理，协助卫生部门做好调查工作及各项后勤保障工作。

2. D××次旅客食物中毒案例

(1)事件概况

202×年×月×日某客运段值乘D×次,A站到站前,2号列车员报告8车一位旅客眩晕,这时多名旅客陆续称肚子不适。经了解,该名旅客为团体出游,包括导游共30人,此时已有15人感到身体不适。

(2)现场处置

①列车长、安全员及时赶到现场,并立即广播寻医未果。

②做好服务。经了解是旅客旅途疲劳,列车送上糖水,喝后稍有缓解。

③询问在列车上使用或购买任何食品情况。

④收集旁证及视频记录信息。

⑤列车及时编制客运记录交旅客到A站。由车站转送×医院,经后续了解,该团是×市旅行社组织到香港—澳门—珠海旅游团,均为×市人。

(3)3人及以上旅客疑似食物中毒关键处置项点

①进行登记,封锁现场,封存可疑食品、食具用具等。

②进行初步救治。

③如不能排除是列车供应食品所致,要立即停止列车食品供应,追回已售可疑食品,防止事态扩大。

④将疑似病人、相关资料物品移交车站。

⑤收集旁证材料,做好续报。

## 二、应急演练

1. 演练要素

(1)时间:×月×日。

(2)车次:G×次。

(3)地点:×站—×站间×(上或下)行线。

(4)组织及指挥部门、人员:

指挥长:客运段主管教育、乘务、安全副段长(电话:××)。

指挥员:客运段车队长,车队主管教育、乘务、安全副队长(电话:××)。

联络人:×客运段×次列车长(电话:××)。

(5)参演人员:列车长、乘警(安全员)、列车乘务员。

(6)配合部门、单位:本局集团公司客运部、劳卫处,所在局集团公司客调,卫生监督所,疾控中心,车站,旅客中的医务工作者,120急救人员,本属段。

2. 演练程序及情景对话

列车在×站开车后,指挥长使用对讲机通知车队指挥员:“旅客列车发生食物中毒应急处置模拟演练开始。”

指挥员:“旅客列车发生食物中毒应急处置模拟演练开始,明白。”

(1)第一部分:模拟演练背景介绍

列车正常运行,指挥长使用对讲机通知指挥员宣布演练开始。

①指挥员在×号车厢,接到指挥长通知后用对讲机呼叫:“G×次列车长,旅客列车发生食

物中毒应急处置的各级演练项目开始。”

②列车长在×号车厢巡视，用对讲机应答：“G×次列车长明白。”并用对讲机通知：“全体工作人员请注意，旅客列车发生食物中毒应急处置的各级演练项目开始，请各就各位”。

③背景简介：×年×月×日，×客运段、×车辆段、×公安处担当乘务的G×次列车运行至×线×站至×站间时，5号车厢三名同行旅客，食用自带的鸡肉、香肠、豆制品等熟食后出现呕吐昏晕症状。

(2)第二部分：判明情况

①5～8车列车员发现后及时向列车长报告：“列车长，5号车厢三名旅客食用自带的熟食后出现呕吐昏晕症状，请立即到场处理。”

列车长答复：“5号车厢三名旅客食用自带的熟食后出现呕吐昏晕症状，明白。”

②列车长通知乘警(安全员)到场：“乘警(安全员)，5号车厢三位旅客食用自带的熟食后，现在出现呕吐昏晕症状，请立即赶到现场处理。”

乘警(安全员)答复：“收到，明白。”

③列车长和乘警(安全员)赶到现场向三名身体不适的旅客了解情况，旅客自述：“我们刚才食用了自带的食品，吃完后我们几位就出现呕吐昏晕症状，你看我那位朋友还在呕吐呢。”说完他指了一下坐在旁边的旅客。

④列车长了解情况后，立即利用广播寻找医务人员：“旅客们，现在5号车厢有三名旅客患病，急需救治，旅客中如有医务人员请立即赶到5号车厢帮助救治，感谢您的配合。”

⑤列车长通知1～4车列车员将红十字救护药箱拿到现场进行初级救护：“红十字救护员，现在5号车厢有三名旅客出现呕吐昏晕症状，怀疑是食物中毒，请你立即携带急救药箱到现场进行救护。”

1～4车列车员答复：“携带急救药箱到5号车厢，明白。”

⑥红十字药箱拿到5号车厢，同时有一名×肛肠医院的医生也到达现场：“列车长，我是一名医生，这是我的医师证件。”说完将证件交给列车长，列车长核对后立即请求医生对三名旅客进行救护，安排5～8车列车员对医生的身份和信息进行登记，如有用药时记录好用药情况，对疑似中毒人员及其密切接触者进行登记。

(3)第三部分：现场救治

医生检查一段时间后对列车长说：“这几位旅客初步诊断为食物中毒，你们列车不具备救治条件，需要下车送医院继续救治。”医生(无医务人员时由列车红十字救护员)继续采取催吐等措施进行抢救。

列车长谢过医生后，立即与客调联系，请求在前方有条件的车站临时停车，由车站联系120急救人员到车站接送三名食物中毒旅客入院救治，列车长组织做好与车站交接准备工作。

(4)第四部分：及时报告

列车长向前方停车站、前方卫生防疫部门和本属段报告，客运段负责向铁路局集团公司劳卫处、客运部和本地区铁路疾病防控中心报告，报告内容：“调度员(××)，×年×月×日，×次列车运行至×线×站至×站间时，5号车厢三名同行旅客，食用自带的鸡肉、香肠、豆制品等熟食后出现呕吐昏晕症状，三名旅客分别持有本次列车5号车厢有效车票。列车工作人员及时在乘车的旅客中寻找到×肛肠医院的医生对三名旅客进行诊治，初步判断为食物中毒。医生当场采取催吐等措施对三名旅客进行救治，并建议尽快将旅客转送医院救治，否则存在生命危险，目前我们正在与客调联系列车在前方停车站临时停车，将三名旅客转送医院继续救治，事情进展情况陆续及时反馈，特此报告。”

上述部门答复：“收到，请密切关注旅客状况，及时报告需求事项，我们全力做好保障工作。”

说明：如怀疑是投毒事件时，列车长还应同时通知乘警（安全员）调查处理。

（5）第五部分：保护现场

①列车长、乘警（安全员）和5～8车列车员做好稳定旅客情绪工作，收集旅客食用的剩余可疑食物和呕吐物、排泄物样品，封闭被污染厕所，等待卫生检疫人员查验；同时由列车员收集不少于两份现场目击旅客的证言材料。

②列车员收集证词、证据后将材料交给列车长。

说明：如旅客是在列车、车站或者其他场所购买的可疑物品，应立即组织追回售出的可疑食物，并在低温下封存可疑食物、原材料，保留造成食物中毒或可能导致食物中毒的包装、器皿。如不能排除食物中毒是站车供应食品所致，要立即停止列车供应，并采取措施追回已经售出的食品进行封存，通知旅客停止食用，对已食用的旅客信息进行登记，同时向所在局集团公司客调报告，由客调通知相关车站停止出售食品。

（6）第六部分：办理交接

①客运调度员向列车长通知安排临时停车事项：“列车长，×点×分×次列车在前方×站临时停车一分钟，请你做好三名食物中毒旅客移交工作。”

列车长答复：“在前方×站临时停车一分钟，做好三名食物中毒旅客移交工作，明白。”

②列车到达×站后，列车长凭客运记录向×车站移交三名旅客，并把封存的样品及旅客携带品、证言证据一并与车站办理签字交接。客运记录上要详细注明旅客的姓名、性别、国籍、民族、年龄、职业、住址、单位、身份证号码、联系方式，所持车票发到站及票号、座卧别、所在车厢位置等详细情况。

（7）第七部分：协助调查

列车工作人员要密切配合卫生防疫部门和公安部门调查旅客发病的具体原因、所食用的食物来源等事项。调查工作结束后对现场进行彻底清理，防止病菌传播，危害身体健康。

3. 演练结束

列车长向指挥长汇报：“旅客列车发生食物中毒应急处置模拟演练完毕。”

指挥长：“好了。”

## 典型工作任务四　车站发生重大传染病疫情应急处置

### 任务目标

1. 明确车站发生重大传染病疫情岗位职责分工。
2. 能够正确处理车站重大传染病疫情突发情况。
3. 会使用应急物品。

### 知识链接

#### 一、岗位职责

为保障广大旅客、铁路职工的身体健康与生命安全，防止疫情传播，维护正常的运输生产秩序，车站工作人员应严格落实岗位职责（表 3-7），并相互配合、协调开展应急工作。

**表 3-7　车站发生疫情岗位职责**

| | | |
|---|---|---|
| 岗位职责 | 值班站领导 | 1. 积极了解掌握现场信息，向上级部门及时汇报疫情具体情况<br>2. 统一指挥疫情防护和伤亡人员处置<br>3. 联系地方政府、单位配合救治工作 |
| | 综合指挥中心 | 1. 及时将情况通报车站领导并向集团公司值班室报告<br>2. 负责与客服调度联系，及时将上级命令传达到位<br>3. 负责联系疾控中心、医院等卫生防疫部门<br>4. 需要对动车组进行消毒时，报告客服调度，通知行控室 |
| | 客运车间值班干部 | 1. 立即赶赴现场，组织各岗位根据预案分工进行旅客疏散、隔离现场、抢救伤员工作<br>2. 及时将现场处置情况向综合指挥中心汇报 |
| | 客运值班员 | 1. 遇列车交接病人，做好与列车、防疫部门的工作交接及旅客信息登记工作<br>2. 设置隔离区域，做好病原体的隔离工作，做好自身防护工作<br>3. 及时对车站客运设施做好消毒工作，防止交叉传染 |
| | 客运员 | 听从客运值班员的安排，做好各项应急服务工作 |

## 二、应急物品

车站客运工作人员应掌握重大传染病疫情的应急处置方法，并学会相关应急设施设备的使用（表 3-8）。

**表 3-8　车站发生疫情应急物品**

| | 图片（名称） | 使用方法及用途 |
|---|---|---|
| 应急物品 | （对讲机） | 用途：工作人员之间需通话时，主叫方应转换对讲机通信频道至被叫方守候频率建立通信。通话结束后，主叫方应及时调回原频率守候<br>车站客运班组使用 3 频（457.725 MHz）；乘务班组使用频率为 2 频（457.950 MHz）；动车组司机、随车机械师使用频率为 1 频（467.200 MHz）；普速铁路列车司机、车辆乘务员使用频率为 4 频（457.700 MHz）（以中国铁路广州局集团有限公司对讲机日常管理与使用为例） |
| | （GSM 手机） | 用途：确保手机处于开机状态，用于联系列车长及其他车站相关业务受理等 |
| | （防疫用具） | 应配备防护服、防护口罩，乳胶手套、消毒液、护目镜、胶靴（鞋）或胶质鞋套等专用防护用品 |

续上表

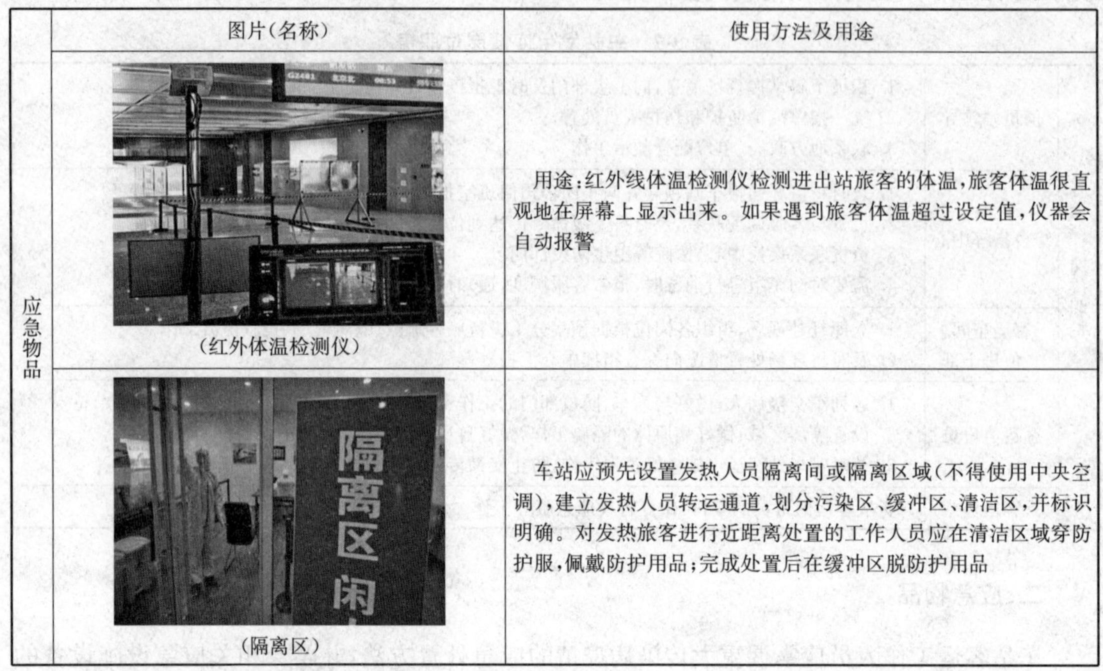

| | 图片(名称) | 使用方法及用途 |
|---|---|---|
| 应急物品 | (红外体温检测仪) | 用途:红外线体温检测仪检测进出站旅客的体温,旅客体温很直观地在屏幕上显示出来。如果遇到旅客体温超过设定值,仪器会自动报警 |
| | (隔离区) | 车站应预先设置发热人员隔离间或隔离区域(不得使用中央空调),建立发热人员转运通道,划分污染区、缓冲区、清洁区,并标识明确。对发热旅客进行近距离处置的工作人员应在清洁区域穿防护服,佩戴防护用品;完成处置后在缓冲区脱防护用品 |

## 三、车站疫情应急处置流程

车站发生重大传染病疫情时,应采取应急处理措施,防止疫情借铁路传播或事态扩大。处理流程如图 3-3 所示。

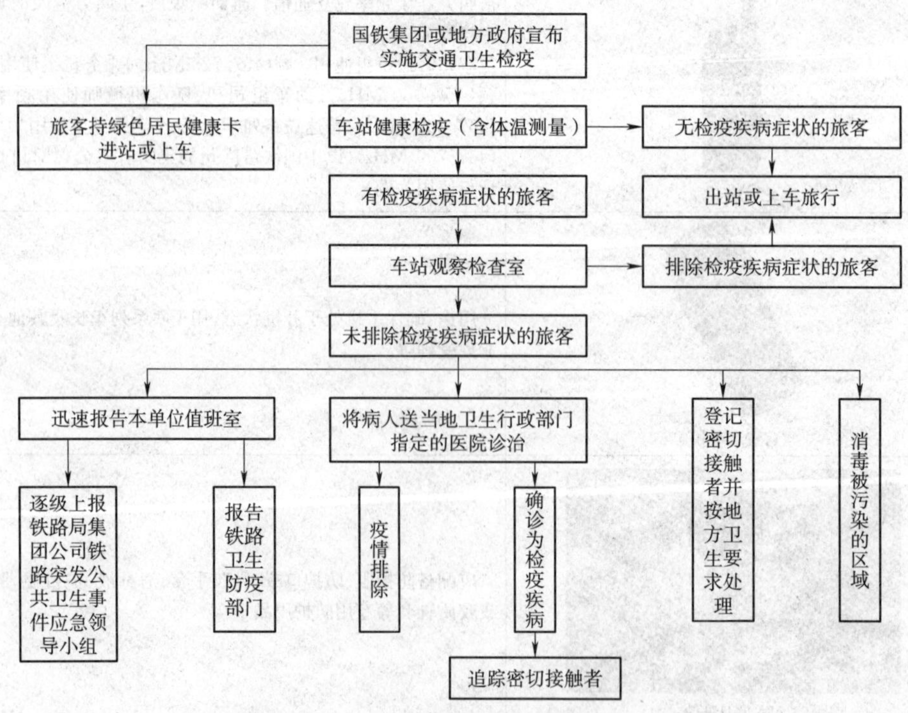


图 3-3　车站重大传染病疫情应急流程图

1. 防护接近

在站内发现传染病或疑似病人时，工作人员要立即报告值班员(报告内容包括日期、时间、地点以及患者主要症状、旅客目的站和密切接触人员简况等)。由值班员安排经过专业培训过的人员着防护服，按规定做好个人防护接近病人，将病人领到专用房间。

2. 查询登记

基本判定后，对病人或疑似病人的自然情况、近期活动等情况进行逐级了解、登记，做好记录，并对密切接触者进行登记(姓名、年龄、性别、证件号码、住址、联系电话等)。

3. 分类隔离

处置前预先设计转移路线，尽可能减少被转移人员与站内其他旅客的接触。按卫生部门要求，采取不同的隔离措施。基本方法：采取个人防护措施后将病人或疑似病人引导到车站医务室进行隔离，视传染种类对其周围密切接触人员采取集中管理的隔离措施，并与病人分开，做好登记，其他人员疏散。工作人员要在值班员的领导下，稳定旅客情绪，消除恐慌，防止发生意外。

4. 封闭管理

对传染病或疑似病人及密切接触人员使用过的物品及停留场所，隔离封存，在未有效消毒前不得使用，使用过的防护用品立即封存，不得重复使用。

5. 迅速上报

值班员要在第一时间将病人情况报告车站综控室和医务室，提出处置请求(特殊类传染病按上级要求等待处置通知，同时通知卫生防疫部门到站处置)。客运科通知派出所(中间站由站领导联系公安干警)增派警力协助车站维护秩序，派专人接听电话了解现场信息，在站领导和客运科长指挥下，向客运部汇报情况，报告内容发生地点、发生时间、联络方式、发病人数、影响范围及采取措施等情况。

6. 妥善移交

卫生防疫部门到站后，值班员应与卫生防疫部门认真交接，办理交接手续，特殊类传染病，实行“门对门”交接(即出隔离间直接上救护车)。

## 四、安全风险卡控点

坚持“依靠科学、防治结合、分级负责、措施果断”原则，依靠改进和完善应急设备和手段，科学防控重大传染病疫情的传播。车站发生重大疫情安全风险卡控点及控制措施见表 3-9。

**表 3-9　车站发生重大疫情安全风险卡控点**

| 序号 | 安全风险卡控点 | 控制措施 |
| --- | --- | --- |
| 风险一 | 突发事件的应急处置不当 | 1. 按要求及时启动相关应急预案<br>2. 认真组织开展突发事件的应急处置演练<br>3. 抓好业务知识培训，提高人员业务素质<br>4. 配置相关应急处置设备，提高应急处理能力 |
| 风险二 | 防疫工作落实不到位 | 1. 积极协助地方疾控部门做好进出站旅客体温测量工作<br>2. 每日对候车室、厕所、进(出)站口、售票厅等人员密集场所至少进行 2 次消毒保洁，对自动售(取)票机、实名制闸机、检票闸机触摸屏等旅客使用密度高的设备进行擦拭消毒<br>3. 每间隔 1 个小时对候车室进行通风换气，保持空气清新；根据退票客流情况增开退票窗口，方便旅客办理退票业务<br>4. 同时，利用站内广播动态宣传疫情防护知识，引导旅客正确认知疫情、科学预防疫情等 |

## 知识运用

### 一、案例分析

1. 移交发热男童旅客案例

(1)事件概况

×月×日 15:22,G××次(A—D、B 站图定 15:25 到、15:32 开,×局集团公司××客运段担当)到达 B 站,列车长在 4 号车厢交下一名 2 岁发热男童(37.5 ℃)。客运值班员与列车长站车交接完毕后,列车于 15:32 正点开出。车站工作人员将交下的发热男童及其母亲引导至出站口驻站防疫点,并拨打 120 急救电话告知发热情况。16:10,120 急救车将发热旅客一行接往 B 站市中心医院就诊。旅客自述,无疫情中高风险地区停留史、无出入境(含港澳台)史,无新冠及疑似新冠接触史,健康码均为绿码。

(2)事件结果

发热男童及时送往医院就诊,未影响旅客正常运输。

2. 移交疑似密切接触者案例

(1)事件概况

×月×日 21:10,C 站接到车站值班室通知,G××次(A—D、××局集团公司××客运段担当、图定 C 站 21:34 到、21:36 开)列车到站时,可能会交下一名疑似密切接触者,请车站预先加强防控,做好站车交接准备。值班干部接到通知后当即赶到站台布置做好防控及准备工作。21:35,G××次到达 C 站后,列车按疾控中心电话通知将一名疑似密切接触者交站。21:39,站车交接完毕后列车开车。车站工作人员将该人员引导至出站口驻站防控点说明情况并移交地方疾控人员测量体温 36.1 ℃。经驻站防疫人员联系市卫健委同意,该人员于 22:25 按地方防控人员要求自行前往 C 站市第三人民医院就诊。

(2)事件结果

疑似密切接触者自行前往医院就诊,未影响旅客正常运输。

### 二、应急演练

根据《车站年度客运系统应急演练计划的通知》文件要求,车间结合实际,进行一次发生疫情的应急演练,具体方案如下:

1. 演练目的

为进一步提高作业人员在突发疫情时的应急处置能力,减少突发状况给旅客运输组织带来的损失和影响。

2. 演练场景

作业人员在站台组织旅客乘降过程中,发现一名旅客接出现发热、头晕、等疑似“流感”现象,立即汇报值班干部,启动应急预案。

3. 适用预案

适用于车站突发重大传染病疫情、群体性不明原因疾病的应急处置。

4. 演练人员、定位

现场指挥：当日值班干部

现场处置①组：带班干部、值班员、客运员 2 名

现场处置②组：车间管理人员、值班员、客运员 2 名

现场处置③组：车间管理人员、值班员、客运员 2 名

现场处置④组：派出所公安人员

负责现场的应急处置工作，减少突发状况给旅客运输组织带来的损失和影响，积极配合现场的医疗单位和卫生防疫部门开展工作。

5. 安全重点项点

及时封锁已经污染或者可能污染的区域，全力控制事件态势，防止事件扩大。对进入现场的有关人员要根据现场的实际情况，穿戴必要的防护装备和用品。

6. 演练程序

(1)作业人员在站台组织旅客乘降过程中，发现一名旅客接出现发热、头晕、等疑似“流感”现象，立即汇报综控室。

(2)综控室立即联系铁路疾控所、医院等卫生防疫部门，通知 120 急救中心前来抢救，并汇报值班干部、带班干部、值班员。

(3)值班干部将接到汇报后，立即下达启动应急预案并汇报车站值班室及车间主任、书记。

(4)书记向车站党办汇报，申请统一的宣传口径。

(5)全体参演人员接到命令后赶赴现场。

现场处置①组穿戴好防护服，组织隔离疑似病人和密切接触者，紧急疏散其他旅客，对密切接触者进行登记，登记的主要内容：姓名、证件号码、住址、联系电话等，并将传染病人、疑似病人和密切接触者以及其他需要跟踪观察的旅客及资料移交卫生防疫部门。

现场处置②组立即封锁已经污染或者可能污染的区域，供卫生防疫部门检验，积极配合现场的医疗单位和卫生防疫部门开展工作。

现场处置③组统一口径，做好旅客的宣传、解释、安抚工作，防止其他旅客围观、拍照、散布网络等，积极配合医疗单位和卫生防疫部门开展工作。

现场处置④组维护治安秩序，为抢救、隔离、运送病人提供安全保障，协助卫生部门对拒绝按规定隔离处理的传染病患者和密切接触者依法强制执行，打击利用突发公共卫生事件扰乱秩序的违法犯罪行为，维护稳定，保证铁路安全。

(6)感染病人和疑似病人已全部送往医院，排查工作及其他各项工作全部完成，应急演练结束。

## 典型工作任务五　列车发生重大传染病疫情应急处置

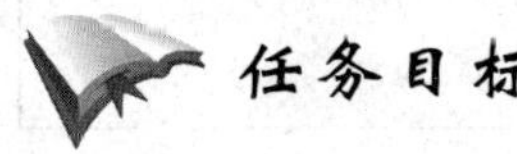

### 任务目标

1. 明确列车发生重大传染病疫情时岗位职责分工。

2. 能够正确处理列车重大传染病疫情突发情况。

3. 会使用应急物品。

## 知识链接

### 一、岗位职责

为保障广大旅客、铁路职工的身体健康与生命安全，防止疫情传播，维护正常的运输生产秩序，列车工作人员应严格落实岗位职责（表 3-10），并相互配合、协调开展应急工作。

**表 3-10　列车发生重大疫情岗位职责**

| | | |
|---|---|---|
| 岗位职责 | 列车长 | 1. 接到疑似疫情病例，应立即会同司机，向前方车站、客运（客服）调度和段值班室报告<br>2. 对疑似传染病患者进行隔离观察（使用原车厢或将传染病人带至多功能室），并同乘警（列车安全员）勘察现场，调查取证<br>3. 利用列车上配备的相关备品，立即组织工作人员和旅客做好防护，避免扩大传染<br>4. 在指定停车站将传染病人、疑似病人、密切接触者等以及资料移交车站和铁路疾控部门 |
| | 列车员 | 1. 发现旅客疑似传染病时，立即向列车长报告<br>2. 疑似传染病患者，进行隔离，封锁污染区域<br>3. 对传染病人、疑似病人、密切接触者进行登记<br>4. 做好解释工作，维护好车内秩序 |
| | 乘警 | 护好车内秩序，确保区域封锁、旅客隔离、站车移交等工作正常开展 |
| | 司机 | 向列车调度员汇报情况，确定停站方案 |

### 二、应急物品

列车工作人员应掌握重大传染病疫情的应急处置方法，并学会相关应急设施设备的使用（表 3-11）。

**表 3-11　列车重大疫情应急物品及使用方法**

| | 图片（名称） | 使用方法及用途 |
|---|---|---|
| 应急物品 | 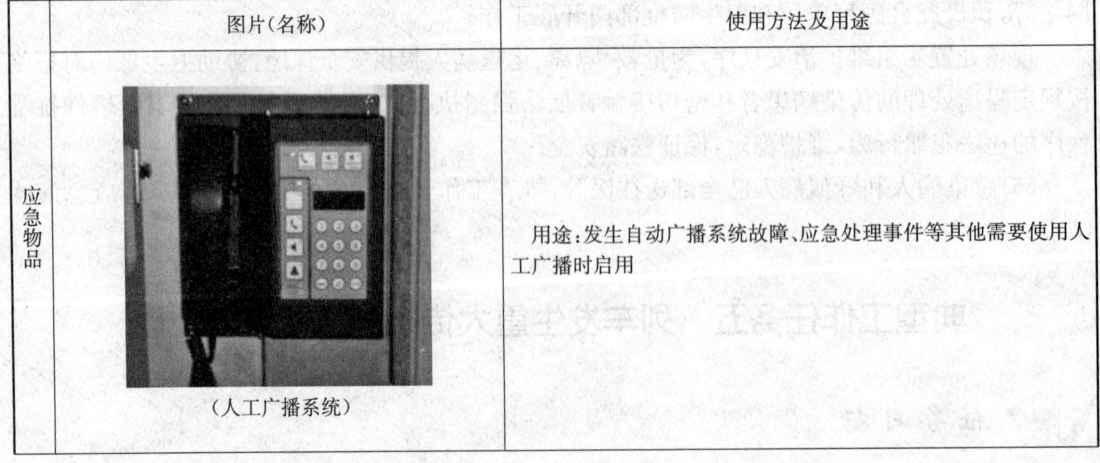<br>（人工广播系统） | 用途：发生自动广播系统故障、应急处理事件等其他需要使用人工广播时启用 |

续上表

| | 图片（名称） | 使用方法及用途 |
|---|---|---|
| 应急物品 |  （对讲机） | 用途：工作人员之间需通话时，主叫方应转换对讲机通信频道至被叫方守候频率建立通信。通话结束后，主叫方应及时调回原频率守候<br>车站客运班组使用 3 频（457.725 MHz）；乘务班组使用频率为 2 频（457.950 MHz）；动车组司机、随车机械师使用频率为 1 频（467.200 MHz）；普速铁路列车司机、车辆乘务员使用频率为 4 频（457.700 MHz）（以中国铁路广州局集团有限公司对讲机日常管理与使用为例） |
| |  （客信通） | 拨打路电：901＋路内区号＋路电<br>拨打其他车载电话：直接拨号<br>工作要求：登车后保持手持机处于开机状态；手持机由列车长保管、接听，值乘期间不得离开列车长视线范围内<br>客信通除电话功能外，还含有站车无线交互系统、对讲、录音功能 |
| | 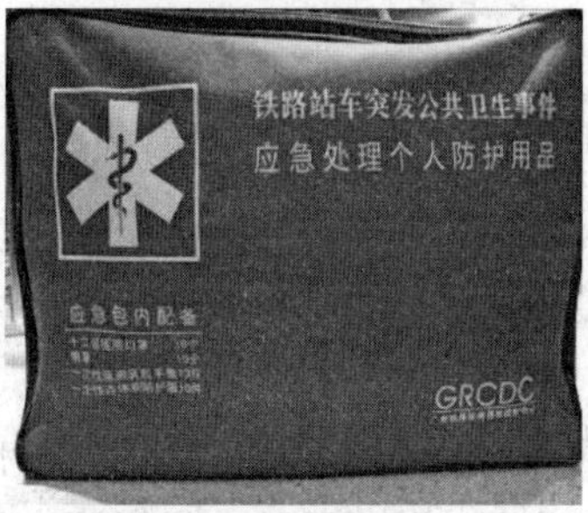 （防护包） | 发生站车突发公共卫生事件时的个人防护用品：防护服、口罩、一次性手套、消毒液、测温专用包、护眼镜等 |
| |  （药箱） | 用途：旅客突发疾病时使用或遵医服用 |

### 三、列车疫情应急处置流程

列车发生重大传染病疫情时，应采取应急处理措施，防止疫情借铁路传播或事态扩大，处理流程如图 3-4 所示。

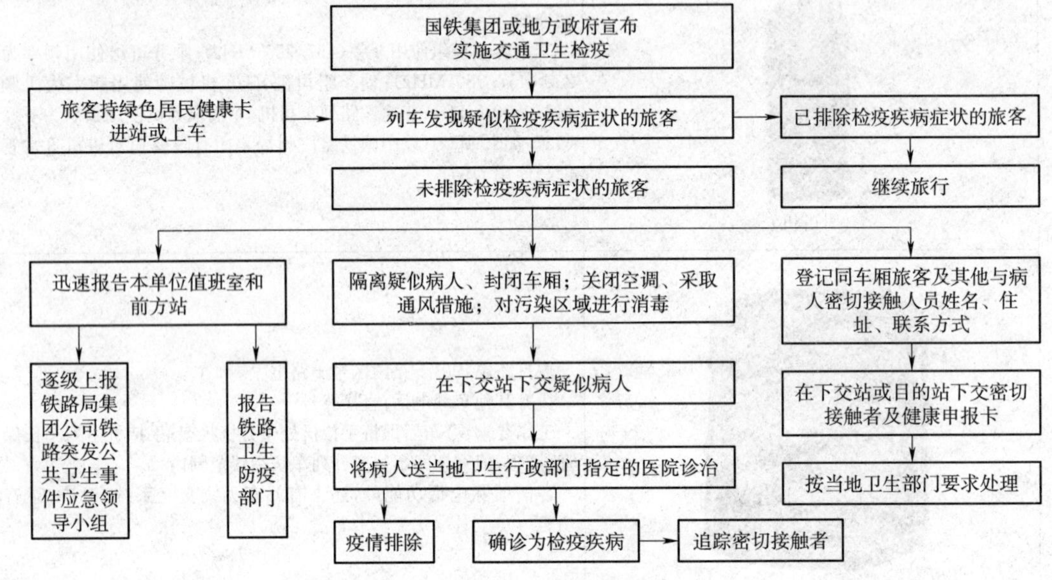


图 3-4　列车发生重大传染病疫情应急流程图

1. 立即汇报

列车长应立即向段调度室和前方停靠站报告。段调度室应按照规定向铁路局集团公司应急办、局集团公司卫生应急办和铁路防疫部门报告。报告内容包括车次、时间、运行地点、病人和密切接触人员简况及主要症状、旅行目的站、病人所在车厢顺号等。卫生防疫部门接到报告后，将会通过电话或委派专业人员添乘列车，指导、处理疫情。

2. 隔离控制

列车长应利用乘务室、多功能室等独立的空间将病人或疑似病人隔离；或者列车长控制病人所在车厢旅客的流动，根据疫情控制的需要封锁该车厢端门，并将病人或疑似病人相对隔离在该车厢下风向一角，密切接触者集中在该车厢另一端，必要时给病人和疑似病人佩戴口罩，并按照卫生防疫部门的通知要求将病人或疑似病人在前方停靠站向地方卫生行政部门指定的卫生机关移交，并将登记资料一并交卫生防疫部门；控制病人原所在车厢旅客的流动。

3. 人员登记

对密切接触者进行登记(内容包括姓名、性别、年龄、身份证号码、联系方式等)，同时要联系其到达站的铁路卫生防疫部门，由到达站的防疫部门按照规定处理。

4. 预防处置

根据病种情况，采取列车通风等预防措施；对病人污染的车厢、隔离场所及可能污染的范围进行消杀灭等卫生学处理。列车到达目的地后，由所在地铁路卫生防疫部门对全列列车进行卫生处理。

5. 医学观察

列车应积极配合现场的医疗和铁路卫生防疫部门工作。对密切接触病人的列车工作人员，由卫生防疫部门按规定安排进行医学观察。

6. 上报信息

向段调度室、所属车间汇报疫情处置情况。

## 四、安全风险卡控点

坚持“依靠科学、防治结合、分级负责、措施果断”原则，依靠改进和完善应急设备和手段，科学防控重大传染病疫情的传播。列车发生重大疫性安全风险卡控点及控制措施见表3-12。

**表3-12 列车发生重大疫情安全风险卡控点**

| 序号 | 安全风险卡控点 | 控制措施 |
| --- | --- | --- |
| 风险一 | 突发事件的应急处置不当 | 1. 按要求及时启动相关应急预案<br>2. 认真组织开展突发事件的应急处置演练<br>3. 抓好业务知识培训，提高人员业务素质<br>4. 配置相关应急处置设备，提高应急处理能力 |
| 风险二 | 防疫工作落实不到位 | 1. 在旅客列车上配备手持测温仪，实行乘务人员出、退乘及值乘中体温的全过程监测，并做好记录<br>2. 落实地方政府相关要求，对重点区段旅客逐个测量体温，并做好记录，出现异常情况立即报告<br>3. 加强职工疫情防控知识学习，将防控知识印制成宣传手册发放至每位职工手中<br>4. 为每组列车配备足量的防护服、护目镜、防护口罩和手套等应急备品，确保现场处置人员安全<br>5. 在铁路防疫部门的指导下，采取车辆预防性消毒、中途重点消毒、终到库内消毒等方式，对每列旅客列车进行消毒<br>6. 加强旅客列车空调通风设施检查，做好旅客列车通风换气：应开启全新风运行方式，关闭回风管，保证车内空气清新<br>7. 加强列车巡视工作，重点对旅客口罩佩戴情况进行检查，发现未戴、佩戴不规范行为，应立即劝阻及纠正 |

## 知识运用

### 一、案例分析

1. 事件概况

20××年×月×日，A客运段担当的A站始发的G××次动车组列车，运行至B站开车后，5号车厢乘务员发现本车厢5A、5B、5C座位的三位旅客不停出现呕吐现象，立即询问。这三位旅客自述：李×、男、33岁，王×、女、35岁，周×、男、36岁，上车前在一家小餐馆用餐。列车长立即广播寻医找药进行医治，乘客医务人员初步判断为食物中毒，建议下车继续治疗，列车长编制客运记录交前方停车站C站，并向有关防疫站拍发电报，派员检查处理。当列车运行至C站，接站方通知，经C站防疫站检查，三位家属属霍乱病人，要求该车封锁车厢，并电告前方防疫站上车进行处理。

2. 事件处理

(1)旅客在列车上发生疾病,要立即设法组织抢救(广播找医院,遵医嘱发动旅客提供药品等)。

(2)发生食物中毒,保存好呕吐物,并拍发电报,主送前方卫生防疫站,抄送铁路局集团公司客运部、客调。

(3)编制客运记录移交最近车站。

(4)保护现场,稳定旅客情绪,封存可疑食物、呕吐物样品(如旅客使用列车出售食品,应立即停止销售,并追回已售出的可疑食物),等待卫生防疫人员检查。

(5)调查取证,向发病人(同行人)、周围乘客及有关工作人员调查发病原因及所饮食物。

(6)发现传染病人后,应立即控制车厢人员及接触过传染病人的人员,等待防疫人员进行处理。

(7)向有关部门拍发电报。

## 二、应急演练

1. 演练要素

(1)时间:×月×日。

(2)车次:G×次。

(3)地点:×站—×站间×(上或下)行线。

(4)组织及指挥部门、人员:

①指挥长:客运段主管教育、乘务、安全副段长(电话:××)。

②指挥员:客运段车队长,车队主管教育、乘务、安全副队长(电话:××)。

③联络人:×客运段×次列车长(电话:××)。

(5)参演人员:列车长,乘警(安全员),车辆乘务员,列车乘务员。

(6)配合部门、单位:本局集团公司客运部、劳卫处、客调,所在局集团公司客调,卫生防疫部门,疾病防控中心,车站,本属段。

2. 演练程序及情景对话

列车在G×站开车后,指挥长使用对讲机通知车队指挥员:"旅客列车突发公共卫生事件应急处置模拟演练开始。"

指挥员:"旅客列车突发公共卫生事件应急处置模拟演练开始,明白。"

(1)第一部分:模拟演练背景介绍

列车正常运行,指挥长使用对讲机通知指挥员宣布演练开始。

①指挥员在×号车厢,接到指挥长通知后用对讲机呼叫:"G×次列车长,旅客列车突发公共卫生事件应急处置的各级演练项目开始。"

②列车长在×号车厢巡视,用对讲机应答:"G×次列车长明白。"并用对讲机通知:"全体工作人员请注意,旅客列车突发公共卫生事件应急处置的各级演练项目开始,请各就各位。"

③背景简介:

×年×月×日×时×分,×客运段、×车辆段、×公安处担当乘务的G×次列车,运行至×线×站至×站间,5~8车列车员在本务车厢内巡视服务,12F旅客向列车员寻药,自述发热39.4 ℃,伴有咳嗽、咽喉疼痛、全身疼痛症状。经列车员询问,旅客于×站(发生禽流感疫情的

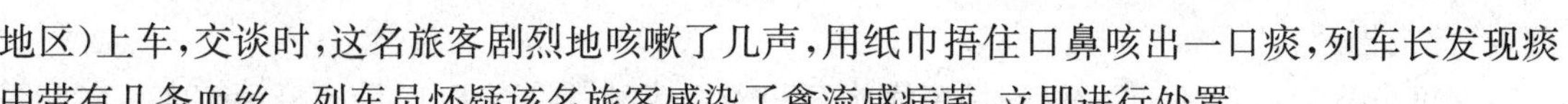


地区)上车,交谈时,这名旅客剧烈地咳嗽了几声,用纸巾捂住口鼻咳出一口痰,列车长发现痰中带有几条血丝。列车员怀疑该名旅客感染了禽流感病菌,立即进行处置。

(2)第二部分:判明情况

①5～8 车列车员发现旅客出现高热情况后,立即调查情况,确认疑似禽流感患者后,立即向列车长报告:"列车长,5 号车厢 12F 旅客自述体温 39.4 ℃,伴有咳嗽、咽喉痛、全身痛症状,该旅客在×站(发生禽流感疫情的地区)上车,怀疑是禽流感染疫患者,5 号车厢共有旅客 47 名(含 12F 发病旅客),请立即组织处置。"

列车长答复:"5 号车厢怀疑有禽流感染疫患者,收到,我立即到达现场。"

②列车长立即穿戴好防护用品,随身携带口罩、手套等防护用品赶到 5 号车厢,与 5～8 车列车员共同将口罩、手套发放给车厢内的患病旅客、密切接触者戴好,5～8 车列车员也要戴好防护用品进行防护。

③做好防护措施后,列车长走到 5 号车厢 12F,向旅客询问情况进行再次确认:"最近是否接触过禽类物种?"

患病旅客答道:"家里养殖了 500 余只生态鸡,每天为鸡舍打扫卫生,这次外出是到×市探望亲属。"

④列车长根据患病旅客症状初步判断是疑似禽流感患者,立即通知 5～8 车列车员:"将 5 车两端防火隔断门关闭,将疑似病人隔离在 5 车列车长乘务间,其他 46 名密切接触者隔离在 5 号车厢的另一端,劝阻车厢内的旅客不要走动,以免感染病菌。"

5～8 车列车员答复:"关闭 5 车两端防火隔断门,将疑似病人隔离在 5 车列车长乘务间,其他 46 名密切接触者隔离在 5 号车厢的另一端,收到。"

⑤列车长通知乘警(安全员)、列车员和随车机械师组织封锁防护:"各列车员、乘警(安全员)、随车机械师,5 号车厢 12F 旅客自述体温 39.4 ℃,伴有咳嗽、咽喉痛、全身痛、痰中带血等症状,该旅客在×站(发生禽流感疫情的地区)上车,怀疑是禽流感病菌感染者,我们已经将 5 号车厢锁闭防火隔断门,阻止其他人员进出。请加强车内巡视,维护车厢秩序,向旅客做好宣传解释,避免引起恐慌情绪,同 5 号相邻车厢要劝阻旅客不要进入 5 号车厢,避免感染病菌。"

乘务员及乘警(安全员)答复:"收到,立即执行。"

⑥乘警(安全员),随车机械师分别赶到 4 号和 6 号车厢,与列车员共同做好车厢封锁和防护工作,这时 6 号车厢有一名旅客欲进入到 5 号车厢,乘警(安全员)上前劝阻:"5 号车厢有旅客患传染性疾病,请您不要进入 5 号车厢,回到自己的席位休息,以免病菌传染到您。"

旅客听从工作人员的劝阻,立即离开回到自己的席位。

(3)第三部分:及时报告

①列车长立即向本局集团公司客运部、客调和所在局集团公司客调、前方停车站、前方卫生防疫部门、客运段报告:"调度员(××)×年×月×日×次列车,运行至×线×站至×站间时,发现×站(发生禽流感疫情的地区)上车的 5 号车厢 12F 旅客体表发热 39.4 ℃,伴有咳嗽、咽喉疼痛、全身疼痛、痰中带血等症状,疑似禽流感患者,列车乘务组已将 5 号车厢封闭,将疑似禽流感患病旅客隔离在 5 车列车长乘务间(如没有乘务间,把疑似病人隔离至原车厢下风向一端),将密切接触者旅客 46 名、列车长 1 名、列车员 1 名封闭在 5 号车厢另一端内,同时随车机械师关闭空调,避免疫情扩大。我们通知前方×地区的疾控部门到前方停车站×站进行处

理，特此报告。”

调度员答复：“收到，请做好现场患病旅客和密切接触者隔离工作，防止疫情扩大。向旅客做好宣传解释工作，避免引起恐慌。”

列车长答复：“收到，明白。”

②本属段接到报告后，立即向本局集团公司劳卫处和本地区的铁路疾病防控部门报告：“××，我段值乘的G×次列车，×年×月×日运行至×线×站至×站间时，发现×站（发生禽流感疫情的地区）上车的5号车厢12F旅客体表发热39.4 ℃，伴有咳嗽、咽喉疼痛、全身疼痛、痰中带血等症状，疑似禽流感患者。列车乘务组已将5号车厢封闭，5号车厢内现有人员49名，其中疑似禽流感患者1名、密切接触者中的旅客46名、列车员1名、列车长1名，将疑似禽流感患病旅客隔离在5车列车长乘务间。列车长已经通知×地区的疾控部门人员到列车前方停车站×地进行处理，特此报告。”

劳卫处和本地区的铁路疾病防控部门：“收到，我们立即组织处置。”

(4)第四部分：防控疫情

①在列车长汇报信息的同时，将疑似禽流感患病旅客隔离在5车列车长乘务间进行隔离休息，防止与其他人员接触，密切观察病情发展变化。

②列车长通知5～8车列车员向车厢内旅客通告情况、做好安抚解释工作：“各位旅客，5号车厢发现了一例疑似传染病患者，我们已经将患病旅客转移到列车长乘务间隔离，为了确保大家身体健康，请各位旅客戴好口罩和手套进行防护，不要在车内走动，以免染上病菌对身体造成伤害。”

③患病旅客如厕或发生呕吐情况时，列车员要使用密封袋将排泄、呕吐物收回密封保存，不得排弃到车外。

④随车机械师关闭5号车厢空调设备。

⑤列车长、列车员检查患病旅客携带品：“这次出行您随身携带了哪些物品？是否有禽类食品？”

患病旅客答道：“这次外出只携带了一些生活用品和日常换洗的衣服，没有带其他物品。”

列车长、列车员对旅客携带品逐一进行了核对，与旅客自述内容一致。

说明：检查患病旅客的携带品中是否携带了禽类物品，如发现有疑似染疫禽类时不得扔到车下，将染疫禽类及粪便装袋密封保存，移交疾控部门处理，配合防疫部门做好消毒工作。

⑥列车长、列车员对患病旅客及46名密切接触者旅客进行身份登记，详细记明姓名、性别、年龄、职业、住址、单位、身份证号码、联系方式，所持车票发到站及票号、席别、席位号等情况。编制客运记录向前方站和疾控部门交接患病旅客和密切接触者（包括值班列车长和5～8车列车员）个人信息资料。

(5)第五部分：到站处理

①列车到达前方×停车站后，列车长凭客运记录与车站办理交接，将疑似禽流感患者、密切接触者、呕吐物、排泄物及旅客个人资料等交车站转疾控部门处理。

②地方疾控部门组织人员到车站将疑似禽流感患者、密切接触者（包括值班列车长和5号车厢列车员）、呕吐物、排泄物及旅客个人资料等接收后进行后续治疗、观察。组织对5号车厢进行全面消毒，经疾控部门确认处置完毕后，方可解除封锁。

③值班列车长和5～8车列车员作为密切接触者采取封闭观察后，由休班列车长或指定人

员组织列车乘务工作，并向本局集团公司客运部、客调和所在局集团公司客调、客运段续报："调度员(××)，G×次列车到达前方停车站×站后，值班列车长将疑似禽流感患者、车厢内的46名密切接触者旅客、患者的排泄物和呕吐物、个人信息资料等全部移交车站和×地区疾控部门处理，×地区疾控部门对5号车厢进行了全面消毒，现在已经将5号车厢解除了封锁；值班列车长×、列车员×作为密切接触者随同×地区疾控部门到指定地方隔离观察。目前车内秩序良好，旅客无不良反映，特此报告。"

调度员(××)答复："收到，请继续做好旅客运输服务工作。"

列车长答复："收到，明白。"

④列车到达终点站后，由车辆配属所在地疾控部门对全列再进行一次全面消毒。

3. 演练结束

列车长向指挥长汇报："旅客列车突发公共卫生事件应急处置模拟演练完毕。"

指挥长："好了。"

## 复习思考题

1. 名词解释：突发公共卫生事件、铁路突发公共卫生事件、重大传染病疫情、群体不明原因疫病、重大职业中毒事件。

2. 简述编造、故意传播虚假疫情信息的人要承担的法律责任。

3. 简述当列车发生食物中毒时，应如何办理站车交接。

4. 简述突发公共卫生事件的三级应急响应。

5. 简述车站旅客食物中毒应急处理流程。

6. 简述车站发生重大传染病疫情应急处理流程。

7. 简述列车旅客食物中毒应急处理流程。

8. 简述列车发生重大传染病疫情应急处理流程。

# 项目四　设备故障应急处置

## 学习目标

1. 知识目标
- 掌握电气化铁路劳动安全相关规定
- 了解车站客服系统故障处理工作原则
- 了解动车组设备故障处理工作原则
- 掌握车站客服系统故障应急处理流程
- 掌握动车组设备故障应急处理流程

2. 能力目标
- 能有效处理导向系统故障、电梯故障、售票系统故障、广播系统故障等突发情况，保证车站客服系统正常运行，维护车间运输安全畅通
- 能够落实动车组空调失效、车厢停电、车门故障及广播故障等异常情况的应急处理

3. 素质目标
- 具有良好的服务意识和爱岗敬业精神
- 具有较强的工作责任心和团队合作精神
- 具有良好的沟通能力和表达能力
- 具有自我管理能力，能履行道德准则、行为规范和行业规范

## 典型工作任务一　电气化区段安全管理认知

### 任务目标

1. 能在电气化铁路区段保持安全作业距离。
2. 学会在接触网断线时的处理方法。
3. 掌握警示标志的设置和遵守规定。

### 知识链接

#### 一、保持安全距离的规定

高速铁路接触网额定工作电压为 25 kV，最高工作电压为 27.5 kV，最低工作电压为 19 kV。为了防止人体接触或接近带电体造成触电伤害，避免车辆及其他工具触及或过分接近带电体

造成带电、放电、火灾和各种短路事故，在带电体与地面之间，带电体与其他设备之间，带电体与带电体之间均应保持一定的安全距离。

1. 所有接触网设备，自第一次受电开始，在未办理停电接地手续之前，均按有电对待。

2. 为保证人身安全，除牵引供电专业人员按规定作业外，任何人员及所携带的物件、作业工器具等须与牵引供电设备高压带电部分保持 2 m 以上的距离，与回流线、架空地线、保护线保持 1 m 以上距离，距离不足时，牵引供电设备须停电。

3. 机车、动车及各种车辆上方的接触网设备未停电并办理安全防护措施前，禁止任何人员攀登到车顶或车辆装载的货物上。

4. 电气化区段上水、保洁、施工等作业，不得将水管向供电线路方向喷射，站车保洁不得采用向车体上部喷水方式洗刷车体。

### 二、各种车辆和行人通过电气化铁路平交道口必须遵守的规定

1. 通过道口车辆限界及货物装载高度（从地面算起）不得超过 4.5 m，超过时，应绕行立交道口或进行货物倒装。

2. 通过道口车辆上部或其货物装载高度（地面算起）超过 2 m 通过平交道口时，车辆上部及装载货物上严禁坐人。

3. 行人持有长大、飘动等物件通过道口时，不得高举挥动，应与牵引供电设备带电部分保持 2 m 以上的距离。

### 三、客运人员在电气化区段要做到的事项

1. 严禁登上机车车辆的车顶或翻越车顶通过线路。

2. 严禁登上车顶击打餐车、茶炉、燃煤锅炉的烟筒，也不能用长杆去接触车顶任何部位。

3. 在接触网带电的情况下，严禁用水冲刷车皮。

4. 上水时注意先插胶管后开水阀。客车上水完毕，拔掉水管时，严禁水管朝接触网带电部分方向喷射。

5. 客车餐车顶部烟囱发生故障，餐车人员严禁在接触网有电情况下登顶处理。

6. 在接触网带电情况下，严禁用棒条等物处理车辆顶部的扒车人员或物体。

7. 遇雨雪等天气不良情况下，禁止靠近接触网设备部件等；禁止使用带金属的雨伞等物在接触网下作业。

### 四、发现接触网断线时的处理

当接触网断线或接触网上挂有线头、绳索等物件时，应立即通知或设法转告接触网工区或电力调度员；在接触网检修人员到达以前，应在接触网断线处所 10 m 以外进行防护，防止其他人员进入断线处所。因为接触网的断线、接触网上悬挂垂落的线头、绳索等物件很可能由于接触导电体而发生接地故障，如果此时变电所的断路器未跳闸，就会产生接地电流。显然，距离接地处所越近，电压就越大，对人身安全的威胁也越严重。

当接触网的断线侵入建筑限界时，为了保证行车及从业人员和旅客的安全，应立即向列车开来方向发出停车信号：昼间，展开红色信号旗，无红色信号旗时，两臂高举头上向两侧急剧摇

动;夜间,亮起红色灯光,无红色灯光时,亮起白色灯光上下急剧摇动。

### 五、警示标志的设置和遵守规定

在内燃机车、电力机车、轨道车以及所有进入电气化铁路作业的动车、客车车辆上可以攀登到车顶的天窗、梯子和通往走台板的前门等处,必须明显地涂有“接触网有电、禁止攀登”等警告标语;在接触网支柱等电气化铁路的危险设施、设备及区域和站内的牵引供电设备、行人较多的区间牵引供电设备以及有关安全挡板和细孔栅栏上,应涂有“高压危险”“禁止攀登”“切勿靠近”等警示标志。

禁止借助接触网支柱搭脚手架,必须借助接触网支柱登高时,必须有供电专业人员现场监护。从业人员除严格按照警告标语、警示标志规范和约束自己的行为外,还应尽到维护警告标语、警示标志齐全完好和督促路外人员遵照执行的责任。

## 知识运用

### 一、案例分析:原×局×次旅客列车厨师攀爬车顶电击死亡事故

1. 事件概况

199×年×月×日,×局担当柳州至郑州×次旅客列车,漯河站停车时,餐车厨师闫某攀上餐车顶部调整烟囱排风口风向,被接触网高压电电击死亡。构成责任职工死亡事故。

2. 事件分析

厨师闫某违反电气化铁路安全作业规程和作业纪律,违章蛮干,攀爬车顶是导致事故发生的直接原因。同时也暴露出责任单位:一是对职工劳动安全重视不够,职工自我保护意识淡薄;二是乘务作业管理松懈,严重违反电气化铁路安全作业规程和作业纪律;三是安全培训针对性不强,乘务人员对安全知识掌握不牢,特别是电气化区段的安全作业常识不清楚,职工劳动安全管理基础薄弱,班组卡控措施流于形式。

3. 事件教训

(1)作业层面。一是严格遵守电气化铁路安全作业规程和作业纪律,杜绝违章违纪行为。二是提高劳动安全和自我保护意识,日常加强对作业标准、劳动保护技能等业务知识的学习,落实各项作业标准,杜绝违章蛮干。

(2)管理层面。一是加强业务培训,提高劳动安全自我保护意识,特别是职工对电气化区段登顶作业的相关注意事项,提高职工劳动自我防范安全保护意识。二是强化职工现场两违卡控,对职工现场违章违纪早发现、早制止,把劳动安全事故消灭在萌生阶段,确保劳动人身安全。三是强化作业流程培训,让职工知晓餐车途中油烟清理部位及作业项点。

### 二、案例分析:接触网挂异物

1. 事件概况

×月×日 8:50,××车站发现站内 2 道与 4 道间 9 号车厢位置处,供电接触网一立柱斜拉杆上挂有异物(空水泥袋一个)。8:56,报经调度员同意,车站利用列车运行间隙,将异物清除出线路。

2. 事件分析

经调取视频监控：10日8:33，G××次列车通过时，将水泥袋卷在立柱斜拉杆上。

3. 事件影响

未影响行车。

### 三、案例分析：雨棚封檐板即将脱落

1. 事件概况

20××年×月×日10:45，××车站房建值班人员通知行车室车站5道5号车厢位置上方雨棚封檐板即将脱落，危及行车安全，影响车站5道接发列车及调车作业，需5道接触网停电。房建人员于11:16赶往行车室登记运统46申请抢修。11:37调度布置可以上道作业。11:57房建报告故障处理完毕。全过程中心操作。

2. 事件分析

雨棚封檐板即将脱落，危及行车安全。

3. 事件影响

部分列车因设备故障变更股道。

## 典型工作任务二　车站客服系统故障应急处置

### 任务目标

1. 掌握车站客服系统故障处理工作原则。
2. 明确车站客服系统故障的岗位职责分工。
3. 能够正确处理导向系统故障、电梯故障、售票系统故障、广播系统故障等突发情况。
4. 会使用应急物品。

### 知识链接

### 一、车站客服系统故障处理工作

客服系统包括列车到发系统、监控系统、广播系统、综合显示系统、自动检票系统、时钟系统等。为迅速、有效地处置综控系统安全事故和突发事件，最大限度地保证客服系统的正常运行，维护车间运输安全、畅通，可按照以下预案进行。

1. 组织成立客服集控系统故障应急处理预案领导小组。组长：值班干部。组员：值班站长、值班员、综控室人员。

2. 应急预案客服集控系统故障后，综控室人员要及时汇报车间干部，当班值班员做好现场应急处置同时，汇报车间干部，预判故障原因及影响时间，并与维保人员联系抢修。班组合理调配人员对关键岗位认真把关，积极采取人工小区广播、引导方式组织旅客进站、候车、乘降。

3. 实施细则。

(1)当客服系统发生故障，信息未传递到生产岗位时，综控室值班员要立即通知设备维护

人员紧急处理，在最短时间内恢复正常使用。同时通知进、出站客运员做好准备，若闸机不能正常使用或没有检票计划，及时开启人工检票通道放行，高架客运人员做好旅客解释及组织工作。

(2)当客服系统故障，非人为操纵信息传递到生产岗位时，综控室要首先核对变更信息，联系行车室、调度所等部门，确认信息错误后，立即进行手动恢复。使用对讲机向各生产岗位说明情况，安抚旅客情绪，手动恢复正常后，按日班作业计划正常进行。

(3)当客服系统完全瘫痪时(导向、广播、闸机等系统无法正常操控)，综控室要立即使用对讲机、电话通知现场各生产班组，现场工作人员要使用手持扩音器进行宣传，高架、出站客运员开启人工检票通道放行，站台客运员负责组织旅客有序乘降，确保安全有序。同时，综控室要立即通知设备维护人员紧急处理，尽快恢复正常使用。当遇到列车大面积晚点，客服系统无法正常使用时，综控室及各部门要紧密配合，把控各个环节，安全有序地组织旅客乘降。

①综控室。当遇到列车大面积晚点，客服系统瘫痪时，要本着“沉着、果断、缜密、有序”的原则，立即通知车间值班干部和各生产班组，转为手动操控模式。同时，综控室通知设备维护人员及时有效地对客服系统进行调整，派行车室联络员掌握列车运行最新情况实时通报，并根据列车运行情况，手动播出业务广播及致歉广播，遇突发情况及时协调处理。

②高架层。所有工作人员立即上岗，携带手提喇叭，按照综控室所通知列车运行情况及时组织旅客检票放行，加强人工宣传引导，防止旅客错乘、漏乘，对于旅客询问耐心解答，做好解释工作。

③站台层。所有人员携带手提喇叭上岗，接到列车运行情况及高架即将开检通知后立刻上岗，组织旅客在安全白线内排队候车，列车到站后及时组织旅客乘降，加强安全宣传。遇同一站台同时进出列车时，客运值班员和站台无接发列车作业人员及时到岗协助旅客乘降，防止旅客误乘、漏乘，列车过后及时清站，防止旅客逗留。

④售票。接到列车大面积晚点的通知时，立即做好为旅客退票、改签的准备，遇旅客情绪激动时，及时安抚旅客情绪并上报值班员，尽量满足旅客乘车需求。若改签人数过多，售票处压力过大时，可通知客运人员组织旅客乘坐就近同方向同到站列车，与列车长办理好交接。

⑤出站层。出站层接到综控室通知后，携带手提喇叭上岗，及时开启人工检票通道，组织旅客快速出站，防止晚点列车集中到达后通道拥堵而发生踩踏事件。

⑥送餐工作。遇大面积晚点时，综控室根据列车晚点及客流情况提前与送餐单位联系，要求供餐单位备足餐料。综控室接到要求对列车送餐时，立即报告车间干部，得到答复后，电话通知送餐公司到达相应站台。客运值班员到值班站长室拿《为列车提供应急食品、物资交接清单》与列车长办理交接。客服系统恢复正常使用后，及时通知各部门按正常作业程序进行。

## 二、岗位职责

为迅速、有效地处置车站客服系统故障，最大限度地保证客服系统的正常运行，维护车间运输安全与畅通，车站工作人员应明确各岗位责任分工(表4-1)。

**表4-1 车站客服系统故障岗位职责**

| | | |
|---|---|---|
| 岗位职责 | 值班站领导 | 1. 立即赶赴综合指挥中心，了解设备故障及现场具体情况<br>2. 根据现场实际情况，启动本站应急预案 |
| | 综合指挥中心 | 1. 通知相关设备单位组织抢修<br>2. 及时将情况通报车站领导并向铁路局集团公司值班室报告 |

续上表

| | | |
|---|---|---|
| 岗位职责 | 综合指挥中心 | 3. 遇售票系统故障时，应立即报铁路局集团公司客票应急办<br>4. 负责与客服调度联系，及时将上级命令传达到位<br>5. 通知公安值班室，加强警力做好现场秩序维护 |
| | 客运（售票）车间值班干部 | 1. 立即赶赴现场，组织各岗位人员做好应急处置工作<br>2. 及时将现场处置情况向综合指挥中心汇报 |
| | 客运值班员 | 1. 组织客运人员一起做好应急处置工作<br>2. 做好旅客的解释、安抚、引导工作 |
| | 客运员 | 1. 按照客运值班员安排做好开通旅客绿色通道、人工宣传引导、人工检票等应急处置工作<br>2. 配合客运值班员做好旅客的解释、安抚工作 |
| | 售票员 | 1. 售票系统故障时，做好旅客解释安抚工作<br>2. 启用应急售票系统，发售本站 2 h 内各次列车无座席车票 |
| | 信息技术所 | 1. 负责自动售检票系统车站后台服务器和网络设备故障应急处置，配合维保单位进行自动售检票系统设备故障处理<br>2. 负责自动售票系统相关客票地区中心设备的故障应急处置<br>3. 负责做好自动售检票服务器的监测、监控 |

## 三、应急物品

当车站不同的服务设备故障时，应采取不同的应急措施，并利用相关应急设施设备来维持运输秩序。车站客服系统故障应急物品及使用方法见表 4-2。

**表 4-2　车站客服系统故障应急物品及使用方法**

| | 图片（名称） | 使用方法及用途 |
|---|---|---|
| 应急物品 | （对讲机） | 用途：工作人员之间需通话时，主叫方应转换对讲机通信频道至被叫方守候频率建立通信。通话结束后，主叫方应及时调回原频率守候<br>车站客运班组使用 3 频（457.725 MHz）；乘务班组使用频率为 2 频（457.950 MHz）；动车组司机、随车机械师使用频率为 1 频（467.200 MHz）；普速铁路列车司机、车辆乘务员使用频率为 4 频（457.700 MHz）（以中国铁路广州局集团有限公司对讲机日常管理与使用为例） |
| | （喇叭） | 用途：用于安全宣传。按住按键，讲话完毕后松开按键即可 |
| | （应急车次牌） | 用途：用于无引导显示时的车次提醒 |

续上表

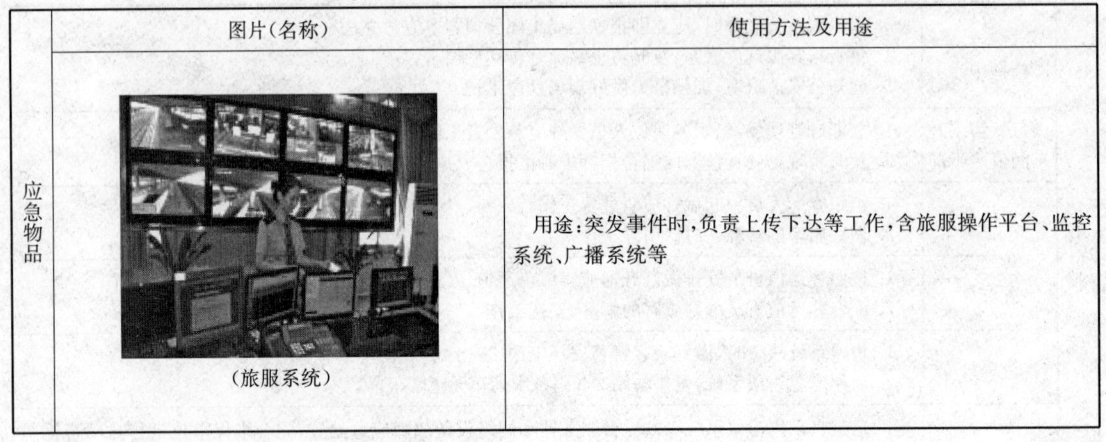

| | 图片(名称) | 使用方法及用途 |
|---|---|---|
| 应急物品 | (旅服系统) | 用途:突发事件时,负责上传下达等工作,含旅服操作平台、监控系统、广播系统等 |

## 四、车站客服系统故障应急处置流程

1. 导向揭示系统故障应急处理流程

当车站导向系统发生故障时,应立即启动应急处置程序,如图 4-1 所示。

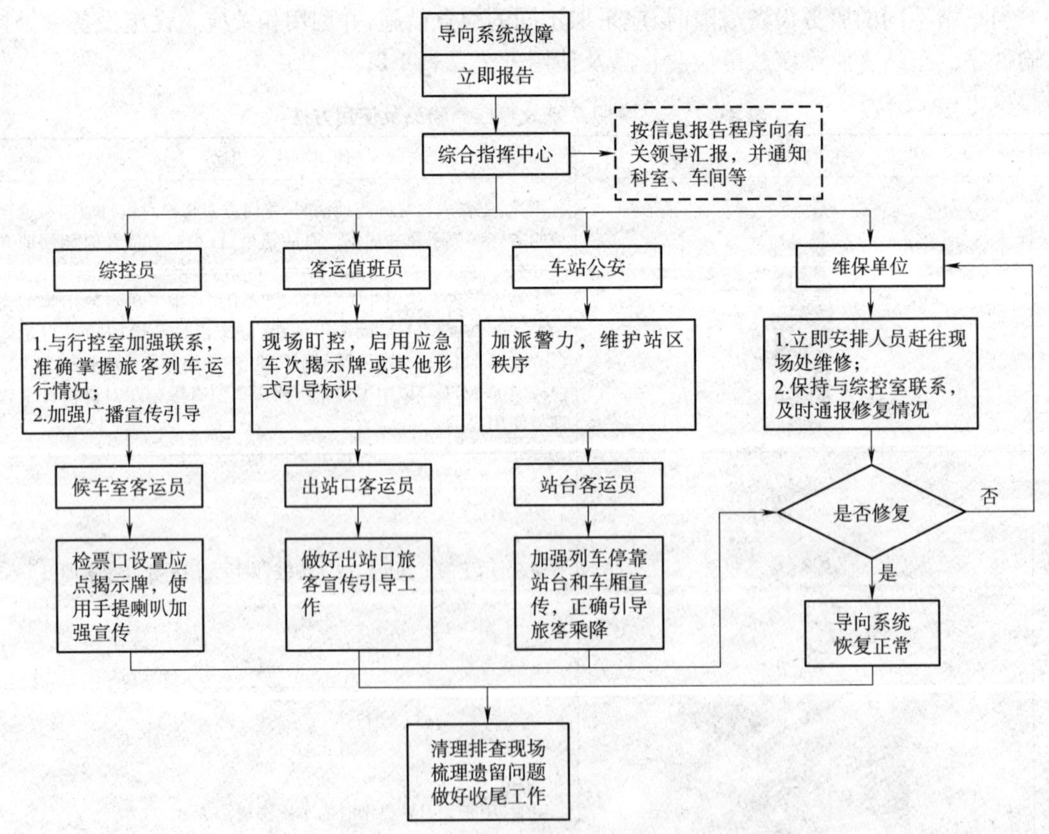


图 4-1　导向系统故障应急流程图

(1)及时报告,安排维修。现场客运人员应立即报告车站综控室,由综控室向车站领导报告,并通知维修部门进行维修。

(2)通知到位,广播宣传。综控室应立即通知各岗位,告知影响的车次,列车进路的安排。同时加强远程监控,将现场信息通知相关岗位,加强对旅客的广播宣传,正确引导旅客购票、进出站、上下车。

(3)增设人员,正确引导。车站应及时抽调人力在候车大厅设立引导岗位,利用小区广播(便携式扩音器),加强广播宣传,引导旅客候车,加强检票进站的引导宣传。在地道或天桥处设置临时引导标志,在检票口、天桥、站台等增加引导力量引导旅客进站上车,并随时向旅客公告服务信息。售票员在售票处内引导旅客购票并解答旅客问询。如遇重联动车组,候车室、站台客运员应重点做好大小号车厢宣传指引。

2. 广播系统故障应急处理流程

当车站广播系统发生故障时,应立即启动应急处置程序,如图 4-2 所示。

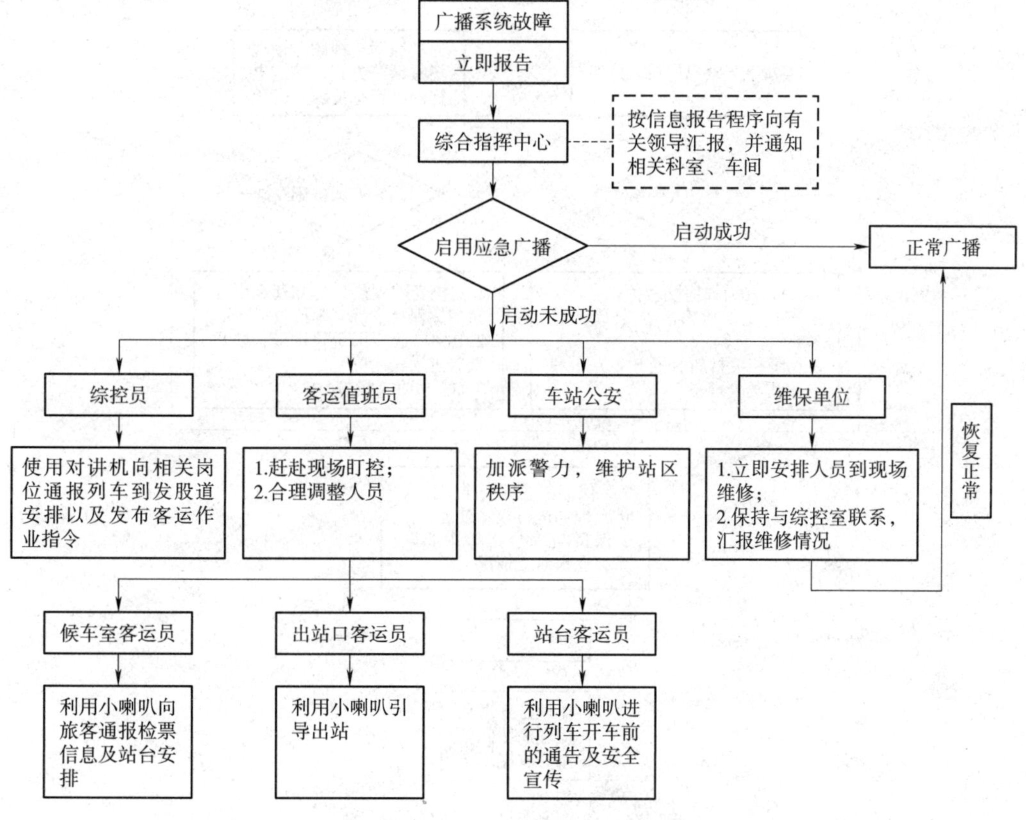


图 4-2　广播系统故障处理流程图

(1)及时报告,安排维修。车站广播系统故障时,客运人员应立即报告车站综控室,由综控室向车站领导报告,并通知维修部门进行维修。

(2)模式切换,广播到位。综控室操作人员应将广播切换至人工模式,按照广播内容顺序进行人工广播,做到不缺项、不遗漏、不错播。

(3)抽调人员,组织乘降。客运车间(中间站)抽调人员提前上岗,值班员(值班站长)要在图定列车检票前或终到列车到达前 15 min，加强与运转车间（高速场）的联系，确认列车到发时刻及停靠站台，并及时通告相关岗位作业人员。对进站大厅、旅客集散区、售票厅、候车室、进出站口、通道、站台等处加强人工宣传，确保旅客正确候车、有序乘降（注：有些高速站不设运转车间，只配备运转工作人员与高铁车站客服人员保持联系）。

（4）通报到位，确保无漏。客运员要充分利用客运导向揭示、手提喇叭等工具，及时向旅客通报列车运行、到发及候车室、站台安排情况。检票前 5 min 至停检前不间断利用人工小喇叭广播宣传，确保旅客无漏乘。

3. 电梯系统故障应急处理流程

当车站电梯发生故障时，应立即启动应急处置程序，如图 4-3 所示。

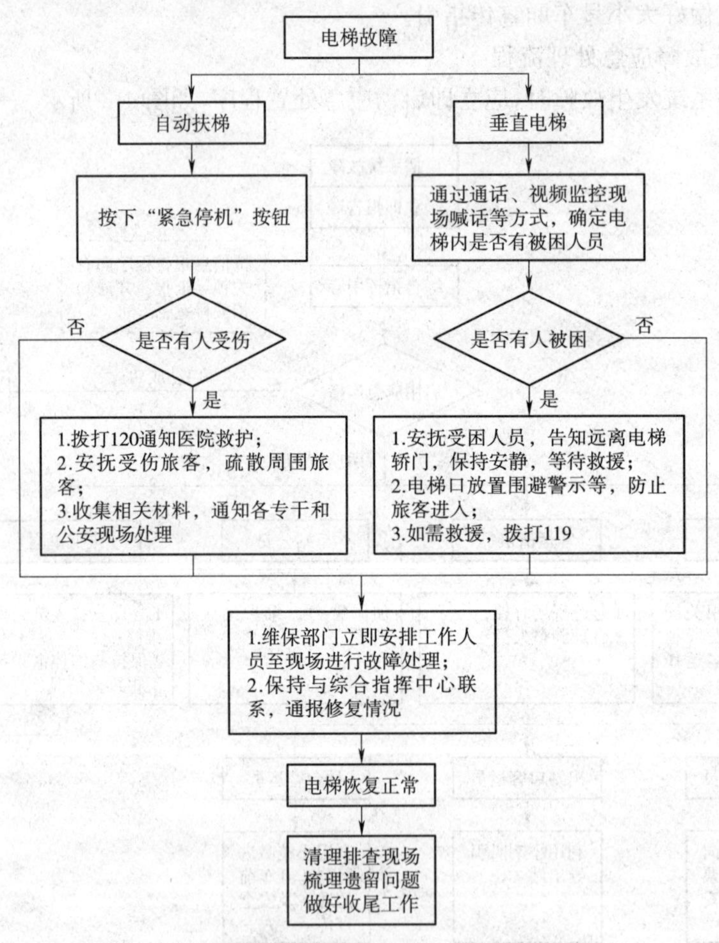


图 4-3　电梯系统故障应急流程图

（1）无障碍电梯故障困人

①第一时间赶赴现场了解情况。

②在电梯发生事故或接到电梯里发出求救信号时，应立即向客运值班员报告。

③客运员应做好安抚工作，使旅客保持镇静，等待维修人员到场处理。与无障碍电梯厢内受困人员保持联系，告知电梯被困人员尽量保持安静，配合救援活动，并提醒旅客不要倚靠电梯门、

不要掰门自救、不要在内吸烟、吵闹。同时在电梯口前方摆放围避警示牌，防止其他旅客进入。

(2)自动扶梯故障

①如遇手扶梯故障或逆行，现场人员应第一时间按下紧停按钮，避免事态进一步恶化。按下紧急停止按钮前，大声向乘梯旅客宣传“有紧急情况，请大家站稳扶好。”然后做好紧急处置和确认受伤状况。

②立即向客运值班员汇报，及时通知维保部门。

③客运员做好安全宣传，引导乘客有序撤离，防止引起恐慌造成踩伤挤伤。

④在重新开启自动扶梯时，应做好安全防护，确保梯级上无乘客。

⑤其他情况：如发生异臭、冒烟时，首先停止手扶梯运转做应急处置，并通知值班台联络维保部门前来维修。发现淹水或浸水时立即停止手扶梯运转并通知综控室联系维保部门前来维修，直到专门技术人员确认绝缘测试等结束后，才可启用扶梯。

⑥日常电梯检查五项：a. 检验日期是否过期。b. 电梯是否有异响。c. 电梯速度是否正常、匀速。d. 电梯上下踏板是否稳固。e. 语音安全提示是否正常。

(3)自动扶梯发生夹伤人员(或人员踩踏)

①立即向客运值班员汇报。

②客运员立即大声提醒：“有紧急情况，请大家扶稳站好。”随后按停紧急按钮或启动扶手带下方的紧急停梯装置。

③在扶梯出口处进行安全防护，疏通电梯出口通道，对跌倒(受伤)的旅客搀扶转移至安全地带(或等候 120 到场急救)，对滚落的行李物品搬移至电梯出口通道外。

④扶梯入口安排人进行防护，防止旅客进入。

⑤情况严重或无法判明时，立即呼叫 120 救护人员。

⑥收集旁观旅客证言证词(旁证材料不少于 2 份)，保留录音、录像、旅客车票、身份证复印件、客运记录等资料。

4. 售票系统故障应急处理流程

当车站售票系统发生故障时，应立即启动应急处置程序，如图 4-4 所示。

(1)车站客票系统故障处理

①车站售票窗口发现客票系统故障时，应立即向售票值班员汇报，售票(客运)值班员接到售票员报告后，应立即到售票窗口确认故障情况，并向车站报告。

②车站接到售票系统故障的报告后，应立即向本单位应急领导小组汇报，并向铁路局集团公司客运部、信息化处、信息技术所报告相关情况。

③车站应及时调配岗位客运作业人员，加强售票房的秩序维护工作，做好对客的宣传和解释，稳定旅客情绪。

④车站客票系统值班技术人员必须及时对故障程度进行确认，正确估算恢复时间，并组织尽快恢复：确认在 10 min 内不能处理完毕时，应立即向车站应急领导小组，铁路局集团公司客运部、信息化处报告，并联系信息技术所取得技术支持。

⑤车站应急领导小组在接到客票技术人员报告后，对预计 30 min 内不恢复的客票系统故障，应立即决定启用车站售票应急系统，通过离线方式组织发售无座席车票，满足旅客购票乘车要求。站台客运员必须将无座席车票的发售情况、无票乘车人数等信息通告列车，严格控制超员率。

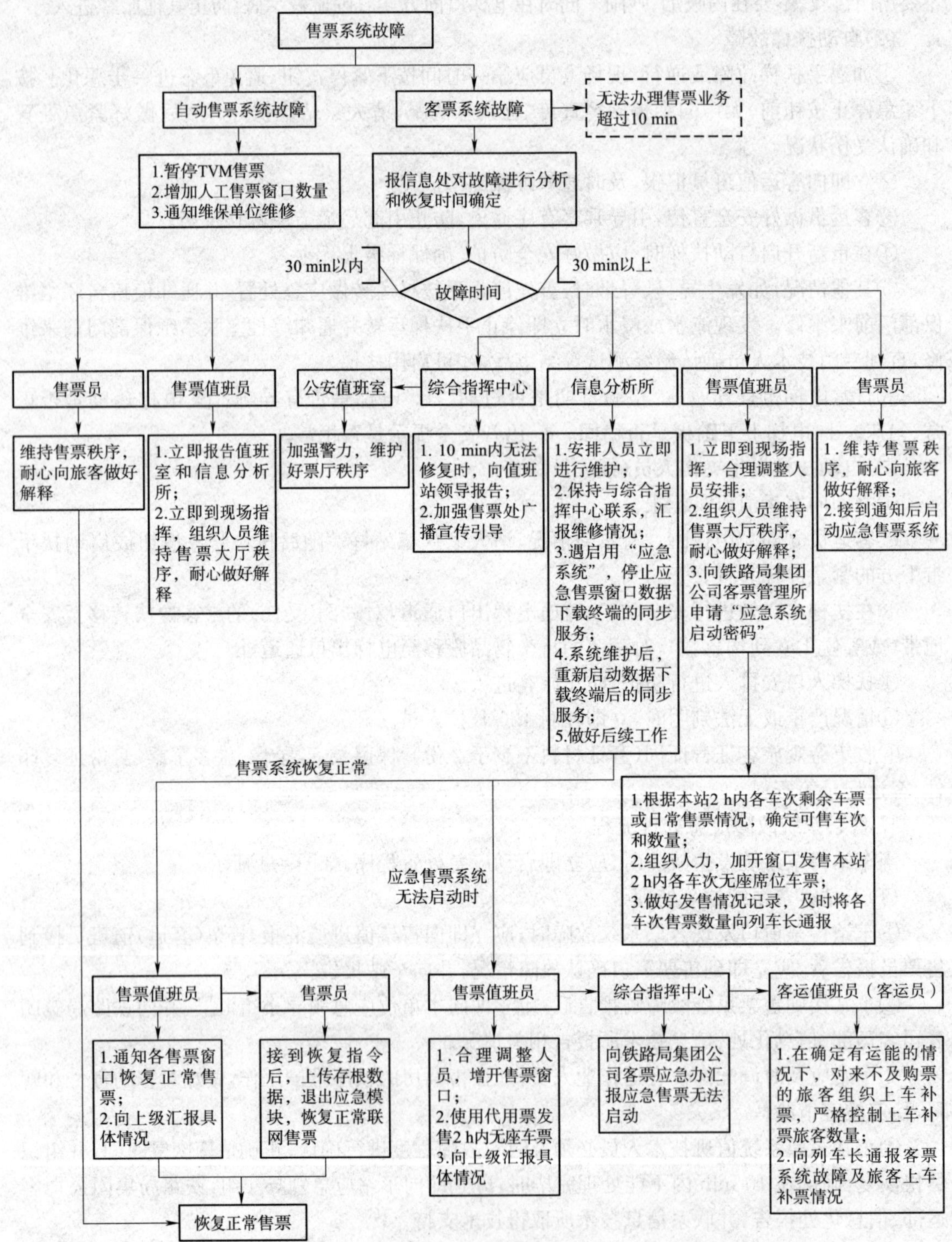


图 4-4　售票系统故障应急流程图

⑥车站决定启用车站售票应急系统后，应立即与铁路局集团公司客票管理所联系，获取售票应急系统启动密码，按步骤启动应急售票程序。

⑦当车站售票应急系统无法启用时，车站应立即向铁路局集团公司客运部报告，并申请开通绿色通道，允许旅客上车补票。经批准后实施。

⑧车站采取绿色通道应急措施时，应向列车和相关前方车站通报情况，列车要做好上车旅客的补票工作。相关前方停车站，要加强出口处查验车票力量，并认真做好旅客补票工作。

(2)自动售票机系统故障应急处理

①车站出现部分区域或大面积 TVM(故障设备达车站三分之一或以上，下同)停售或售票速度缓慢时，应立即报告信息技术所并组织设备维保单位进行故障排查，同时上报铁路局集团公司客运部客票所，由客运部客票所协调国铁集团总体组、信息技术所客票维护部门共同对故障进行排查，确定故障原因。同时由铁路局集团公司客运部客票所上报国铁集团客运部。车站应做好相应的应急处置、旅客组织和解释工作。

②自动售票系统发生故障或网络中断时，车站应暂停 TVM 售票，同时根据铁路局集团公司相关应急处置规定，及时启动应急售票系统，适当增加人工售票窗口数。

③如因 TVM 车次查询业务量过大，导致 TVM 和人工窗口售票速度缓慢，影响旅客购票时，铁路局集团公司客运部客票所应根据车站上报情况通知车站停用部分 TVM，同时协调信息技术所及时增加客票系统查询服务器的处理能力，最大限度满足旅客查询业务需要。待处理能力增容后，通知车站重新启用 TVM 对外售票。

④自动售票系统向客票系统申请连接大量失败时，铁路局集团公司信息技术所可根据售票系统运行情况，适当扩大自动售票系统到客票系统连接池的连接数量。

⑤大量 TVM 不能正常换取互联网电子客票时，车站可通过自动售票管理系统暂时取消 TVM 的换票功能，同时加强宣传组织，引导旅客通过车站人工窗口换票。

⑥大量 TVM 出现银行卡支付失败时，车站可通过自动售票管理系统暂时取消电子支付功能，暂停仅提供银行卡支付的 TVM 的售票服务。

⑦故障修复后，车站应及时通过自动售票管理系统恢复 TVM 的正常功能。

5. 自动检票系统故障应急处理流程

当车站自动检票系统发生故障时，应立即启动应急处置程序，如图 4-5 所示。

(1)客运人员立即报告车站综控室，车站综控室在接到报告后，要立即向车站领导报告，并通知维修部门进行维修。如果车站出现部分区域或大面积自动检票机(故障设备达到三分之一及以上)无法正常检验车票时，应组织维护部门和设备维保单位进行故障排查，同时上报铁路局集团公司客运部客专科、信息技术所，由客运部客专科协调设备维保单位、信息技术所客票维护部门共同对故障进行排查，确定故障原因。出现大面积故障时，由客运部客专科上报国铁集团客运管理处。车站应做好相应的应急处置、旅客组织和解释工作。

(2)车站启动自动检票系统应急模式。

①车站登录本站自动检票应急系统，将故障自动检票机的检票服务器地址设置为本站自动检票应急系统服务器地址。

②车站通过自动检票应急系统重启本站所有故障自动检票机。

(3)车站启动自动检票系统应急模式后，仍无法正常办理检票业务时，车站领导要现场把控，根据客流情况，合理调配客运人员加开进出站检票口，调整检票时间，实施人工检票。

(4)对持铁路乘车卡的旅客，发放乘车凭条进站上车，并由客运值班员通知相关站车到站要对持铁路乘车卡的出站旅客，按实际乘车区间办理铁路乘车卡扣款手续。网络购票未取票的旅客，检票口客运员应按《电子客票乘车信息表》进行核对，来不及核对时应与列车长进行交接。

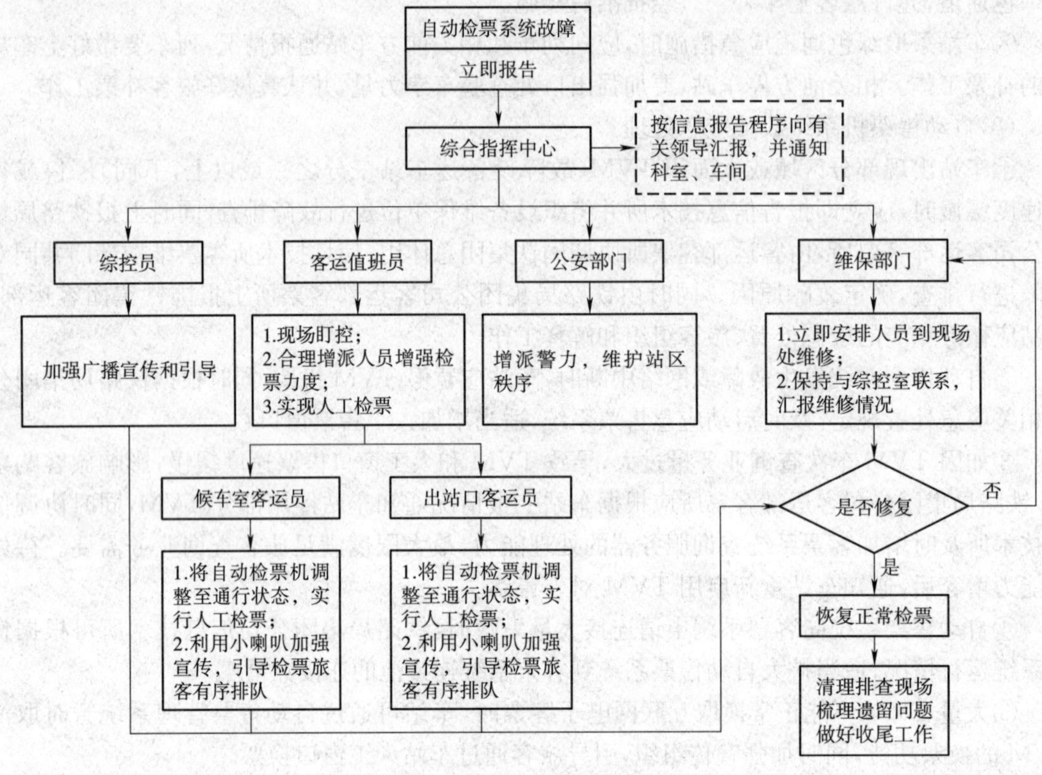


图 4-5　自动售检票系统故障应急流程图

(5)车站要及时将本站自动检票闸机故障的情况向列车前方各停车站进行通报，方便各前方停车站对到站旅客出站的组织。

(6)故障修复后，车站应及时结束自动检票系统应急模式。车站结束自动检票系统应急模式步骤：

①车站登录本站自动检票管理系统，将故障自动检票机的检票服务器地址设置恢复为原自动检票系统服务器地址。

②车站通过自动检票管理系统重启本站所有故障自动检票机。

## 五、安全风险卡控点

为防止因车站客服系统故障而导致旅客意外事故或旅客服务投诉事件发生，应加强设备维护，采取有效措施保障旅客安全出行。车站客服系统安全风险卡控点及控制措施见表 4-3。

**表 4-3　车站客服系统安全风险卡控点及控制措施**

| 序号 | 安全风险卡控点 | 控制措施 |
|---|---|---|
| 风险一 | 电梯造成旅客伤害 | 1. 宣：做好安全宣传，提醒带小孩的旅客看管好自己的小孩，防止小孩将手伸进扶梯皮带里；遇老年旅客跟特殊重点旅客时，工作人员提醒引导乘坐垂直电梯；遇行李拥堵或客流较大时，做好宣传，引导从步行梯行走<br>2. 防：提前立岗，客流高峰时段在关键位置进行值守，疏导客流 |

续上表

| 序号 | 安全风险卡控点 | 控制措施 |
|---|---|---|
| 风险二 | 早放、错放、漏放旅客 | 1. 核对广播、导向信息，发现有误及时通知更改<br>2. 与综控员、站台客运员联防互控，确认放客条件<br>3. 加强候车室宣传，提醒尾部旅客及时检票上车，停检后及时告知站台客运员尾部旅客情况<br>4. 遇两趟及以上列车同时检票时，加强宣传引导，提醒旅客正确乘车 |
| 风险三 | 无票换乘旅客从候车室返回站台 | 1. 发现无到达车票的换乘旅客或持电子票的旅客时，验票客运员告知其返回站台通过出站楼梯或乘坐垂直升降电梯到出站口补票或出站，同时使用对讲机通知站台和出站口的客运员返回站台(出站口)的无票人数，引导旅客补票<br>2. 严格落实"一车一清"，站台客运员组织旅客出站(换乘)完毕后，通过对讲机与检票口进行联控，确认无旅客从候车室返回站台 |
| 风险四 | 客运人员到岗不及时 | 1. 监听电台呼唤应答情况，及时提醒闸机口客运人员到岗<br>2. 加强现场巡视，督促检查客运人员到岗作业情况，防止旅客自行过闸或翻闸 |
| 风险五 | 现场作业盯控不到位 | 1. 做好现场巡视，重点作业(客流高峰、交会车、长编组)重点盯控，督促各岗位严格执行联防互控制度<br>2. 不定时检查现场人员标准化作业执行情况<br>3. 实时盯控人员到岗情况，因人员不足产生任务冲突，合理调剂进、出站口人员，确保进、出站口作业正常 |

## 知识运用

### 一、案例分析

1. 高铁车站厕所设备故障案例

(1)事件概况

202×年×月×日(春运期间)，国家铁路局领导检查发现××站厕所设备故障多发：厕所有8个小便池堵塞，厕所干手器没有固定，1楼南出站层右侧厕所有异味，面板破损，2个感应水龙头故障不出水。

(2)整改措施

①立即通报、迅速传达。立即将此次检查情况进行全站通报，要求全体干部提高政治站位，增强红线、底线思维及重大风险防范意识，进一步改进工作作风，创新服务意识，提升服务质量，高标准、高质量地完成春运工作，实现"平安春运、有序春运、温馨春运，让旅客体验更美好"的春运目标。

②吸取教训，深刻反思。针对此次检查暴露出的问题，由分管站领导组织职能科室和责任车间分别召开问题反思会。职能科室主要围绕"干部履职、专业管理"，特别是科室干部深入现场检查工作方面存在的突出问题进行反思；责任车间主要围绕"车间党政正职以身作则、抓工作贯彻落实、班组长责任缺失、作业标准落实不到位"等方面进行反思，查找存在的问题。

③迅速行动，抓好整改。

a. 立即整改。各责任部门针对存在问题要立即整改，对以上问题整改完毕并书面报业务科。

b. 开展"客运作业标准专项整治"。即日起至春运结束，在全站范围内开展"客运作业标准专项整治”。以推进现场作业标准化建设为主线，通过对干部履职、党员作用、服务意识、作业纪律、作业标准、设备管理等方面进行专项整治，重点解决干部作用发挥不好、服务意识缺失、作业标准不落实、现场管控不到位的问题，切实提高现场人员作业标准，确保现场安全管理规范。

c. 加强现场督导。车站领导、业务科室等各级管理人员采取明查、暗访和视频调阅等方式，对客运作业全覆盖地开展督导检查，特别是针对春运期间加开的夜间动车组，严格落实干部带班制度，确保现场秩序良好，安全有序可控。

2. 高铁车站旅服系统故障案例

(1)事件概况

202×年×月×日 8:50，综控员发现旅服系统故障影响显示屏上屏，重新登录系统后仍然未能排除故障，立即报告信息科、维保人员、车间值班干部。中铁信驻站维保人员于 8:55 到现场协助进行排查。9:00 旅服系统平台自行恢复正常，故障持续时间 10 min。

(2)事件处理

①客运一车间值班干部××当时正在综控室带班作业，故障发生后，立即指挥综控员重新启动旅服系统，仍无法正常登录，确定设备故障后，立即指挥综控员、客运值班员做好现场处置。

②故障影响 D××次列车作业(9:01 开，上车人数 370 人)，列车检票、站台屏无显示，广播正常。

a. 综控员立即使用对讲机加强与站台、检票口联系，告知检票屏故障，并及时将 D××次列车检票信息通报站台、检票口。

b. 综控员加强与运转行车室联系，告知旅服系统故障，加强列车到发信息联系。

c. 客运值班员立即增派 2 名劳力分别至检票口、站台进行引导宣传，加强现场组织力量。

d. 检票口、站台客运员立即使用小喇叭通报检票作业车次、站台、车厢位置等信息，防止旅客误乘、漏乘。

3. 电梯停运困人案例

(1)事件概况

×月×日 10:21，××车站站内所有电梯全部停止运行，其中 2 站台直梯正好运行到中部停止，有 6 名旅客被困。站台客运员立即通知综控室、联创及值班干部，10:24 联创人员到达现场进行检修，并通知厂家。11:00 厂家维护人员到达，并对电梯进行各种排查，12:20 电梯门打开，6 名旅客解困。车站对被困旅客进行解释安抚工作，做好了其后续行程的妥善安排和舆情控制。

(2)事件分析

因地方供电所接地导致一路电源跳闸。

(3)事件结果

有 6 名旅客被困，旅客从电梯出来之后，电梯仍未恢复正常。

4. 客服系统死机案例

(1)事件概况

202×年×月×日 15:30，××车站客服系统死机，造成候车大厅、天桥、站台等无电子引导显示，广播系统无广播内容。车站当即向信息值班报修，值班干部立即组织管理人员、值班

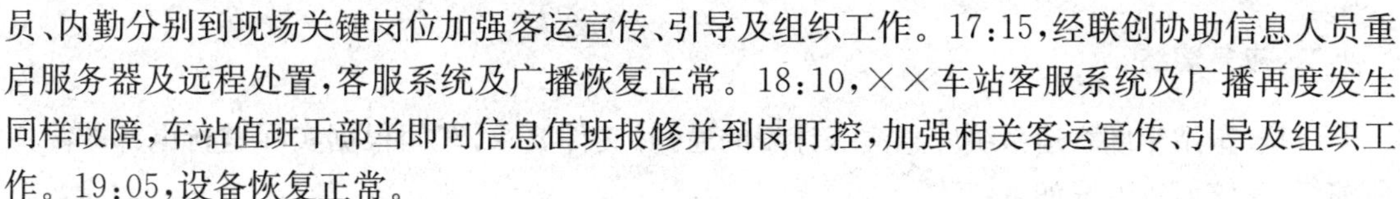

员、内勤分别到现场关键岗位加强客运宣传、引导及组织工作。17:15,经联创协助信息人员重启服务器及远程处置,客服系统及广播恢复正常。18:10,××车站客服系统及广播再度发生同样故障,车站值班干部当即向信息值班报修并到岗盯控,加强相关客运宣传、引导及组织工作。19:05,设备恢复正常。

(2)事件分析

服务器故障导致。

(3)事件结果

故障处置期间相关客运组织平稳,现场无舆情等不良信息反馈。

5. 安检仪和售票系统停用案例

(1)事件概况

×月×日 16:52,××车站实名制验证口、进出站闸机,安检仪和售票系统因停电导致停用,其余设备正常。车站值班干部当即联系供电、联创报修,并到岗加强盯控,组织对进、出站验证验票、安检及闸机口等进行人工检验作业,现场安全及秩序平稳。22:25,停电设备恢复供电。

(2)事件分析

联创机房配电柜设备故障导致。

(3)事件结果

故障处置期间相关客运组织平稳,现场无舆情等不良信息反馈。

6. 车厢吸污管无法拔下案例

(1)事件概况

×月×日 17:50,××车站 4 站台 G××次上水员反映 7 号车厢吸污管无法拔下;17:51 站台客运员立即通知 G××次随车机械师和综控室;17:52 综控室将故障情况告知行车室并由行车室向行调进行汇报,综控室同时通知联创对故障进行处理;17:53 在车间值班干部的防护下,上水领班和联创人员迅速下道对故障进行处置;17:57 吸污管拔下,故障排除;17:59 随车机械师答复车站:该情况不影响列车运行,可以开车;18:00 列车起动。

(2)事件分析

车厢吸污管无法拔下。

(3)事件影响

设备故障导致 G××次晚开 8 min(图定 17:52 开)。

7. 水井水压太小,无法进行上水案例

(1)事件概况

×月×日 11:07,G××次(图定 11:08 到、11:16 开,全列上水)到达 A 站进行上水作业时,上水员反映 2 站台上水井水压太小,无法进行上水作业。11:15 与车长办理交接,G××次全列未上水,车内有 75%水量。11:08 综控室通知供电部门处理,13:30 恢复部分水压。

(2)事件分析

水井水压太小,无法进行上水作业。

(3)事件影响

影响后续 4 趟列车正常上水。

## 二、应急演练

根据《车站年度客运系统应急演练计划的通知》文件要求，车间根据实际进行电梯故障应急演练，具体演练方案如下：

1. 演练目的

检验职工在电梯出现故障时的应变能力和应急救援知识，提高职工在电梯故障时解救被困旅客的组织能力和现场处理置水平。

2. 演练场景

场景一：旅客在乘坐1站台南扶梯时，其中一名旅客不慎摔倒，导致其他旅客身体失去平衡摔倒。

场景二：旅客乘坐1站台垂梯时，电梯骤停，旅客被困在电梯内。

综控室接到通知后报告值班干部开展应急救援措施。

3. 适用预案

《××车间应急预案》第×项：电梯故障应急预案。

4. 演练人员、定位

客运科、车间管理人员及作业人员。

总指挥：车间主任、书记。

值班干部：1人。

旅客疏散：值班员1人、客运员2人，负责故障电梯旅客及时疏散，对受伤旅客进行安抚，并做好其他旅客的宣传、解释工作。

医疗救护：值班站长1人、客运员2人，负责受伤旅客的简单救治及送医院治疗。

设备抢修：联创公司及厂家工作人员，负责抢修故障电梯。

旅客扮演：车间其他管理人员及客运员3人等，着便装扮演旅客乘坐电梯。

5. 演练所需道具备品

电台，喇叭，担架、轮椅、医药箱。

6. 安全重点项点

乘梯旅客较多，一名旅客不慎摔倒可能发生多名旅客身体失去平衡，应急携带大件行李的旅客滚下楼梯。

7. 演练方案

(1)自动扶梯的应急处置

①旅客乘坐1站台南扶梯时，一名旅客不慎摔倒，导致其他旅客身体失去平衡摔倒，客运员发现后，立即按停电梯，查看旅客受伤情况，用电台向综控室报告(报告内容："综控室，×点×分，1站台南扶梯有×名旅客摔倒，其中1名旅客摔伤。")，然后对其他旅客进行安抚疏散。

②综控室接到汇报后立即向值班干部报告(报告内容："×点×分，1站台南扶梯×名旅客摔倒，其中1名旅客摔伤。")，并通知联创进行处理。

③值班干部立即下达启动电梯故障应急预案并向车站值班室以及相关领导汇报。

④救援人员接到启动预案的命令后，立即赶往现场进行救援。

⑤疏散人员赶到现场对故障电梯旅客进行疏散，对受伤旅客进行安抚，并做好其他旅客的宣传、解释工作，尽量减小不良影响。

⑥医疗救护人员赶到现场，对受伤旅客进行简单的包扎救治，并拨打120急救电话，通知医院救护。同时安排客运员到站外等候救护车，引导其进入车站救护受伤旅客。

⑦设备抢修人员配带好工具、器材赶到现场，查找故障原因，进行处理。

⑧电梯故障排除后，设备抢修人员向综控室汇报，电梯恢复正常使用，综控员立即向值班干部报告。

⑨值班干部解除电梯故障应急预案命令，向车站值班室及相关领导汇报。

(2)自动垂梯旅客被困的应急处置

①旅客乘坐1站台南头垂梯时，突然骤停，旅客被困电梯内，客运员发现后，立即用电台向综控室报告(报告内容："综控室，×点×分，西进站广厅垂梯骤停，×名旅客被困。")，然后对旅客进行安抚。

②综控室立即向值班干部报告(报告内容："×点×分，西进站广厅垂梯骤停，×名旅客被困。")，并通知联创到场处理。

③值班干部立即下达启动电梯故障应急救援预案并向车站值班室以及相关领导汇报。

④ 救援人员接到启动预案的命令后，立即赶往现场救援。

⑤ 设备抢修人员配带好工具、器材赶到现场，查找故障原因，进行处理。

⑥疏散人员赶到现场对被困旅客进行安抚(注意安全，请勿靠近轿门，等待救援)，并做好其他旅客的宣传、解释工作，尽量减小不良影响。

⑦医疗救护人员赶到现场，待被困旅客救出后，检查有无受伤情况，对受伤旅客进行救治。

⑧电梯故障排除后，设备抢修人员向综控室汇报，电梯恢复正常使用，综控员立即向值班干部报告。

⑨值班干部解除电梯故障应急预案命令，向车站值班室汇报。

8. 有关要求

(1)车间设备管理员负责演练备品的准备。

(2)车间内勤负责演练影像拍摄。

(3)参加演练人员提前对演练方案进行学习，分配任务。

(4)演练过程对讲机频道统一调到综合频道。

(5)演练人员和观摩人员在演练中必须严肃认真，有令则行、有禁则止。禁止在演练中说笑、玩手机、嬉戏打闹和擅自离场。

(6)演练完毕后，现场组织所有参加和观摩学习的人员集合，进行讲评。

## 典型工作任务三　动车组设备故障应急处置

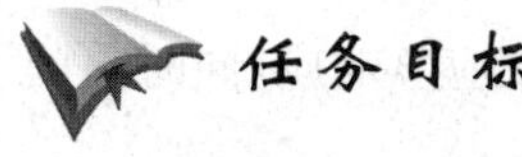

### 任务目标

1. 掌握动车组设备故障处理工作原则。
2. 明确动车组设备故障的岗位职责分工。
3. 能够正确处理动车组空调失效、车厢停电、车门故障及广播故障等异常情况。
4. 会使用应急物品。

知识链接

## 一、动车组设备故障处理工作

1. 实施原则

(1)以人为本,安全第一。始终把确保人民群众的生命财产安全放在首位,减少动车组故障造成的损失和影响,提高动车组服务水平和服务质量。

(2)统一领导,分级管理。国铁集团各部门在应急领导小组的统一领导下,负责督促、指导铁路局集团公司动车组故障应急处置工作。各铁路局集团公司、有关站段按照各自职责和权限,负责动车组故障应急处置工作。

2. 实施细则

(1)动车组运行中出现故障时,动车组司机、随车机械师应按照有关规定进行处理,选择维持运行或停车等方式。司机须使用列车无线调度通信设备及时将故障信息报告列车调度员或车站值班员,随车机械师及时将故障信息报告所属动车组运用所调度,动车组运用所调度及时报告所属铁路局集团公司车辆调度员。在区间停车超过 10 min、站内停车超过 15 min,动车组不能继续运行时,司机必须向列车调度员或车站值班员请求救援。

(2)铁路局集团公司列车调度员、车辆调度员接到动车组途中发生故障或其他设备故障影响动车组运行的报告后,应立即向值班主任报告并通知动车组调度。铁路局集团公司动车组调度(无动车组调度由值班主任)根据有关规定立即向国铁集团动车组调度台报告。动车组因故障停车时或需出动局集团公司管内热备动车组时,铁路局集团公司调度所值班主任应立即向国铁集团动车组调度台报告,铁路局集团公司车辆调度向国铁集团车辆调度报告,并按照铁路局集团公司应急处置预案要求及时报告和通报。

(3)当动车组发生故障在 20 min 内不能恢复运行或预计运行和到达晚点 30 min 及以上时,国铁集团调度指挥中心调度员接到报告后,立即报告值班主任。

3. 响应等级

根据动车组故障情况和影响程度,动车组故障应急处置按国铁集团、铁路局集团公司、站段三级分别响应,当达到本预案应急响应条件时,各级应分别启动本预案:

(1)发生下列情况之一,国铁集团应急救援指挥中心启动Ⅰ级应急响应:

①动车组因设备故障晚点满 2 h,不能继续运行满 1 h。

②动车组因故障造成旅客群体性事件或特等、一等站动车组晚点造成旅客滞留满 2 h。

③因线路、信号、接触网等设备故障,造成动车组晚点满 4 h。

④跨局集团公司动车组发生故障需出动热备动车组。

(2)发生下列情况之一,铁路局集团公司应急救援指挥中心启动Ⅱ级应急响应,同时向国铁集团报告:

①动车组因设备故障晚点满 1 h,不能继续运行满 30 min。

②动车组因故障造成旅客群体性事件或二等以上车站动车组晚点造成旅客滞留满 1 h。

③因线路、信号、接触网等设备故障,造成动车组晚点满 2 h。

④局集团公司管内动车组故障需出动热备动车组车底。

(3)发生下列情况之一，有关站段调度部门启动Ⅲ级应急响应，同时向铁路局集团公司报告：

①动车组始发、终到站因设备故障晚点满 30 min，其他客运站晚点满 1 h。

②动车组因故障造成旅客群体性事件或动车组始发、终到站旅客滞留满 30 min、其他客运站滞留满 1 h。

③动车组运行径路上线路、信号、接触网等设备故障满 30 min 或影响动车组运行。

④动车组故障需组织旅客换乘，热备动车组出动。

## 二、岗位职责

为迅速、有效地处置动车组设备设施故障，最大限度地保证列车安全正常运行，维持好车厢内秩序，列车工作人员应明确各岗位责任分工(表 4-4)。

**表 4-4　动车组设备故障岗位职责**

| 岗位职责 | 列车长 | 1. 遇动车组设备异常时，组织各岗位人员按应急处置预案，及时妥善做好现场处理<br>2. 遇到非正常紧急停车情况，听从动车组司机的指挥，协助做好应急处置工作<br>3. 必要时，向车队、段值班室、铁路局集团公司客调和所在局集团公司客调汇报信息 |
|---|---|---|
| | 列车员 | 1. 发现设备异常，及时上报列车长<br>2. 听从列车长统一指挥，坚守岗位，加强巡视和宣传，维护好秩序、安抚旅客，制止旅客违章行为<br>3. 必要时采取安全防护措施(如安装防护网)，并做好旅客乘降组织 |
| | 随车机械师 | 1. 加强车内设施设备安全检查，确保正常运行<br>2. 及时处理设备异常，迅速查找原因，尽最大能力修复故障 |
| | 乘警 | 1. 协助列车工作人员，维护好车厢秩序<br>2. 对违反规章旅客，进行劝阻<br>3. 调查取证，对违法行为进行处罚，并报铁路局集团公司公安处指挥中心 |
| | 司机 | 1. 按照有关规定处理，选择维持运行或停车方式<br>2. 动车组不能继续运行时，司机必须向列车调度员或车站值班员请求救援 |

## 三、应急物品

当动车组不同的设备设施故障时，应采取不同的应急措施，并利用相关应急设施设备来保障旅客旅途顺畅。动车组设备故障应急物品及其使用方法见表 4-5。

**表 4-5　动车组设备故障应急物品及其使用方法**

| | 图片(名称) | 使用方法及用途 |
|---|---|---|
| 应急物品 | (应急手电筒) | 用途：需要使用时，按住开关按键，电量不足时及时充电<br>数量与位置：6 个，机师工具柜 |

续上表

| | 图片(名称) | 使用方法及用途 |
|---|---|---|
| 应急物品 |  (喇叭) | 用途:用于安全宣传。按住按键,讲话完毕后松开按键即可 |
| |  (安全渡板) | 用途:发生旅客区间转乘或其他需要疏散旅客时使用。应用它能让旅客撤离到平行停放的另一列车中或作为梯子下到轨道上 |
| |  (防护网) | 用途:遇边门故障及通风系统故障需开启边门通风时使用 |
| |  [紧急开门装置(塞拉门)] | 用途:动车组车门分为塞拉门和侧拉门两种,塞拉门一般在车门侧面墙体立柱上有紧急开门拉手,按照提示,可拉开车门。侧拉门(CRH2 系列动车组)也有紧急开门阀,只要将车门的气路切除,就可以打开车门<br>紧急开门:将按钮外部防护罩按破,按下按钮,配合内部紧急开锁手柄,手动打开车门<br>钥匙开关:用钥匙扭动开关,配合内部紧急开锁手柄,手动打开车门 |
| | 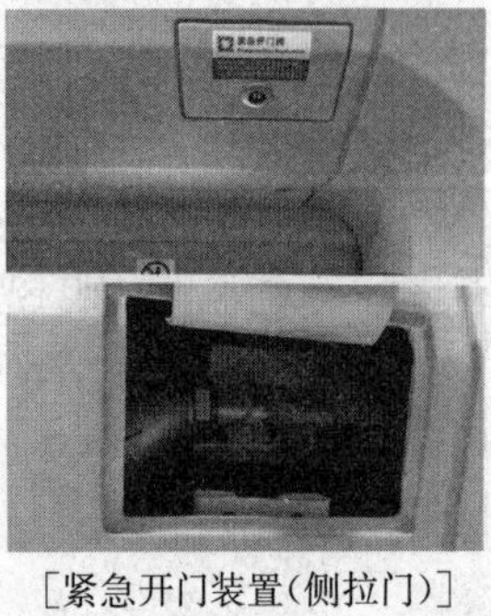 [紧急开门装置(侧拉门)] | |

续上表

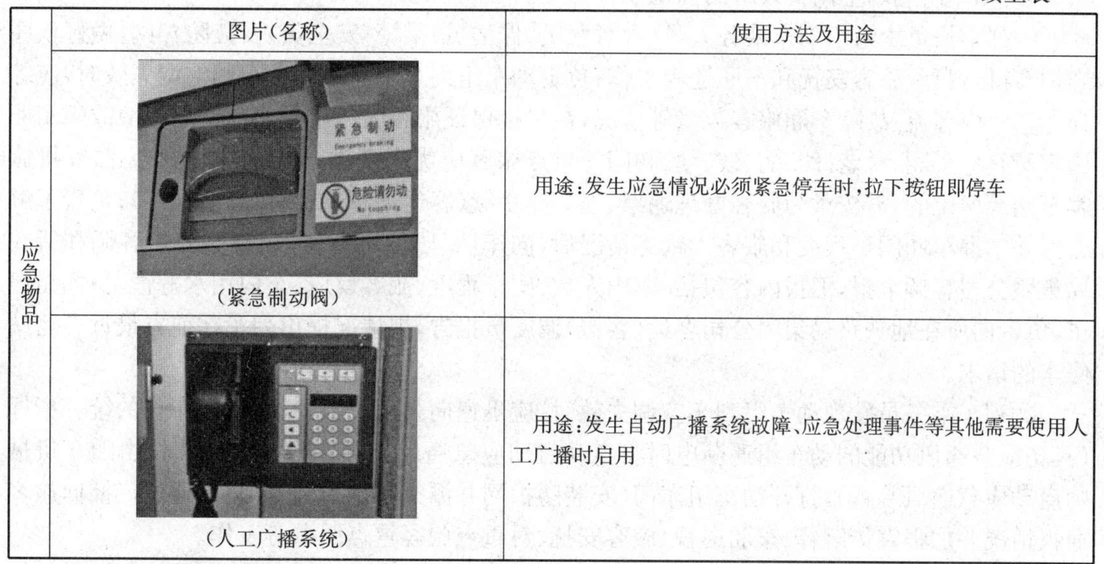

| | 图片(名称) | 使用方法及用途 |
|---|---|---|
| 应急物品 | (紧急制动阀) | 用途:发生应急情况必须紧急停车时,拉下按钮即停车 |
| | (人工广播系统) | 用途:发生自动广播系统故障、应急处理事件等其他需要使用人工广播时启用 |

## 四、动车组设备故障应急处置流程

### 1. 动车组列车空调失效应急处置

动车组列车在运行中遇空调失效,为保证旅客旅行顺畅,各岗位人员应分工合作,应采取相应措施,妥善处置,如图 4-6 所示。

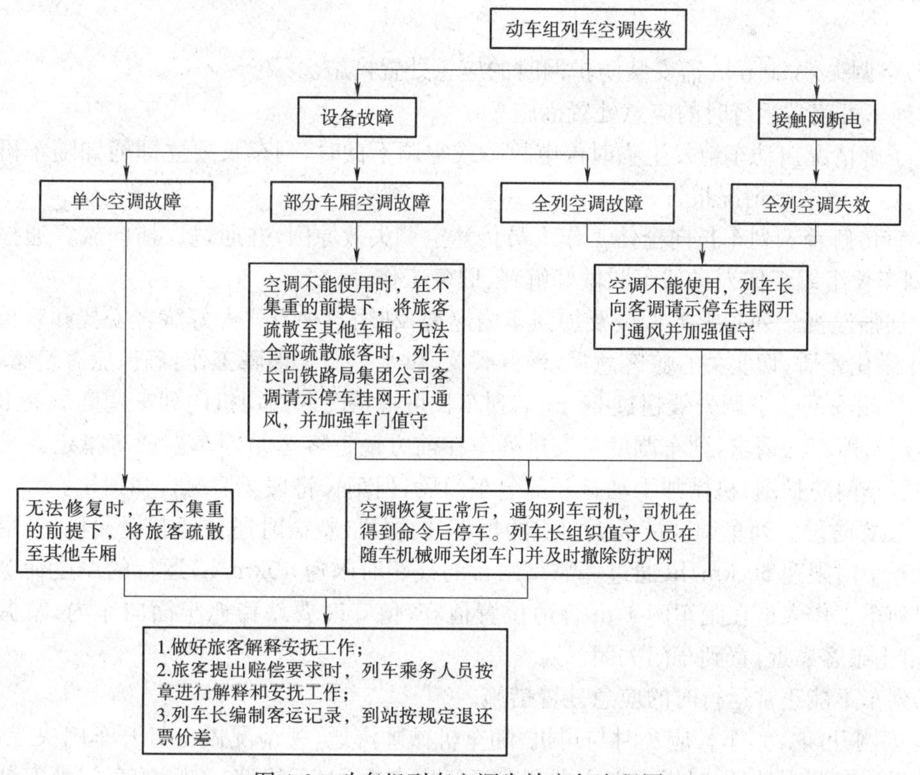

图 4-6　动车组列车空调失效应急流程图

(1)动车组列车空调失效时的岗位职责分工。

①列车长负责组织列车乘务人员(含餐服员、保洁员、乘警/安全员)安装防护网,做好秩序维护、宣传解释、旅客安抚和车厢巡视工作;负责动车组列车单个或多个车厢空调失效时,应综合考虑车内客流、故障车厢旅客数量等情况,在尽量保证旅客服务质量的前提下疏散故障车厢旅客至其他车厢,对老、幼、病、残、孕、胸闷等重点旅客应优先安排,如遇空调失效无法安排旅客至同等席位的,需按章为旅客办理退票、退差等手续(客运记录、铁路传真电报等);负责了解原因并掌握车厢闷车程度和旅客人数等情况后,向车队、段值班室、×局集团公司客调和所在局集团公司客调汇报,汇报内容包括:车内人数、闷车程度、旅客反应、车内用水等情况;如需停车,负责向所在地铁路局集团公司客运(客服)调度员报告,视情况提出列车在前方最近客运站停车的请求。

②列车乘务员发现动车组列车空调失效时,应迅速向列车长报告;听从列车长的统一指挥(具备应急通风功能的动车组遇断电时将自动启动应急通风装置;遇空调故障时,由随车机械师启动应急通风装置),打开动车组车门(安装防护网并派人防护);坚守岗位,通过广播向旅客通报情况并加强宣传解释、车厢巡视、旅客安抚、对重点旅客重点照顾等工作。

③旅客列车空调失效,列车长根据司机、随车机械师(车辆乘务员)通报的故障原因做好旅客安抚解释工作。

列车上广播通知模板:“旅客们,我是××次列车列车长,因××原因,空调不能正常使用,铁路部门正在积极组织抢修。给您造成不便,向您表示诚挚的歉意。”

动车组列车停车打开车门安装防护网时,也要进行列车广播,广播通知模板:“为了您的安全,请您不要靠近打开的车门,谢谢您的合作。请列车工作人员做好打开车门的安全防护值守。”

(2)空调失效 20 min 需安装防护网时的应急处置措施。

①列车可正常运行时的应急处置措施。

a. 了解情况。动车组发生临时停电故障或空调不良时,列车长要立即通知随车机械师到现场确认,了解故障情况报告。

b. 宣传解释。列车长向全体工作人员传达空调失效原因,并通过广播向旅客通报情况并致歉,列车长组织工作人员到车厢做好解释、服务工作。

c. 加强巡视。列车乘务人员要加强车内巡视,利用各种方式做好旅客安抚和宣传解释工作,防止激化矛盾,切实关心旅客急需,做好餐饮、供水等服务保障工作,确保旅客情绪稳定。

d. 停站安网。空调失效超过 20 min,列车长可视情况通知司机向列车调度员提出在前方最近客运站停车的请求,列车调度员安排列车在前方最近客运站停车。列车指定人员在停车站安装好车门防护网、机械师手动打开部分车门后,列车长将现场情况告知司机。

e. 设置防护。列车调度员根据司机的报告,向司机(救援时还包括救援司机)及沿途各站发布打开车门限速 60 km/h(通过邻靠高站台的线路时限速 40km/h)运行的调度命令。列车长组织列车工作人员在距车门 1 m 合适位置值守,值守时要站稳抓牢面向车内,掌握车厢内动态,阻止旅客靠近,直到车门关闭。

②列车不能正常运行时的应急处置措施。

a. 安网开门。列车长应及时与司机、随车机械师沟通,视情况做出打开车门决定,并通知司机转报列车调度员,同时指定专人在列车运行方向左侧(无线路一侧)的车门处安装车门防护网，打开车门的具体数量、位置由列车长根据工作人员配置情况确定。

b. 设置防护。安装车门防护网由列车长组织客运、餐服、保洁人员进行，司机、随车机械师配合。安装车门防护网两人一组，互相配合。车门防护网安装牢固后，列车长通知随车机械师手动打开车门。由列车长组织列车工作人员值守，在距车门 1 m 合适位置值守，值守时要站稳抓牢面向车内，掌握车厢内动态，阻止旅客靠近，直到车门关闭。列车长确认车门防护网安装牢固、看护到位后报告司机。

c. 关闭车门。故障排除或恢复供电后，列车长及时通知随车机械师关闭车门，车门关闭后，组织列车工作人员拆除车门防护网，车门防护网交机械师存放规定位置。

d. 组织换乘。需要组织旅客下车或换乘其他列车时，应在车站站台进行。必须在站内不邻靠站台的线路或区间组织旅客下车或换乘时，需经铁路局集团公司主管运输副总经理（总调度长）批准。

动车组列车旅客换乘基本要求：一是需要组织旅客下车或换乘其他列车时，应在车站站台进行，列车与车站一起组织旅客乘降。必须在站内不邻靠站台的线路或区间组织旅客下车或换乘时，需经铁路局集团公司分管运输副总经理（总调度长）批准，同时做好安全防护，以防发生意外。二是在站内不邻靠站台的线路或在区间组织旅客疏散时，须在邻线列车已扣停的情况下进行。列车长要根据线路两侧自然地形及人员走行条件，组织列车员选择从列车运行方向右侧或左侧将旅客有序疏散到安全地带。组织旅客疏散时，列车长可根据现场实际情况，采用搭设紧急用渡板或应急梯的方式进行换乘。条件允许时，优先选择搭设紧急用渡板方式换乘。

e. 站车交接。列车长编制客运记录，到站按规定退还票价差额。

(3)旅客列车空调失效需组织旅客换乘或疏散时，根据以下不同场景，采取相应的处置方式。

①接触网停电导致动车组空调失效应急处置。

a. 接触网停电时，司机报告列车调度员并通知列车长及随车机械师。

b. 接触网故障修复期间，随车机械师启动应急通风装置（仅 CRH2 型动车组，其他车型动车组可自动启动应急通风功能）。列车长视车内温度和旅客舒适度作出打开车门的决定，通知司机报告列车调度员，组织列车乘务人员按规定安装防护网、打开非会车侧车门，安排列车乘务人员对打开车门防护值守，并进行列车广播提示。

c. 接触网供电恢复正常，列车长组织列车乘务人员关闭车门并报告司机，司机确认动车组车门关闭良好后，报告列车调度员并请求恢复正常运行。列车长组织列车乘务人员在车门关闭后适时撤除防护网。

d. 接触网故障超过 20 min 无法恢复时，由列车调度员根据实际情况确定救援方案，安排就近内燃机车担当救援，并按规定向本列司机、救援司机、车站发布打开车门限速运行的调度命令。

②动车组故障导致动车组空调失效应急处置。

a. 因动车组故障造成空调失效超过 20 min 且无法维持运行时，随车机械师处置无效后通知司机请求救援。

b. 随车机械师启动应急通风装置（仅 CRH2 型动车组，其他车型动车组可自动启动应急通风功能）并做好救援准备工作。

c. 客调与列车调度员沟通确定采取换乘至热备动车组或其他列车、停运等方案。等待救援时，列车长视车内温度和旅客舒适度作出打开车门的决定，通知司机报告列车调度员，组织列车乘务人员按规定安装防护网、打开运行方向左侧(非会车侧)车门,安排列车乘务人员对打开车门防护值守,并进行列车广播提示。

d. 列车调度员按规定向本列司机、救援司机、车站发布打开车门限速运行的调度命令。动车组被救援至前方站后,列车配合车站一起做好旅客换乘工作。

e. 特殊情况需组织旅客在区间换乘时,按区间换乘有关规定办理。

③动车组全列空调故障应急处置。

a. 因供电、辅助供电、空调设备等故障导致动车组全列空调失效,但可维持运行时,经随车机械师处理无效后,启动应急通风装置(仅 CRH2 型动车组,其他车型动车组可自动启动应急通风功能),并通知列车长和司机。

b. 列车长密切关注动车组车厢温度及旅客感受,当车内温度过高影响旅客舒适度时,列车长通知司机向列车调度员提出在前方最近客运站停车的请求,列车调度员安排在前方最近客运站停车。必要时,在司机和随车机械师的配合下,站车共同组织将旅客疏散到车站安全处所。

c. 客调与列车调度员沟通确定采取换乘至热备动车组或其他列车、停运等方案。换乘动车组列车到达后,列车配合车站一起组织旅客进行换乘。

④动车组部分空调故障应急处置。

a. 司机室空调故障导致司机室温度过高,影响司机正常驾驶时,可打开客室通过门通风,列车长安排列车工作人员进行防护,严禁旅客进入司机室。

b. 动车组客室单个或多个空调失效时,列车长应综合考虑车内客流、故障车厢旅客数量等情况,在尽量保证旅客服务质量的前提下疏散故障车厢旅客至其他车厢。

c. 客流量大、车内温度过高无法安置时,列车长向客调提出换乘其他旅客列车申请,客调根据实际情况确定换乘方案,通知列车调度员和列车长组织执行。

d. 无法换乘其他旅客列车时,比照"动车组全列空调失效故障应急处置"执行。

(4) 动车组应急开启车门操作流程。

①CRH1A/ CRH1B/ CRH6A/ CRH6F 型动车组:通过"紧急解锁装置"打开对应车门。

②CRH1E/ CRH1A-A/ CRH380D 型动车组:隔离对应车门脚踏,断开车门电源,通过"紧急解锁装置"打开车门。

③CRH2/ CRH380A 系列动车组(CRH2E 和 CRH2G 型动车组除外):操作对应车门"紧急开门阀"排风后打开车门。

④CRH2E(2461～2465)/ CRH2G、CRH3A/3C、CRH5A/5G/5E、CRH380B/BL/BG/CL、CR400AF/BF 型动车组:隔离对应车门站台补偿器,断开车门电源,通过"紧急解锁拉手"打开车门。

(5)动车组列车开门运行基本要求。

①动车组列车在停车站安装好防护网、打开部分车门后,列车调度员根据司机的报告,向司机(救援时包括救援司机)及沿途各站发布打开车门限速 60 km/h(通过邻靠高站台的线路时限速 40 km/h)运行的调度命令。

装有外开式塞拉门的动车组开门运行时,开车前由随车机械师向司机提出进站前需停车关闭车门的申请。司机停车后通知列车长,列车长通知各看护人员手动关闭车门,确认关门完毕后报告司机。

②动车组列车安装防护网、打开车门由列车长组织列车乘务人员进行,司机、随车机械师

配合。防护网安装需在列车停车状态进行，安装位置为运行方向左侧（非会车侧）车门处。车门开启数量应根据车内情况及列车乘务人员数量决定。各型动车组原则上按照单侧全部车门数量配备防护网（防护网按 CRH 型动车组随车客运备品配备和管理）。

防护网安装完毕，打开车门后，由列车长组织列车乘务人员按照“一人一门”值守，直到车门关闭，严禁旅客靠近防护网和自行下车。列车长确认防护网安装牢固、看护到位后报告司机。

2. 动车组列车车门故障应急处置

动车组列车在运行中遇车门故障，为保证列车运行安全，各岗位人员应分工合作，采取相应措施，妥善处置，如图 4-7 所示。

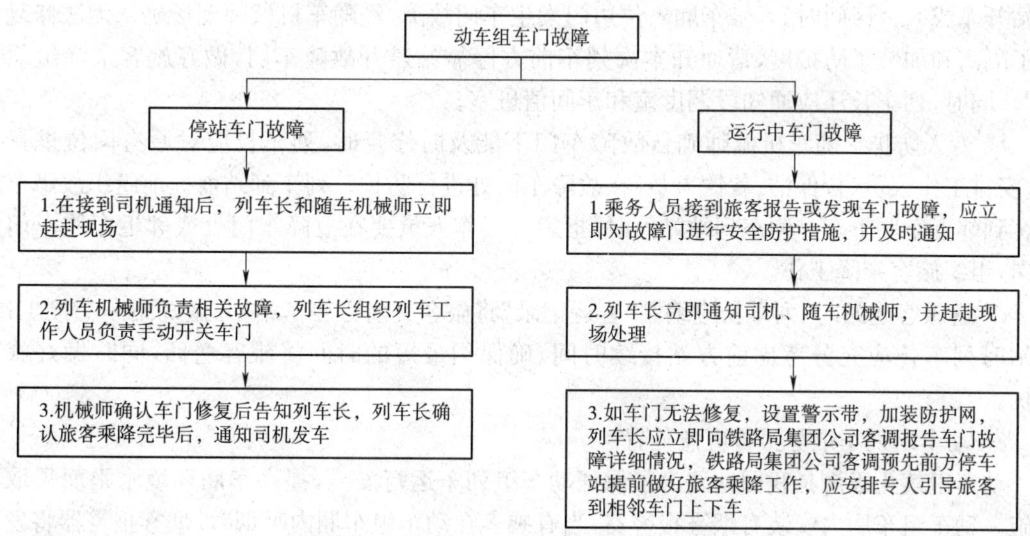


图 4-7　动车组列车车门故障应急流程图

(1)动车组停站或始发站遇车门故障应急处置

①赶赴现场。动车组停站或始发站遇全列或单个自动开关门装置故障时，由司机通知随车机械师和列车长（非司机集控开门的动车组，由随车机械师通知司机、列车长），随车机械师负责处理相关故障，列车长组织列车工作人员负责手动开关门并引导旅客有序乘降。列车长接到司机或随车机械师通知车门故障，应安排故障车门就近的列车员前往故障车厢，对车门状况进行检查。

②联控司机。列车员检查车门状态时，要询问旅客车门关闭时的有关情况，如确认是因旅客原因导致车门报故障，且车门已关闭的，要立即通知随车机械师。经随车机械师确认后，告知列车长，列车长通知司机车门故障已排除。

③安全防护。如列车员无法确认导致车门报故障的原因，应及时通知随车机械师和列车长，同时在故障车门处进行看守，并采取安全防护措施（必要时可锁闭临近故障车门的车厢内端门）。随车机械师、列车长立即赶往故障车厢，随车机械师确认、处理完毕后，告知列车长，列车长通知司机车门故障已排除。

(2)动车组运行中车门发生故障的应急处置措施

①安全防护。动车组列车运行中，列车工作人员（含保洁、餐饮人员）接到旅客报告或发现车门出现故障后，应立即前往故障车门处进行看守，并采取安全防护措施，必要时可锁闭临近

故障车门的车厢内端门，禁止旅客靠近车门（至少 1 m 范围内），并报告列车长。

②现场处理。列车长立即通知司机、随车机械师，并与随车机械师赶赴现场处理。

③当车门故障无法修复时，列车长应及时组织人员设置警示带，必要时加装防护网，并报告司机及客运（客服）调度，客运（客服）调度通知前方停车站避开故障车门，做好旅客乘降组织。同时列车长应在列车到站前提前组织故障车厢旅客到邻近车厢下车。

a. 信息上报。随车机械师确认故障车门不能及时修复时，列车长应及时组织人员加装防护网（若随车机械师确认无须加装时，可不加装），并报告司机及客运调度（动车台、客服台）。报告内容如下："客运调度（动车台、客服台），我是 G（D、C）××次列车长××，列车运行至××站开车或××区间时，×号车厢×位边门发生车门故障，经随车机械师现场确认无法修复并做了隔离和加装了防护网，请通知本次列车前方停靠站避开故障车门，做好旅客乘降组织工作"。同时，列车长还应通知段调度室和车间值班室。

b. 专人防护。随车机械师确认故障车门不能及时修复时，列车长应对原有岗位进行调整，安排工作人员（含保洁、餐饮人员）在故障车门处进行防护。列车到站前提前组织故障车厢旅客到邻近车厢下车。列车到站站停时，指定的工作人员要在故障车门处或邻近车厢车门处立岗，组织旅客乘降工作。

c. 遇旅客越站时，列车长应编制"客运记录"将旅客交前方停车站，并做好站车交接工作，交站时列车长应充分考虑前方站接续时间，确保用最短的时间将旅客送回，同时做好旅客安抚。

3. 动车组列车烟雾报警应急处置

动车组禁止吸烟是我国铁路为了保证动车组列车运行安全，提高车厢环境水平而采取的措施。动车组车厢内安装有烟雾报警器，当有乘客在动车组车厢内吸烟时，烟雾报警器将发生鸣响，动车组限速运行。由于我国普速铁路上并没有禁烟要求，所以很多旅客特别是首次乘坐动车组列车的旅客还尚未建立车厢内禁止吸烟的意识，因此在动车组列车开车后，应播报动车组禁烟宣传，告知旅客在动车组列车上任何位置均禁止吸烟。如动车组列车在运行中遇有烟雾报警，为保证旅客人身和行车安全，各岗位人员应分工巡视检查车厢各部位，查清烟雾来源，采取相应措施，妥善处置。具体处理流程（图 4-8）如下：

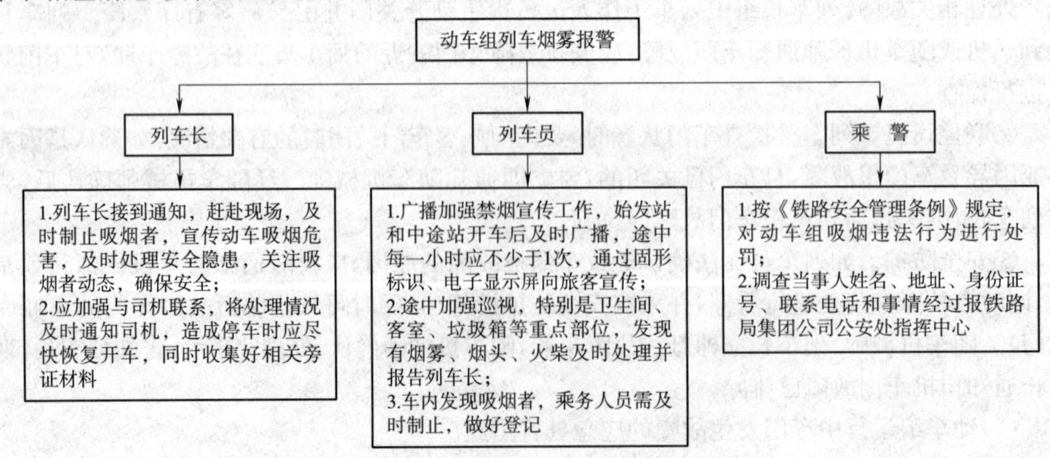


图 4-8　动车组列车烟雾报警应急流程图

(1)赶至现场。得到烟雾报警信息或司机通知后,随车机械师、乘警、列车长、列车安全员要在第一时间赶到现场确认,查看指定车厢的客室、卫生间,随车机械师重点查看电气设备。如确认烟雾报警系旅客吸烟引发,列车长及工作人员立即对旅客进行劝阻,将烟蒂熄灭,及时将报警装置复位,并向司机通报情况。

(2)调查取证。列车长配合乘警调查当事人姓名、地址、身份证号码、联系电话和事情经过,由乘警对当事人按相关规定进行处罚。无乘警时,由列车安全员及列车长调查当事人姓名、地址、身份证号码、联系电话和事情经过,并及时将情况报铁路局集团公司公安处指挥中心。

(3)宣传解释。列车工作人员及时了解报警后车厢旅客情况,做好宣传解释,安抚旅客情绪。

(4)及时上报。列车长逐级汇报事件发生原因和处置过程。

4. 动车组列车途中车厢停电应急处置

动车组列车在运行中遇车厢停电,为保证旅客人身安全和行车安全,各岗位人员应分工合作,采取相应措施,妥善处置,如图 4-9 所示。

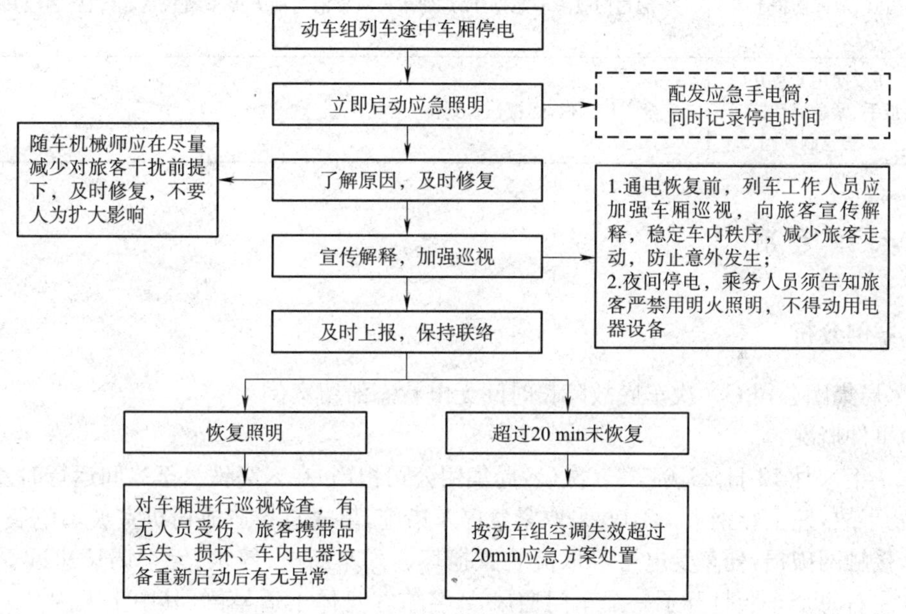


图 4-9　动车组列车途中车厢停电应急流程图

(1)了解原因。发现列车停电时,列车长应及时到随车机械师或司机处了解列车停电原因。随车机械师检查各车厢的应急电源开关是否处于闭合位,保证应急电源装置正常工作,并迅速查找原因修复故障、恢复供电。如列车因故障不能满负载供电时,随车机械师要根据实际情况,立即通知列车长,暂时停止使用部分电器。列车长要按照随车机械师要求组织列车员关闭用电量大的设备,尽量减少用电负荷,以保证蓄电池不过放,必要时可保留应急灯和监控系统用电,其他负荷全部关闭。

(2)宣传解释。列车长将停电原因告知工作人员,并通过广播(或应急喇叭)向旅客通报情况、致歉(必须统一宣传解释口径),做好重点旅客的服务工作,安抚旅客情绪。

(3)加强巡视。加强车内巡视,特别是对卫生间和风挡的巡视,宣传旅客不要使用明火照明。对旅客有发生砸玻璃等过激行为时,工作人员要及时制止,并通过应急喇叭做好宣传。

(4)及时上报。列车长及时将车内情况上报车间值班室、段调、客调。

(5)保持联络。列车长保持与随车机械师及司机的联系,关注事态的发展。

(6)后期处置。超过 20 min 时,列车长按动车组列车空调失效超过 20 min 应急处置预案处置。

## 五、安全风险卡控点

为保障列车运行安全,应加强设备维护,定期广播宣传,克服困难,尽快排除故障。动车组设备故障安全风险卡控点及控制措施见表 4-6。

表 4-6　动车组设备故障安全风险卡控点及控制措施

| 序号 | 安全风险卡控点 | 控制措施 |
| --- | --- | --- |
| 风险一 | 禁烟管理不到位 | 1. 定时广播宣传有关禁烟规定,按规定设置禁烟标识<br>2. 发现旅客吸烟时及时劝阻,必要时通知公安处理 |
| 风险二 | 边门故障防护不当 | 1. 加强车厢巡视,发现故障要立即汇报机械师及司机并设置好防护,防止旅客靠近<br>2. 遇边门故障不能打开时,列车长应提前与前方停车站联系,组织旅客经其他车门上下车 |
| 风险三 | 违章使用紧急开门扳手、紧急通话按钮、紧急制动阀 | 安全宣传到位,巡视检查到位 |

## 知识运用

### 一、案例分析

1. ×局集团公司 G×次车底故障长时间无电状态滞留案例

(1)事件概况

202×年×月 12 日 23:04,G×次(×局集团公司担当)在×高铁×至×间运行时发生撞击侵限异物事故,撞上彩钢板,23:06 采取紧急停车措施,事故直接造成司机室玻璃龟裂,列车车身刮伤,接触网破损,列车受电弓等取流装置损坏。列车断电、停水、无空调长达近 5 h,其间约 0:05 左右每个车厢打开了一个车门通风,2 名旅客身体不适晕倒(其中 1 人为孕妇),部分车窗玻璃被旅客敲碎通风。到×月 13 日 3:49,设备故障排除,列车恢复供电运行。

(2)存在问题

①应急处置滞后,开门通风迟缓。

23:04 发生撞击侵限异物事故,23:06 紧急停车,全列断电、停水、无空调,空气不流通,车内温度急剧上升,造成闷车现象,旅客反应较大,而列车长未根据车内实际情况及时启动列车断电应急处置预案,申请开门通风。

原因分析:a. 存在列车长业务不熟,不掌握应急预案处置流程的情况;b. 受制于随车机械师、司机对故障动车组无法及时判明检修恢复的时间;c. 列车长信息汇报后,上级有关部门未及时做出开门通风的决定。最终在列车断电 1 h 后才打开车门通风,导致一些旅客按捺不住焦虑情绪,砸窗通风。

②广播宣传、服务解释不到位。

列车紧急停车后,列车班组已宣传为列车故障,前后分别向旅客宣传了 2 条信息,一条为

“安排大巴车，运送旅客返×”，一条为“安排救援车到场拖车运行”。导致旅客在陷入漫长而焦急的等待下，认为工作人员前后矛盾，存在欺骗行为。

原因分析：a. 列车长未主动请示当地局集团公司客调、段上指挥部门，统一宣传口径，造成信息滞后；b. 上级有关部门向班组通报事故原因及对外宣传口径后，班组按规定执行，但后续出现变化时，班组未主动进行解释宣传，造成旅客不满。

③乘务员不作为。

a. 乘务员不主动安抚旅客，心理承受压力能力不足。列车故障期间，根据旅客反应，晚点 1 h 左右还能看见乘务员，之后均找不到乘务员，逃避旅客问询，不主动安抚旅客，无法忍受旅客的无端指责与要求，心理承受压力小，责任心不强，列车长未做好带头作用。

b. 未做重点旅客统计。列车断电后，班组未对重点旅客（老、幼、病、残、孕）进行统计，不了解重点旅客情况，未做针对性重点服务，从而导致 1 名孕妇因身体不适晕倒。

(3)时间教训

①及时、准确、分阶段汇报现场情况至上级部门，分阶段即指现场情况出现了较大变化时，例如无空调已经超过 1 h 以上，车内旅客情绪极度不稳定，旅客有身体不适晕倒等情况，及时向上汇报，便于上级部门采取积极措施，例如上级部门可通知安排旅客暂时下车，在安全地方等候救援。

②开展应急处置，要善于判断突发情况的影响大小，接到“接触网破损，列车受电弓等取流装置损坏”信息后，可以判断影响时间较长，随后可以预见客流统计、巡视宣传、信息汇报、开门通风等均为必不可少的作业，要有组织、有重点地立即开展。

③应急处置能力是每位职工的必备能力，只是存在强弱之分。但除了应急处置能力，每位职工还要认真对待旅客舆论问题，此次 G×次应急处置，在旅客评论中存在很多批评，例如“找不到乘务员”“一问三不知”等，我们不能控制旅客发牢骚，但关键点要抓住，巡视宣传，解释安抚，主动靠前，特别是动车的“一体化”特点，必须牢牢抓住委外保洁、餐服人员，形成统一的宣传口径，统一的行动标准。

(4)动车组列车空调断电应急处置要点

因动车组故障造成空调失效超过 20 min 且无法维持运行时，列车长提前与司机、随车机械师沟通，视车内温度和旅客舒适度作出打开车门的决定，及时打开非会车侧车门通风，并通知司机转报列车调度员。

①询问原因，申请开门（了解停车断电原因、地点、抢修时间，视情况提前申请开门，及时报告）。

②明确分工，提前装网（按预案分工、明确装网数量及位置方向、检查确认）。

③广播宣传，服务解释（广播或口头宣传向旅客通报情况并致歉，稳定旅客情绪）。

④开门通风，做好防护（按“一人一门”值守，背靠运行方向，严禁旅客靠近）。

⑤关门发车，拆网归位（根据通知，手动关闭车门，由随车机械师检查确认，适时拆除防护网并定位放置）。

2. 动车组列车全列断电滞留案例

(1)事件概况

×月×日 D×次运行在××—××西站间，17:41 列车临停，因接触网故障全列断电（无空调、有应急照明电源）。19:49 G×次（我段动车二队担当）车底救援到达 D×次临停处，连挂后返回×西站（D×次临停 2 h 17 min），19:58 开，20:05 到。约 20:30×局集团公司热备车底到达×西站，D×次645名旅客换乘至热备车底，由热备车底继续开行D×次×西站—×东站。断电期间，2个窗户玻璃被砸。

（2）事件处理

列车长按预案要求做好各岗位的分工，并利用对讲机及时传达客调及段指挥中心的通知要求，积极做好现场应急处置工作。

①汇报及时。17:41列车发生临停断电，17:43电话向指挥中心汇报，17:51向×局集团公司汇报并通报开门通风计划。断电滞留处置期间与指挥中心、客调、客运部、国铁集团客调对接，均能清晰、准确地将现场情况汇报。

②开门通风及时。17:57，列车长向机械师、司机申请同意后，打开4个车门通风，距列车断电间隔16 min。随后又增加打开2个车门，共计打开6个边门。能够有效组织列车员、保洁员、餐服员、安全员值守在车门处，劝阻、防控旅客靠近车门。

③做好解释安抚。17:41，D×次列车临时停车，列车长联系客调得知接触网故障。停车后，全列车断电（无空调、有应急照明电源）。列车进行广播，做好解释，安抚旅客。其间，列车长巡视车厢，向旅客解释，安抚旅客情绪，对4名孕妇等重点旅客带到餐吧内台，打开冰箱给旅客纳凉。

（3）事件教训

①列车广播宣传频次不足，有待加强。

列车因故晚点且全列停电无空调后，只保留有应急电源的情况下，列车播放2个内容宣传词，一是列车晚点致歉广播词，二是列车打开车门通风安全注意事项广播词。但播放的频次为30 min一次，没有达到广播宣传的效果。三是缺少对旅客过激行为法治宣传以及处罚规定。

②车厢巡视、口头宣传人员不满足安全管控。

列车安排6名乘务员负责6个车门开门通风，剩余列车长1人负责全列巡视安抚旅客，1名餐服长负责餐吧看守餐食物资及协助播放列车广播（列车客运班组合计8人）。全列只有1名列车长巡视车厢，与旅客做宣传解释，无法有效掌握、控制全列安全秩序。应考虑安排安全员作为巡视工作人员协助列车长，相应将开门数改为5个。

③开门通风的车门选择有待研判。

a. 根据《×铁路局旅客列车空调失效应急处置实施细则》规定，"列车长应根据车内情况及列车乘务人员配备数量，确定打开车门的位置、数量的方案，确保安全和最大限度地打开车门。"根据《×铁路局高速铁路突发事件应急预案》规定，"打开车门的具体位置、数量由列车长根据动车组乘务人员的配置情况确定。"

b. 此次应急处置，现场班组实际共打开6个车门，首先打开2、4、6号车1位端、7号车2位端各1个车门，随后增加打开4号车2位端、1号车1位端各1个车门。

c. 认真分析现场班组开门定位有缺失，一是列车长选择1号车1位端车门紧靠司机室，给予车内的提高新鲜空气的作用有限，应更多考虑相邻2个车厢的车门，起到的作用更大。二是要根据现场判断，考虑是否把安全员作为巡视车厢人员，流动宣传，协调列车长控制现场安全秩序，减少1个车门的打开。

④救援车底连挂后故障车关门运行。

a. 根据×局集团公司救援方案，使用G×次车底救援D×次，连挂后返回×西站。列车班组根据现场通知，连挂后将车门关闭，原因为需要进行拉动实验。

b. 根据《旅客列车空调失效应急处置办法》（铁总运〔2017〕140号）文规定，"安装好防护网、打开部分车门后可继续限速运行。”《×铁路局高速铁路突发事件应急预案》规定，在确认防护网固定状态及防护后可以打开车门运行，“列车调度员根据司机的报告，向司机(救援时还包括救援司机)及沿途各站发布打开车门限速 60 km/h(通过邻靠高站台的线路时限速 40 km/h)运行的调度命令。”

c. 遇此类场景，必须要与机械师核对，是否必须关门后才能进行拉动实验，明确关门责任人，还应询问是否可以在拉动实验完毕后继续打开车门通风。列车班组要研判现场情况，在技术作业完毕后，列车长是否应继续申请打开车门通风运行，为车内输送新鲜空气。考虑的因素可以为:通过向机械师、司机询问距离停车站还有多远，如果距离较远耗时较长，应申请开门通风运行。

⑤增加保护意识及正面宣传意识。

a. 此事处置完后，经了解，列车长在处置初起已经打开视频记录仪，但后来发现已无电，没有记录下相关任何视频。这样容易被倒查、质疑我们工作人员是否进行了有效处置，也难以对现场一些特殊事件进行取证。

b. 断电滞留期间，列车长安排 4 名孕妇在餐吧内台，打开冰箱给旅客纳凉，属于比较典型的重点旅客服务表现。但列车长、餐服员都没有进行拍照记录，失去了一个正面报道的机会。

d. 整个应急处置各阶段时间节点不能完全做到清晰、准确，对事后的调查造成不便。

3. 动车组全列空调故障案例

(1)事件概况

202×年×月×日 22:23，D×次运行至×至×间，由于暴雨影响，列车临时停车，22:53 因接触网断电全列无电，23:00 恢复供电，停雨，恢复供电后全列车空调故障，列车限速运行至×站。

(2)该事件处置必须把握三个时间节点:一是 22:23;二是 22:53;三是 23:00。

(3)列车长处置中必须围绕三个时间节点开展工作:

①22:23 时间节点处置:

a. 及时了解。当列车临时停车后，列车长第一时间向司机问明原因。

b. 上报信息。当问明停车原因后立即向段指和车队汇报(简报)。

c. 广播致歉。停车 15 min 后仍无法开车，列车广播说明停车原因，取得旅客谅解(自然灾害可以不致歉)。

②22:53 时间节点处置:

a. 启用应急。当接触网断电后，列车长立即通知各车厢乘务员到 5 号车乘务房领取应急电筒，巡视车厢，防止旅客使用明火照明。

b. 维护现场。劝阻旅客不要在车厢内来回走动，重点是带小孩的旅客。

c. 提供方便。当断电引发厕所冲水设施故障时，布置保洁人员准备小号垃圾袋供旅客解大手。

③23:00 时间节点处置:

a. 要点停车。23:00 恢复供电后列车起动，当接触网故障恢复后全列车空调无法工作，当机械师确定无法修复时，列车长立即通过司机向列调报告，在最近前方站要点停车安装防护网。

b. 安装防护网。当列车在站内停车后，列车长安排人员根据客流打开运行方向左侧 4～7 个门的决定(未到达车站前，各岗位可以提前安装防护网，节约时间)。

c. 限速运行。客运乘务员安装好防护网后，列车长和机械师确实安装牢固后，逐一手动打开车门，相关岗位乘务员做好防护。列车限速运行。

d. 办理票务。列车长做好人数统计，开好客运记录为没有享受空调的旅客交站退换票价差额做好准备（可以开张总的客运记录，统计退票人数交到站车站值班员，旅客个人在票面背面注明原因，加盖列车长名章）。

e. 上报信息。事情全部处理完毕后，将整件事进行梳理，向上级部门做详细汇报。

4. 动车组列车发生感烟装置报警案例

(1)事件概况

202×年×月×日，D×次列车在×站始发运行至×站外 10.45 km 处时，5 号烟雾报警，列车立即降速。之后列车长立即赶往 5 号车，边走边用对讲机与机械师和乘警对话，列车长打开厕所门，发现一名男旅客正站在厕所内吸烟，列车长和乘警立即制止，这名男旅客按下厕所洗手盆的感应器将烟头用水灭掉。之后列车长进入厕所查看，机械师也到达到场进行确认，司机用对讲机呼叫列车长："烟雾报警已解除。"列车恢复正常运行。乘警拿出本和笔，按规定对刚才在厕所内吸烟的旅客进行登记核实。这个事件是因旅客在动车组列车上吸烟造成列车降速，列车启动应急预案。

(2)主要措施和注意事项

①立即到场。当列车长接到司机车厢厕所烟感报警时，列车长要立即通知所在车厢列车员、乘警、随车机械师赶到现场，查看原因，并立即向段调度室、铁路局集团公司动调报告。

②及时处置。如发现因厕所内旅客吸烟导致烟感报警，由列车长、机械师、乘警共同确认后，在未发现火源和不危及列车防火安全的情况下，要立即将情况向司机报告。同时，要检查厕所内是否有烟头，垃圾箱、手纸盒内是否有火种、火星等。

③排查人员。如现场发现吸烟旅客，乘警要按规定进行登记、核实，并按有关规定进行处理。如现场未能发现吸烟旅客，列车长要组织乘警对旅客进行排查，并将排查情况和处理结果向铁路局集团公司动调、段调度室汇报。

④及时广播。通知列车降速原因，并做好禁烟宣传。

5. 动车组列车集便器故障案例

(1)事件概况

202×年×月×日，动一车队值乘 D×次列车，D×次列车 A 站开车后，6 号车厢厕所溢满 100%，由于车内客流较大，列车到达图定上水、吸污站 B 站时，2、3、4、7 号均厕所溢满 100%，因 B 站吸污主机断电，导致 D×次列车无法进行正常的吸污作业。后经与局集团公司客调联系，安排 G×次 C 站对 2、4、6 号车厢进行临时吸污。

(2)存在问题

列车长工作责任心不强，对列车水位、污物箱情况不掌握，在 A 站开车 6 车厕所溢满的情况下，没有检查其他车厢厕所的使用情况，导致到 B 站时还有四个车厕所溢满而没有重点通知车站吸污，也没有及时向车队、段乘务指挥中心、局集团公司客调汇报，仍然按部就班地认为到站了车站就会吸污，没有考虑其他客观因素，造成了信息的滞后，导致现场工作被动。

(3)处置关键项点

厕所污物箱溢满时，一是正常吸污站，要提前告知车站重点吸污车厢，防止因设备问题造成吸污不干净；二是临时申请吸污时，向段乘务指挥中心报告，同意后提前 1 h 向当地客调报告。

## 二、应急演练

1. 动车组运行中车门故障应急演练方案

(1)立即报告

列车运行中,1～4 车列车员发现 3 车 2 位车门关闭不严,立即对讲通知列车长:“报告列车长,3 车 2 位运行右侧车门未关严,敞口约 7 厘米。”

列车长:“我马上到场。你迅速关闭 3 车 2 位和 4 车 1 位门头防火隔断门,进行防护,禁止旅客通行,注意安全。”

列车长呼叫随车机械师:“G××次随车机械师,3 车 2 位运行右侧车门,敞口约 7 厘米,请到场处理。”

(2)现场处置

随车机械师到场后判断故障无法修复,随车机械师通知司机:“G××次司机,3 车 2 位运行右侧车门故障无法排除,请向调度请令限速运行至前方停车站处理。”

G××次司机:“G××次司机明白。”

司机请示调度后,回复:“经调度批准,同意前方××站停车处理。”

随车机械师:“收到。G××次列车长对讲。”

列车长:“收到。”

随车机械师:“接调度命令,G××次限速运行至前方停车站,站停时处置 3 车 2 位运行右侧车门故障。请组织乘务人员做好防护。”

列车长:“1～4 车列车员注意,请保持 3 车 2 位和 4 车 1 位门头防火隔断门关闭状态,封锁该门头,禁止旅客运行,列车将限速运行至前方××站,站停处理车门故障。”

1～4 车列车员:“收到。”

列车到达前方××站站停,随车机械师对故障车门进行了隔离。通知列车长:“3 车 2 位运行方向右侧车门已经隔离,经确认不影响运行安全,请与司机联控开车。”

列车长:“G××次司机,3 车 2 位运行方向右侧车门已经隔离完毕,请开车。”

司机:“G××次司机明白。”

(3)信息报告

列车长向运行所在局集团公司客调、本段生产指挥中心:“×局集团公司客调(本段生产指挥中心),我是 G××次列车长,列车运行至××站至××站间,3 车 2 位运行方向右侧车门故障,列车限速运行至××站,站停时随车机械师到场将故障车门进行手动关闭隔离处理,××站×时×分停,×时×分开。因限速运行造成列车晚点×分钟。”

2. 动车组站停车门故障应急演练方案

(1)立即报告

G××次在××站,列车长确认旅客乘降完毕后通知司机关门,车门关闭时,列车员发现 1 车车门故障,立即向列车长报告。

列车长确认旅客乘降完毕后通知司机关门:“G××次司机,旅客上下完毕,请关门。”(两遍)

司机:“G××次司机明白。”

车门关闭过程中,1～4 车列车员发现 1 车车门未自动关闭,立即向列车长报告:“报告车长,1 车车门未自动关闭。”

列车长接到通知后，立即通知随车机械师："G××次随车机械师，1车车门未自动关闭，立即到场处理。"

随车机械师："1车车门未自动关闭，G××次机械师收到。"

(2)应急处置

随车机械师对故障车门进行手动关闭隔离处理，列车长组织乘务人员配合清理门头，引导旅客进入车厢。

随车机械师："G××次列车长，1车车门已经隔离，可以正常运行。"

列车长："G××司机，随车机械师已将1车车门关闭隔离，可以开车。"

司机："G××次司机明白。"

列车长："1～4车列车员，将1车故障车门粘贴故障标识，并对故障车门进行重点监控，列车到站提前组织1车旅客到2车车门下车。"

列车员："1～4车列车员收到。"

(3)信息报告

列车长向运行所在局集团公司客调、本段生产指挥中心："×局集团公司客调(本段生产指挥中心)，我是G××次列车长，列车在××站开车时，1车车门未自动关闭，随车机械师到场将故障车门进行手动关闭隔离处理，列车已恢复正常运行。"

3. 动车组空调故障应急演练方案

(1)了解原因

×月×日，G××次列车上行运行在××站至××站间，×点×分列车长在巡视中，发现车厢内温度逐渐上升，已经达到30 ℃，列车长立即通知随车机械师："G××次随车机械师，全列空调故障，车内温度已达30 ℃，请立即处理。"

列车长："全体列车工作人员注意，现空调故障，机械师正在修复，列车员加强车内巡视，做好解释工作，安抚旅客情绪，进行全列拖地降温。"

列车员逐人回复："×车列车员收到。"

(2)及时致歉

掌握情况后，列车长通过广播向旅客致歉："各位旅客，现列车空调发生故障，工作人员正在组织抢修，给您带来的不便，向您表示诚挚的歉意，感谢您的理解和配合。"

(3)妥善处理

随车机械师："G××次列车长，空调故障无法排除。"

列车长："G××次车长明白。"

列车长："G××次司机，全列空调故障，机械师确认故障无法排除，车内温度已达30 ℃并逐渐上升，请求启动开门挂网限速运行应急预案，请报告列车调度员。"

司机："G××次司机明白。"

列车长向运行所在局集团公司客调、本段生产指挥中心："×局集团公司客调(本段生产指挥中心)，我是G××次列车长，×点×分列车运行在××站至××站间，全列空调故障，随车机械师确认故障无法修复，车内温度已达30 ℃，已经通知司机请求启动开车门挂网限速运行应急预案，列车员正在车内安抚旅客情绪，拖地降温，旅客情绪比较稳定。"

(4)多乘会议

列车长组织随车机械师、乘警(安全员)、餐车长开会，确定每位值乘人员负责车门的位置及安全注意事项。

(5)开门通风

司机:“G××次列车长,调度同意启动开门运行应急预案,请做好准备。”

列车长:“G××次列车长明白。”

列车长开始组织全体乘务人员按车门分工挂网:“列车员到车辆备品柜内将防护网取出并安装,防护网安装在非会车一侧。下面是具体车门看管分工:1～4 车列车员负责 2 车运行方向前部车门,1 号保洁员负责 4 车运行方向前部车门,2 号保洁员负责 6 车运行方向前部车门,5～8 车列车员负责 7 车运行方向后部车门。”

列车员逐人回复:“×车列车员收到。”

保洁员:“保洁员收到。”

列车长利用广播通知旅客:“各位旅客,因空调故障暂时无法修复,列车将采取临时停车安装防护网开门限速运行的措施,请您回到自己的座位,不要靠近车门,谢谢您的配合。”

列车长广播临时停车:“各位旅客,列车即将临时停车安装防护网,请各位旅客回到自己的座位,谢谢您的配合。”

列车停稳后,列车员:“报告车长,×车防护网已经发放完毕。”

列车长:“全体列车员安装防护网。”

防护网安装完毕后,全体列车员依次向列车长报告:“×号车厢防护网安装完毕。”

列车长:“×号车厢防护网安装完毕,收到。”

列车长:“G××次司机,是否可以手动打开车门。”

司机:“G××次列车长,可以打开车门。”

列车长:“可以打开车门,G××次列车长明白。”

列车长:“全体列车员注意,手动解锁打开车门。”

车门开启后,全体列车员依次向列车长汇报:“×车车门已开启。”

列车长:“全体列车员做好车门防护工作,劝阻旅客回到座位不要靠近,确保旅客人身安全。”

全体列车员依次回答:“×车列车员收到。”

列车长:“G××次随车机械师,全列车门已打开,请与我在 7 车运行方向后部车门会和,一同检查防护网加固情况并加固车门。”

随车机械师:“G××次机械师明白。”

防护网检查牢固后固定车门。

(6)限速运行

列车长、随车机械师由 7 车至 2 车依次检查并加固车门防护网后,通知司机开车。

列车长:“G××次司机,防护网安装完毕并加固,车门已经开启,防护人员已到位,可以开车限速运行。”

司机:“G××次司机明白。”

(7)安全宣传

等候开车时,列车长广播安全宣传:“各位旅客,本次列车因空调故障无法修复,列车即将打开车门限速运行,请您回到座位,远离车门,注意安全,谢谢配合。”

列车员严守车门,站在连接处内进行口头安全宣传:“各位旅客,车门现在是开启状态,请您回到座位,远离车门,注意安全,谢谢配合。”

(8)掌握情况

司机:“G××次列车长,调度通知,列车限速××公里速度运行,列车是否具备发车条件。”

列车长:“G××次具备发车条件。”

开车后,列车长要每小时向运行所在局集团公司客调、本段生产指挥中心报告车内情况,接受命令指令。

列车长:“×局集团公司客调(本段生产指挥中心),我是G××次列车长,列车空调故障,经调度同意开门限速运行,列车共打开×个车门,防护网安装完毕,并会同随车机械师检查加固,开启车门已全部指派专人防护,×点×分调度通知开车,限速××公里运行。”

报告完毕后,列车长利用列车广播反复进行安全宣传:“各位旅客,列车现在是打开车门限速运行,请您回到座位,远离车门,注意安全,谢谢配合。”

4. 动车组因故障停止运行应急演练方案

(1)立即广播

×月×日,G××次列车运行在××站至××站间,因列车设备故障,无法运行,×点×分临时停车。

列车长广播临时停车:“女士们、先生们,列车现在是临时停车,请列车员加强巡视,注意安全。”

列车长:“G××次司机,什么原因停车。”

司机:“列车因设备故障,临时停车。”

列车长:“G××次列车长明白。”

列车长通过广播告知旅客停车原因,并向旅客致歉:“女士们、先生们,因列车设备故障,列车需在此短暂停留,有关部门正在积极处置,我们将及时通告相关信息,请耐心等候,感谢您的理解与配合。”

(2)安抚旅客

列车长组织列车员加强巡视。

列车长:“G××次列车列车员注意,列车因设备故障临时停车,工作人员正在组织抢修,列车员按照分工,加强车内的巡视,维护车内秩序,确保旅客人身安全。”

列车员依次回到:“×车列车员明白。”

(3)启动程序

①停车超过(列车晚点)15 min时,立即启动《高速铁路动车组晚点应急预案》。

②列车得到司机或客服调度通知,需要换乘旅客,立即启动《高速铁路动车组旅客换乘应急预案》。

③列车得到司机或客服调度通知,需要旅客下车等待公路救援时,立即启动《高速铁路动车组疏散旅客应急预案》。

④停车期间温度过高,立即启动《高速铁路动车组空调故障应急处置预案》。

⑤停车期间产生断电或需要减载时,启动《高速铁路动车组运行中停电应急处置预案》。

⑥在低温严寒和暴风雪天气下临时停车时,启动《高速铁路动车组在低温严寒和暴风雪天气运行应急处置预案》。

⑦临时停车系司机突发疾病造成时,启动《高速铁路动车组司机突发急病无法乘务的应急处置预案》。

列车长向运行所在局集团公司客调、本段生产指挥中心报告:"×局集团公司客调(本段生产指挥中心),我是G××次列车长,×点×分列车运行在××站至××站间,因列车设备故障,无法运行,临时停车,工作人员正在组织抢修,列车现已停车×分,已经启动《高速铁路动车组晚点应急预案》,旅客情绪稳定,车内秩序良好。"

(4)原路返回

司机:"G××次车长,列车故障无法修复,调度通知内燃动车组救援,列车返回后方××站,请做好准备。"

列车长:"G××次车长,明白。"

列车长利用广播通知旅客故障处理情况:"女士们、先生们,列车因设备故障,无法运行,现需要返回后方××站,因此给您的旅途带来不便,向您表示歉意,感谢您的理解与配合。"

列车长对讲机通知列车员:"各车列车员,本次列车因设备故障无法运行,列车需要返回后方××站,现对分管车厢旅客进行登记,统计重点旅客,中转换乘和退票旅客人数,并对旅客进行安抚,稳定旅客情绪,维护车内秩序。"

列车员依次回答:"×车列车员,收到。"

列车员统计完毕向列车长汇报。

列车员:"报告车长,共有旅客××人,一名需中转××点××分××站至××站的××次列车,无重点旅客和退票旅客。"

列车长:"收到,加强车内巡视,安抚旅客情绪。"

列车长编制客运记录,将中转换乘旅客交后方车站处理。

列车长将车内统计情况向运行所在局集团公司客调、本段生产指挥中心报告:"×局集团公司客调(本段生产指挥中心),我是G××次列车长,列车现已停车×分,正在等待救援,车内现有旅客××人,1名旅客需要中转××点××分的××站至××站的××次列车,列车已经编制×号客运记录,列车到达××站后与车站办理交接,其他旅客无特殊需求,旅客情绪稳定,车内秩序良好。"

(5)协助救援

列车长组织列车员在随车机械师指定的下车作业车门架设应急梯。

随车机械师:"G××次车长,我需要在1号车厢车门下车作业,作业时请指派一名列车员协助我,安装过渡车钩。"

列车长:"G××次列车长明白。"

列车长布置救援具体分工:"1～4车列车员到车辆备品柜内取一组应急梯,运送至1车车门口组装,组装完毕后,1～4车列车员帮助随车机械师将过渡车钩搬到1车车门,手动解锁打开车门,并下车协助安装,随车机械师下车作业时,1～4车列车员在1车车门处立岗,严禁旅客靠近,确保旅客人身安全。"

列车员依次回答:"收到。"

司机通知车长采用无电救援,列车需要断电,列车长立即进行广播安全宣传:"女士们、先生们,本次列车采用无电救援,列车需要短暂停电,请您回到座位,不要在车内走动,不要使用明火照明,请帮忙照顾身边的老人和儿童,给您带来的不便,向您表示歉意,感谢您的理解与配合。"

列车长:"5～8车列车员取出应急手电,为有需要的旅客提供照明,其他工作人员加强车内巡视,并进行断电安全宣传。"

列车员依次回答："×车列车员收到。"

列车长："G××次司机，列车断电时请提前通知我。"

司机："G××次列车长，是否可以断电。"

列车长："G××次司机，列车可以断电。"

列车长对讲机通知列车员断电："全体列车员注意，列车即将断电，加强车内巡视，并口头进行断电安全宣传。"

列车员依次回到："×车列车员收到。"

列车长向运行所在局集团公司客调、本段生产指挥中心报告："×局集团公司客调（本段生产指挥中心），我是G××次列车长，因列车需要无电救援，××点××分列车断电，已利用列车应急手电为有需要的旅客提供照明，列车员口头进行断电安全宣传，列车正在等待救援，详情续报。"

救援列车实施连挂前，司机通知列车长："G××次车长，列车即将连挂。"

列车长："G××次车长收到。"

列车长立即对讲机通知列车员："全体列车员注意，列车即将连挂，加强车内巡视，口头进行安全宣传，防止连挂时产生撞击，造成旅客人身伤害。"

列车员依次："×车列车员收到。"

列车连挂完毕后，列车长确认随车机械师是否上车。

列车长："G××次随车机械师，是否作业完毕登车。"

随车机械师："G××次随车机械师作业完毕，已经登车，1车车门已关闭，可以开车。"

列车长："G××次司机，随车机械师已经作业完毕，全列车门已关闭，具备开车条件。"

司机："G××次司机明白。"

列车长向运行所在局集团公司客调、本段生产指挥中心报告："×局集团公司客调（本段生产指挥中心），我是G××次列车长，救援列车已开车，前方到达××站，车内无照明，列车全体工作人员加强巡视，进行断电安全宣传。"

列车到达后方××站，列车长将1名中转换乘旅客与车站办理交接。

## 复习思考题

1. 简述客运人员在电气化区段作业要求。
2. 简述车站客服系统故障处理实施细则。
3. 简述车站导向系统故障应急处理流程。
4. 简述车站广播系统故障应急处置流程。
5. 如何防止无票换乘旅客从候车室返回站台？
6. 如何防止电梯造成旅客伤害？
7. 简述动车组车门故障应急处理流程。
8. 如何进行边门故障防护？
9. 简述动车组途中车厢停电应急处理流程。
10. 简述动车组烟雾报警处理流程。

# 项目五　扰乱治安秩序事件应急处置

## 学习目标

1. 知识目标

• 掌握铁路安全管理方针

• 了解《关于在一定期限内适当限制特定严重失信人乘坐火车 推动社会信用体系建设的意见》

• 掌握站车发生扰乱治安秩序时各岗位职责分工

• 掌握车站和动车组发生扰乱治安秩序时应急处理流程

2. 能力目标

• 会站车发生扰乱治安秩序事件(旅客纠纷或斗殴事件)的应急处置

3. 素质目标

• 能遵章守纪,执行命令,听从指挥

• 具有良好的沟通能力和表达能力

• 具有自我管理能力,能履行道德准则、行为规范和行业规范

## 典型工作任务一　铁路安全管理条例认知

### 任务目标

1. 掌握铁路安全管理方针。

2. 了解《关于在一定期限内适当限制特定严重失信人乘坐火车 推动社会信用体系建设的意见》文件。

### 知识链接

#### 一、铁路安全管理方针

为了加强铁路安全管理,保障铁路运输安全和畅通,保护人身安全和财产安全,制定《铁路安全管理条例》(中华人民共和国国务院令第 639 号),2013 年 7 月 24 日由国务院第 18 次常务会议通过,自 2014 年 1 月 1 日起施行。铁路安全管理坚持"安全第一、预防为主、综合治理"的方针。

## 二、铁路运营安全

1. 在法定假日和传统节日等铁路运输高峰期或者恶劣气象条件下，铁路运输企业应当采取必要的安全应急管理措施，加强铁路运输安全检查，确保运输安全。

2. 铁路运输企业应当在列车、车站等场所公告旅客、列车工作人员以及其他进站人员遵守的安全管理规定。

3. 公安机关应当按照职责分工，维护车站、列车等铁路场所和铁路沿线的治安秩序。

4. 铁路运输企业应当按照国务院铁路行业监督管理部门的规定实施火车票实名购买、查验制度。实施火车票实名购买、查验制度的，旅客应当凭有效身份证件购票乘车；对车票所记载身份信息与所持身份证件或者真实身份不符的持票人，铁路运输企业有权拒绝其进站乘车。铁路运输企业应当采取有效措施为旅客实名购票、乘车提供便利，并加强对旅客身份信息的保护。铁路运输企业工作人员不得窃取、泄露旅客身份信息。

5. 禁止实施下列危害铁路安全的行为：

(1)非法拦截列车、阻断铁路运输。

(2)扰乱铁路运输指挥调度机构以及车站、列车的正常秩序。

(3)在铁路线路上放置、遗弃障碍物。

(4)击打列车。

(5)擅自移动铁路线路上的机车车辆，或者擅自开启列车车门、违规操纵列车紧急制动设备。

(6)拆盗、损毁或者擅自移动铁路设施设备、机车车辆配件、标桩、防护设施和安全标志。

(7)在铁路线路上行走、坐卧或者在未设道口、人行过道的铁路线路上通过。

(8)擅自进入铁路线路封闭区域或者在未设置行人通道的铁路桥梁、隧道通行。

(9)擅自开启、关闭列车的货车阀、盖或者破坏施封状态。

(10)擅自开启列车中的集装箱箱门，破坏箱体、阀、盖或者施封状态。

(11)擅自松动、拆解、移动列车中的货物装载加固材料、装置和设备。

(12)钻车、扒车、跳车。

(13)从列车上抛扔杂物。

(14)在动车组列车上吸烟或者在其他列车的禁烟区域吸烟。

(15)强行登乘或者以拒绝下车等方式强占列车。

(16)冲击、堵塞、占用进出站通道或者候车区、站台。

## 三、在一定期限内适当限制特定严重失信人乘坐火车

为深入学习贯彻习近平新时代中国特色社会主义思想和党的十九大精神，落实习近平总书记关于构建“一处失信、处处受限”信用惩戒大格局的重要指示，按照《国务院关于建立完善守信联合激励和失信联合惩戒制度加快推进社会诚信建设的指导意见》(国发〔2016〕33 号)要求，防范部分旅客违法失信行为对铁路运行安全的不利影响，进一步加大对其他领域严重违法失信行为的惩戒力度，现就限制特定严重失信人乘坐火车提出以下意见。

1. 限制范围

(1)严重影响铁路运行安全和生产安全有关的行为责任人被公安机关处罚或铁路站车单位认定的

①扰乱铁路站车运输秩序且危及铁路安全、造成严重社会不良影响的。

②在动车组列车上吸烟或者在其他列车的禁烟区域吸烟的。

③查处的倒卖车票、制贩假票的。

④冒用优惠(待)身份证件、使用伪造或无效优惠(待)身份证件购票乘车的。

⑤持伪造、过期等无效车票或冒用挂失补车票乘车的。

⑥无票乘车、越站(席)乘车且拒不补票的。

⑦依据相关法律法规应予以行政处罚的。

对上述行为责任人限制乘坐火车。

(2)其他领域的严重违法失信行为有关责任人

①有履行能力但拒不履行的重大税收违法案件当事人。

②在财政性资金管理使用领域中存在弄虚作假、虚报冒领、骗取套取、截留挪用、拖欠国际金融组织和外国政府到期债务的严重失信行为责任人。

③在社会保险领域中存在以下情形的严重失信行为责任人:用人单位未按相关规定参加社会保险且拒不整改的;用人单位未如实申报社会保险缴费基数且拒不整改的;应缴纳社会保险费且具备缴纳能力但拒不缴纳的;隐匿、转移、侵占、挪用社会保险基金或者违规投资运营的;以欺诈、伪造证明材料或者其他手段骗取社会保险待遇的;社会保险服务机构违反服务协议或相关规定的;拒绝协助社会保险行政部门对事故和问题进行调查核实的。

④证券、期货违法被处以罚没款,逾期未缴纳的;上市公司相关责任主体逾期不履行公开承诺的。

⑤被人民法院按照有关规定依法采取限制消费措施,或依法纳入失信被执行名单的。

⑥相关部门认定的其他限制乘坐火车高级别席位的严重失信行为责任人,相关部门加入本文件的,应当通过修改本文件的方式予以明确。

对上述行为责任人限制乘坐火车高级别席位,包括列车软卧、G 字头动车组列车全部座位、其他动车组列车一等座以上座位。

2. 信息采集

(1)铁路旅客相关失信信息采集

在铁路站车发生上述行为,被公安机关予以行政处罚或立为刑事案件的,由相关铁路公安局通报相关铁路局集团公司,并纳入惩戒名单。未被公安机关处理的上述行为,由铁路站车工作人员收集有关音视频证据或 2 名旅客以上的证人证言或行为责任人本人书面证明,报铁路运输企业审核、认定后,纳入惩戒名单。

(2)其他领域相关失信信息采集

国家发展改革委、最高人民法院、财政部、人力资源社会保障部、税务总局、证监会将本部门确定的因发生严重失信行为需要纳入限制乘火车高级别席位的名单归集至全国信用信息共享平台,由平台推送给国铁集团,由其按国家规定程序纳入限制乘火车高级别席位名单。如果之前已和国铁集团建立数据传输通道、实现名单信息共享的,可以保持原数据传统通道和信息共享方式,全国信用信息共享平台不再重复推送名单信息。

向国铁集团提供的名单信息应当包括:被列入限制乘火车高级别席位名单人员的姓名、旅行证件号码、列入原因,有作为依据的法律文书的,还应当提供该法律文书的名称与编号。有关部门应当确定名单异议处理人,并通报国铁集团。

3. 发布执行和权利救济

各铁路运输企业每月第一个工作日在中国铁路客户服务中心(12306)网站、"信用中国"网站发布限制购买车票人员名单的完整信息,有关部门的异议处理人联系方式应当同时公布。名单自发布之日起 7 个工作日为公示期,公示期内,被公示人可通过铁路"12306"客服电话或向有关部门提出异议,公示期满,被公示人未提出异议或者提出异议经审查未予支持的,各铁路运输企业开始按照公示名单执行惩戒措施。被纳入限制购买车票名单的人员认为纳入错误的,可以向有关机关、单位提起复核。

4. 移除机制

对特定严重失信人在一定期限内适当限制乘坐火车。相关主体从限制乘火车人员名单中移除后,不再对其采取限制乘火车措施,具体移除办法如下:

(1)行为责任人发生严重影响铁路运行安全和生产安全有关行为第 1~3、7 条的,各铁路运输企业限制其购买车票,有效期为 180 d,自公布期满无有效异议之日起计算,180 d 期满自动移除,铁路运输企业对其恢复发售车票。

(2)行为责任人发生严重影响铁路运行安全和生产安全有关的行为第 4~6 条的,各铁路运输企业限制其购买车票。行为责任人补齐所欠票款后(自补票次日算起),铁路运输企业恢复发售车票;行为责任人补齐第一次所欠票款一年内,三次发生上述 4~6 条行为的,行为责任人补齐所欠票款 90 d 后(含 90 d),铁路运输企业恢复发售车票,不补齐所欠票款,铁路运输企业不对其恢复发售车票。

(3)其他领域产生的限制乘坐火车高级别席位的相关人员名单,有效期为一年,自公示期满之日起计算,一年期满自动移除;在有效期内,其法定义务履行完毕的,有关部门应当在 7 个工作日内通知国铁集团移除名单。

## 四、扰乱铁路秩序的治安管理处罚条例

《中华人民共和国治安管理处罚法》经 2005 年 8 月 28 日十届全国人大常委会第 17 次会议通过,2005 年 8 月 28 日中华人民共和国主席令第 38 号公布,自 2006 年 3 月 1 日起施行。2012 年 10 月 26 日十一届全国人大常委会第 29 次会议通过、2012 年 10 月 26 日中华人民共和国主席令第 67 号——《全国人民代表大会常务委员会关于修改〈中华人民共和国治安管理处罚法〉的决定》,新法案于 2013 年 1 月 1 日起施行。其中包含扰乱铁路秩序和毁坏铁路设施的相关治安管理处罚条例。

1. 第二条:扰乱公共秩序,妨害公共安全,侵犯人身权利、财产权利,妨害社会管理,具有社会危害性,依照《中华人民共和国刑法》的规定构成犯罪的,依法追究刑事责任;尚不够刑事处罚的,由公安机关依照本法给予治安管理处罚。

2. 第二十三条:有下列行为之一的,处警告或者二百元以下罚款;情节较重的,处五日以上十日以下拘留,可以并处五百元以下罚款:

(1)扰乱机关、团体、企业、事业单位秩序,致使工作、生产、营业、医疗、教学、科研不能正常进行,尚未造成严重损失的。

(2)扰乱车站、港口、码头、机场、商场、公园、展览馆或者其他公共场所秩序的。

(3)扰乱公共汽车、电车、火车、船舶、航空器或者其他公共交通工具上的秩序的。

(4)非法拦截或者强登、扒乘机动车、船舶、航空器以及其他交通工具,影响交通工具正常行驶的;聚众实施前款行为的,对首要分子处十日以上十五日以下拘留,可以并处一千元以下罚款。

3. 第三十五条:有下列行为之一的,处五日以上十日以下拘留,可以并处五百元以下罚款;情节较轻的,处五日以下拘留或者五百元以下罚款:

(1)盗窃、损毁或者擅自移动铁路设施、设备、机车车辆配件或者安全标志的。

(2)在铁路线路上放置障碍物,或者故意向列车投掷物品的。

(3)在铁路线路、桥梁、涵洞处挖掘坑穴、采石取沙的。

(4)在铁路线路上私设道口或者平交过道的。

4. 第三十六条:擅自进入铁路防护网或者火车来临时在铁路线路上行走坐卧、抢越铁路,影响行车安全的,处警告或者二百元以下罚款。

5. 第六十五条:有下列行为之一的,处五日以上十日以下拘留;情节严重的,处十日以上十五日以下拘留,可以并处一千元以下罚款:

(1)故意破坏、污损他人坟墓或者毁坏、丢弃他人尸骨、骨灰的。

(2)在公共场所停放尸体或者因停放尸体影响他人正常生活、工作秩序,不听劝阻的。

**五、《中华人民共和国铁路法》中治安事件有关的法律法规**

《中华人民共和国铁路法》自1991年5月1日起施行;根据2015年4月24日第十二届全国人民代表大会常务委员会第十四次会议全国人民代表大会常务委员会《关于修改〈中华人民共和国义务教育法〉等五部法律的决定》修正。

(1)第六条:公民有爱护铁路设施的义务。禁止任何人破坏铁路设施,扰乱铁路运输的正常秩序。

(2)第七条:铁路沿线各级地方人民政府应当协助铁路运输企业保证铁路运输安全畅通,车站、列车秩序良好,铁路设施完好和铁路建设顺利进行。

(3)第十四条:旅客乘车应当持有效车票。对无票乘车或者持失效车票乘车的,应当补收票款,并按照规定加收票款;拒不交付的,铁路运输企业可以责令下车。

(4)第二十三条:因旅客、托运人或者收货人的责任给铁路运输企业造成财产损失的,由旅客、托运人或者收货人承担赔偿责任。

(5)第二十七条:国家铁路、地方铁路和专用铁路印制使用的旅客、货物运输票证,禁止伪造和变造。禁止倒卖旅客车票和其他铁路运输票证。

(6)第三十二条:发生铁路运输合同争议的,铁路运输企业和托运人、收货人或者旅客可以通过调解解决;不愿意调解解决或者调解不成的,可以依据合同中的仲裁条款或者事后达成的书面仲裁协议,向国家规定的仲裁机构申请仲裁。当事人一方在规定的期限内不履行仲裁机构的仲裁决定的,另一方可以申请人民法院强制执行。当事人没有在合同中订立仲裁条款,事后又没有达成书面仲裁协议的,可以向人民法院起诉。

(7)第四十三条:铁路公安机关和地方公安机关分工负责共同维护铁路治安秩序。车站和列车内的治安秩序，由铁路公安机关负责维护；铁路沿线的治安秩序，由地方公安机关和铁路公安机关共同负责维护，以地方公安机关为主。行人和车辆通过铁路平交道口和人行过道时，必须遵守有关通行的规定。

(8)第四十七条：禁止擅自在铁路线路上铺设平交道口和人行过道。行人和车辆通过铁路平交道口和人行过道时，必须遵守有关通行的规定。

(9)第四十八条：运输危险品必须按照国务院铁路主管部门的规定办理，禁止以非危险品品名托运危险品。禁止旅客携带危险品进站上车。铁路公安人员和国务院铁路主管部门规定的铁路职工，有权对旅客携带的物品进行运输安全检查。实施运输安全检查的铁路职工应当佩戴执勤标志。危险品的品名由国务院铁路主管部门规定并公布。

(10)第四十九条：对损毁、移动铁路信号装置及其他行车设施或者在铁路线路上放置障碍物的，铁路职工有权制止，可以扭送公安机关处理。

(11)第五十条：禁止偷乘货车、攀附行进中的列车或者击打列车。对偷乘货车、攀附行进中的列车或者击打列车的，铁路职工有权制止。

(12)第五十一条：禁止在铁路线路上行走、坐卧。对在铁路线路上行走、坐卧的，铁路职工有权制止。

(13)第五十三条：对聚众拦截列车或者聚众冲击铁路行车调度机构的，铁路职工有权制止；不听制止的，公安人员现场负责人有权命令解散；拒不解散的，公安人员现场负责人有权依照国家有关规定决定采取必要手段强行驱散，并对拒不服从的人员强行带离现场或者予以拘留。

(14)第五十五条：在列车内，寻衅滋事，扰乱公共秩序，危害旅客人身、财产安全的，铁路职工有权制止，铁路公安人员可以予以拘留。

(15)第五十七条 ：发生铁路交通事故，铁路运输企业应当依照国务院和国务院有关主管部门关于事故调查处理的规定办理，并及时恢复正常行车，任何单位和个人不得阻碍铁路线路开通和列车运行。

(16)第五十八条：因铁路行车事故及其他铁路运营事故造成人身伤亡的，铁路运输企业应当承担赔偿责任；如果人身伤亡是因不可抗力或者由于受害人自身的原因造成的，铁路运输企业不承担赔偿责任。违章通过平交道口或者人行过道，或者在铁路线路上行走、坐卧造成的人身伤亡，属于受害人自身的原因造成的人身伤亡。

(17)第六十条：违反本法规定，携带危险品进站上车或者以非危险品品名托运危险品，导致发生重大事故的，依照刑法有关规定追究刑事责任。企业事业单位、国家机关、社会团体犯本款罪的，处以罚金，对其主管人员和直接责任人员依法追究刑事责任。携带炸药、雷管或者非法携带枪支子弹、管制刀具进站上车的，比照刑法有关规定追究刑事责任。

(18)第六十三条：聚众拦截列车、冲击铁路行车调度机构不听制止的，对首要分子和骨干分子依照刑法有关规定追究刑事责任。

(19)第六十五条在列车内，抢劫旅客财物，伤害旅客的，依照刑法有关规定从重处罚。在列车内，寻衅滋事，侮辱妇女，情节恶劣的，依照刑法有关规定追究刑事责任；敲诈勒索旅客财物的，依照刑法有关规定追究刑事责任。

## 知识运用

### 一、案例分析:高铁霸座女

1. 事件概况

2018 年 9 月 19 日上午的 G6078 次列车,一名坐在靠窗座位的女子,和穿着列车员制服的男子在交涉。过程中,男子拿着车票告知女子,她的座位应该是靠过道,而非靠窗。女子则表示,“车票上写我名字啦,没写应该坐在过道呀。”此后,男子一再让女子根据车窗上贴出的标示让出座位,她坚称自己买了车票,有权坐在座位上。当列车工作人员协调座位时,却遭到了女子的“强词夺理”,霸占座位不肯让座,与工作人员沟通态度比较恶劣。

2. 事件处理

事件发生后,铁路公安部门随即介入调查,对事件进行调查、取证。

(1)衡阳铁路公安处通报称:2018 年 9 月 19 日,周某某(女,32 岁)乘坐 G6078 次列车强占他人座位且不听列车工作人员劝阻。经依法调查取证,认定其行为构成“扰乱公共交通工具上的秩序”的违反治安管理行为,根据《治安管理处罚法》第二十三条第一款第三项之规定,对周某某处以罚款 200 元的行政处罚。

(2)2018 年 9 月 20 日,铁路客运部门根据国家发改委等八部门下发《关于在一定期限内适当限制特定严重失信人乘坐火车推动社会信用体系建设的意见》的规定,在铁路征信体系中记录 9 月 19 日 G6078 次列车旅客周某某信息,并在一定期限内限制其购票乘坐火车。该旅客将自公示期满无有效异议之日起,180 d 内无法购买火车票。

(3)2018 年 11 月 1 日,国家公共信用信息中心发布 10 月份新增失信联合惩戒对象公示,“霸座姐”周某某被列入黑名单,将限制乘坐所有火车席别。

### 二、案例分析:失信异议处理(铁路)

1. 事件概况

旅客王某于 20××年×月×日持当日 G×(广州南—上海虹桥)长沙南—上海虹桥 8 车 11B 二等座票乘车,其间由于在列车上吸烟被工作人员发现并纳入信用记录,王某不认同该认定,并通过 12306 客服电话向实施信息采集的铁路单位书面提出异议申请。

2. 铁路处理措施

(1)信息采集的铁路单位自收到申请之日起 20 个工作日内向申请人作出书面答复。

(2)经审查确认旅客信用信息错误、遗漏,将予以纠正。

(3)铁路旅客信用信息记录保存期限为 5 年,铁路部门将严格按规定向国家、地方相关部门和有关征信机构提供。

### 三、案例分析:失信异议处理(旅客)

1. 事件概况

旅客王某于 20××年×月×日持当日 G×(广州南—上海虹桥)长沙南—上海虹桥 8 车

11B二等座票乘车，其间由于在列车上吸烟被工作人员发现并纳入信用记录，王某不认同该认定。

2. 旅客处理措施

(1)王某如有异议，可通过12306客服电话或由所在地车站通过12306客服电话向实施信息采集的铁路单位书面提出异议申请。

(2)信息采集的铁路单位自收到申请之日起20个工作日内向申请人作出书面答复。

## 四、案例分析:失信行为判断

1. 事件概况

旅客王某20××年×月×日，D×次列车(广州南—长沙南)从广州南发车后，列车工作人员开始验票。发现旅客王某持6车11A二等座车票坐6车2A二等座，且王某所持车票为旅客陈某丢失车票，且已经进行了挂失补处理。请问，王某这种行为是否为失信行为？失信行为都包括哪些行为?

2. 处置措施

(1)王某的行为是失信行为。

(2)失信行为主要包括:扰乱铁路站车运输秩序且危及铁路安全、造成严重社会不良影响;在动车组列车上吸烟或者在其他列车的禁烟区域吸烟;倒卖车票、制贩假票;冒用优惠(待)身份证件、使用伪造和无效优惠(待)身份证件购票乘车;持伪造、过期等无效车票或冒用挂失补车票乘车;无票乘车、越站(席)乘车且拒不补票;依据相关法律、法规应予以行政处罚的行为。

## 五、案例分析:使用伪造车票乘车(故意)

1. 事件概况

旅客王某20××年×月×日于广州南持伪造D×(广州南—长沙南)广州南到长沙南6车10A二等座车票乘车，上车后声称车票丢失并进行挂失补被发现。

2. 事件处置

(1)按无票处理需补票除手续费外，还需要加收已乘区间应补票价50%的票款，另收手续费2.00元。

(2)送交公安部门处理。伪造或者倒卖伪造的车票、船票、邮票或者其他有价票证数额较大，处二年以下有期徒刑、拘役或者管制，并处或者单处票证价额一倍以上五倍以下罚金;数额巨大的，处二年以上七年以下有期徒刑，并处票证价额一倍以上五倍以下罚金。倒卖车票、船票，情节严重的，处三年以下有期徒刑、拘役或者管制，并处或者单处票证份额一倍以上五倍以下罚金。一般来讲车票票面数额累计2 000以上，或数量累计50张以上，便涉嫌上述犯罪。

(3)对于持伪造、过期等无效车票或冒用挂失补车票乘车等违反铁路规章的失信行为进行记录。

### 六、案例分析:使用伪造车票乘车(不知情)

1. 事件概况

旅客王某20××年×月×日,16:00持D×次列车(南宁—桂林)从南宁站检票进站,被检票人员发现并确认其所持车票为假票,但王某本人之前并不知情。

2. 事件处置

(1)在被告知是假票后,王某应立即向当地铁路公安报警,并协助调查。

(2)王某需将假火车票上交给铁路警方。

(3)王某应立即通过正规渠道重新购买火车票,然后在停止检票前进站上车。

## 典型工作任务二　车站发生扰乱治安秩序事件应急处置

### 任务目标

1. 明确车站发生扰乱治安秩序事件的岗位职责分工。
2. 能够正确处理扰乱治安秩序事件突发情况。
3. 会使用应急物品。

### 知识链接

### 一、岗位职责

为了加强铁路安全管理,保障铁路运输安全和畅通,保护人身安全和财产安全,当车站发生扰乱治安秩序事件时,车站工作人员应明确岗位职责分工(表5-1)。

**表5-1　车站发生扰乱治安秩序岗位职责**

| | | |
|---|---|---|
| 岗位职责 | 综合指挥中心 | 1. 及时将情况通报车站领导并向集团值班室报告<br>2. 立即通知车站公安人员到场<br>3. 综控室及时保存现场录像资料 |
| | 客运值班员 | 1. 立即赶赴现场,及时将现场处置情况向综合指挥中心汇报<br>2. 协助公安做好旁证材料收集<br>3. 如有人员伤亡,拨打120急救<br>4. 如发现上访人员,应安排适当地点与旅客隔离,避免扩大事态影响 |
| | 客运员 | 1. 经红十字救护员培训合格的客运员在"120"专业救治到来之前,对伤员进行初步救治<br>2. 维护现场秩序,及时疏导旅客 |
| | 车站公安 | 1. 第一时间赶赴现场,做好调解工作,制止斗殴<br>2. 如发现上访人员,应向其宣讲法律知识,告知可以通过合法渠道和方式维护合法权益 |

### 二、应急物品

在保障自身安全前提下,车站工作人员应使用应急设备设施(表5-2),并采取相应措施维护好车站秩序,保障旅客人身安全。

表 5-2　车站发生扰乱治安秩序应急物品

| | 图片(名称) | 使用方法及用途 |
|---|---|---|
| 应急物品 | (记录仪) | 用途:用于现场发生非正常情况下的取证工作,开启记录仪进行录音录像,并及时保存备份<br>保管及使用:由客运值班员保管使用;夜间间休前,由当班客运值班员将记录仪放置客运值班室充电,次日继续使用 |
| | (对讲机) | 用途:工作人员之间需通话时,主叫方应转换对讲机通信频道至被叫方守候频率建立通信。通话结束后,主叫方应及时调回原频率守候<br>车站客运班组使用 3 频(457.725 MHz);乘务班组使用频率为 2 频(457.950 MHz);动车组司机、随车机械师使用频率为 1 频(467.200 MHz);普速铁路列车司机、车辆乘务员使用频率为 4 频(457.700 MHz)(以中国铁路广州局集团有限公司对讲机日常管理与使用为例) |
| | (防恐防暴用品) | 用途:用于发生暴乱时应急处置 |

## 三、车站发生扰乱治安秩序事件应急处置流程

(1)车站发现有扰乱车站公共秩序事件时,要立即通知公安部门到场处置,必要时做好旅客疏散工作。遇暴力事件时,要立即通知公安部门,在保障自身安全的前提下使用反恐防暴用具进行防御,防止事态扩大。

(2)车站要认真落实信息报告制度。遇严重暴力事件一般汇报流程:现场工作人员及时上报给值班员,由值班员按照逐级汇报流程上报本车间(中间站)值班干部,值班干部汇报联合值班室,联合值班室向站长值班室、客运科和安全技术科等相关科室汇报,站长值班室向站领导汇报。必要时经站领导批准向铁路局集团公司客服调度汇报,其他车站根据自身结构情况制定本站的汇报流程。必要时与属地政府相关部门加强沟通联系,互通情报,做好信息共享。

(3)客运车间主任(中间站站长)应立即赶赴现场,迅速组织开展抢险救援和现场指挥工作,值班员(值班站长)立即组织现场客运人员清理无关人员,维护现场秩序保护现场,配合公安部门调查处理。如需要救护车或消防车时,值班员(值班站长)派专人进行联络,并引导救护和消防人员进站,协助做好相关救援工作。安排副主任(副站长)指挥旅客按照应急疏散预案将旅客疏散至安全区域,结合广播宣传,稳定旅客情绪,消除旅客恐慌心理,必要时根据情况迅速派员封锁列车、站台、地道,防止无关人员进入。

车站发现旅客打架或斗殴事件的应急处理流程如图 5-1 所示。

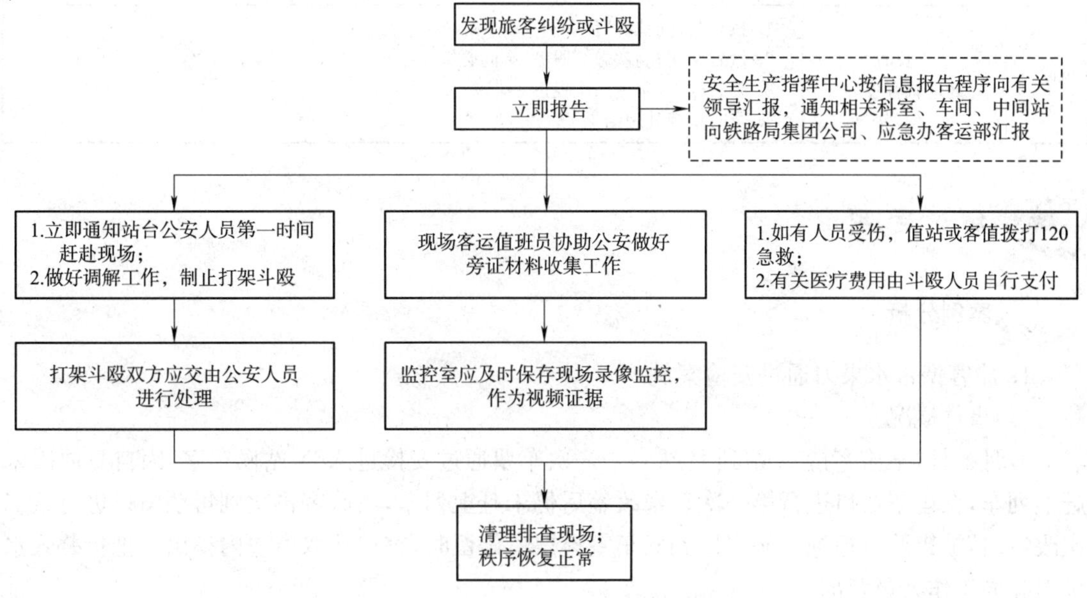


图 5-1 车站旅客打架斗殴应急流程图

## 四、安全风险卡控点

车站工作人员应自觉遵守劳动作业纪律，实行标准化作业，为旅客提供高满意度服务，维持好车站秩序，保障旅客出行安全。车站发生扰乱治安秩序安全风险卡控点及控制措施见表 5-3。

**表 5-3 车站发生扰乱治安秩序安全风险卡控点及控制措施**

| 序号 | 安全风险卡控点 | 控制措施 |
| --- | --- | --- |
| 风险一 | 旅客或无票人员冲卡 | 1. 立即通过对讲机报告客运值班员，主动安抚冲卡人员，化解矛盾<br>2. 如无票人员强行冲卡进入闸机以内范围，检票口客运员通过对讲机客运频道通知站台客运员冲卡人员人数和特征（体貌特征、衣着和旅行目的地） |
| 风险二 | 列车长时间晚点未定，旅客群情激奋 | 1. 加强信息沟通联系，及时掌握准确信息，告知旅客并做好乘降组织<br>2. 坚守岗位，做好宣传解释，稳定旅客情绪，争取理解和支持<br>3. 严格执行晚点通报制度，及时致歉 |
| 风险三 | 错误引导旅客 | 1. 熟悉站场设计，熟悉各个区域的功能与位置<br>2. 抓好业务知识培训，提高业务素质，熟练掌握相关的业务知识 |
| 风险四 | 遗失物品丢失 | 1. 及时将遗失物品的时间、来源、品名、件数、特征编号登入《遗失物品登记簿》，鲜活、易腐物品及时处理<br>2. 贵重物品、现金清点清楚后放入保险柜<br>3. 逾期无人认领的遗失物品按规定及时处理<br>4. 遗失物品交付时，核对身份、时间、地点、车次、品名、件数无误后再办理交付。登记领取人的身份证、电话号码等信息，防止错交付<br>5. 遗失物品登记簿妥善保管，防止信息外泄 |

续上表

| 序号 | 安全风险卡控点 | 控制措施 |
|---|---|---|
| 风险五 | 不及时处理旅客投诉 | 1. 执行“首问首诉”负责制<br>2. 做到文明礼貌、微笑服务、有问必答<br>3. 妥善处理，避免二次投诉<br>4. 及时反馈处理结果 |

## 知识运用

### 一、案例分析

1. 旅客携带水果刀通过安检案例

(1)事件概况

×月×日，某旅客持A站到B站G××次车票通过安检进入A站候车室，因自身原因未赶上列车，在售票窗口进行第一次车票改签后仍未赶上列车，当旅客再次到售票窗口进行第二次改签时，被售票员拒绝。旅客回到候车室检票口停留时，突然从双肩包内掏出一把折叠式水果刀扎向工作人员背部。

(2)事件分析

一是安检人员在作业中存在麻痹和侥幸心理，对行李中的小物件查验没有严格执行“逢疑必查”的作业标准。二是车站对日常安检作业的监督管理不到位。

(3)事件教训

针对此事件，一是安检口应加强作业标准的落实，提高值机水平，准确快速辨别危险物品，防止漏检。《铁路安全管理条例》第七十七条规定，禁止扰乱铁路运输指挥调度机构以及车站、列车的正常秩序。安检员作业标准规定对旅客携带品应做到100%过机，无漏检；值机员密切注视显示器屏幕，及时发现可疑物品，指导处置员开包检查。二是车站应加强对安检作业的日常监督检查力度，杜绝安检作业流于形式。三是旅客不能按票面指定的日期、车次乘车时，在铁路有运输能力的情况下可以办理一次提前或推迟乘车签证手续。售票员应做好旅客车票改签相关规定的解释工作和情绪安抚。四是工作人员发现情绪激动或行为异常旅客应及时上前询问，尽可能帮助旅客解决困难。

(4)事件后果

事情发生后，铁路公安部门已对伤人的肇事旅客刑事拘留，并将追究其伤人的刑事责任。

2. ××站旅客闯闸阻拦G××次开车案例

(1)事件概况

×月×日G××次停检后，三名旅客不顾检票口客运员阻拦，强行翻越检票口护栏，检票口客运员一边阻拦一边通知站台客运员有人闯闸。三人到达站台时列车已关门，其中一名旅客情绪激动，不顾站台客运员阻止，用力拍打车门并用身体紧贴车厢，客运员立即通知司机不要动车，并试图将该旅客拉回安全线以内，该旅客甚至将左腿伸入列车与站台间隙，坐地撒泼，后来经赶来支援的客运员和另一车次退乘列车员的共同努力，才将该旅客控制，拉回安全线内。

(2)事件分析

旅客自身原因未按时到达车站。

(3)事件教训

一是工作人员应加强站台巡视检查和宣传引导，防止旅客进入区间和阻拦列车开车，遇危及行车安全的情况时，应第一时间喊停列车，并按规定采取应急处置措施；二是对于扰乱站车秩序的旅客，应及时通知铁路警察到场，交公安部门处理，并按规定纳入失信人员名单；三是应定期检查视频监控设备的使用状态，确保设备设施状态良好，特别是旅客聚集场所和安全重点区域的视频监控设备，如遇旅客扰乱站车秩序，工作人员处置时应打开随身记录仪或使用手机记录现场情况。

(4)事件后果

导致G××次晚开约 7 min。随后三名旅客被公安部门带走，其中阻拦开车的旅客被公安部门处以拘留 9 d 处罚，其余二人进行警告教育，车站按规定将闯闸的三名旅客列入失信人员名单。

3. 站台旅客越过安全线案例

(1)事件概况

×月×日，G××次(图定 12:25 到/12:28 开，CRH380BL，D—A，停靠 9 站台)进入 9 站台时，车头快到橙色地标 5 号车厢处时，一旅客在 5 号车厢处忽然从排队等候的旅客身后越过安全线，导致 G××次列车 12:17 紧急停车。

(2)事件分析

站台客运员立即使用电台通知综控室：G××次未对标停车。12:21，G××次二次动车，12:22停稳，12:22 列车开门，站台客运员组织旅客乘降，12:27 北头客运员与列车长办理交接，12:28 客运员向综控室汇报：G××次已正常办理交接但未关门，综控室随即向行车室汇报。

(3)事件后果

12:29，G××列车关门，12:31，G××次开出，列车晚开 3 min。

4. 退休职工阻拦列车关门案例

(1)事件概况

×月×日 13:48，G××次 A 站 6 站台 3 道停妥，13:49 客运员在 8 号车厢位置与 G××次列车长进行交接一名拒补车票的退休职工，交接完毕后与车长联控关门，拒补车票职工突然阻拦列车关门。这时，又从站台南头赶过来 5 名退休职工，与工作人员纠缠。客运员立即用电台通知值班站长及客运值班员，值班站长、客运值班员立即赶往站台，并要求综控室拨打公安所电话。13:51 客运值班员到达站台与客运员对退休职工进行劝阻，13:53 车站公安赶到站台进行处理。

(2)事件后果

13:53 列车关闭车门，13:55 开车，延点 5 min(G××次图定：13:48 到、13:50 开)。

5. 移交暴力倾向旅客案例

(1)事件概况

×月×日 11:07，G××次(图定：11:07 到、11:18 开)正点到达 A 站 6 道 2 站台，11:16 车长电台呼叫车站因 1 车有一旅客突然出现暴力倾向，要求车站配合交站处理。车站立即通知公安，同时客运值班员、值班管理人员相继赶赴现场处置。据车长介绍：该旅客自述曾吃过药物(药品不详),突发身体不适,肢体不受控制,口吐泡沫,意识不清,冲出车厢,要求下车。根据旅客症状,车站于 11:24 通知 120。

(2)事件后果

列车于 11:27 开出,晚点 9 min。11:34,120 赶到,11:50 疾病旅客随 120 离开车站前往医院救治。

6. 移交列车纠纷旅客案例

(1)事件概况

×月×日 G××次 21:48(图定 21:47 到,21:49 开)到达 A 站 2 站台 4 道,列车停稳开门后,站台客运员发现 1 号车厢处有旅客发生纠纷,几位旅客大吵大闹,阻拦列车关门,当即用电台呼叫客运值班员和值班干部并迅速赶到 1 号车厢门口了解情况。车站站长听见呼叫后立即赶赴现场,并立即通知派出所到场。21:49 站长、客运值班员和派出所副所长(共三位民警)赶到现场,见几名下车旅客拦在 1 号车厢门口,不让列车开车,立即进行劝阻,要求旅客不要影响列车开车,避免造成列车晚点。几名旅客情绪激动,声称在列车上遭受到其他到武汉的旅客的殴打,其中一名还受了伤,强烈要求对方下车进行处理。车站和派出所在列车长的配合下找到另一方武汉的旅客要求其下车进行处理,但对方不肯下车,后经过严厉的批评教育后,才有两名旅客同意下车配合处理。21:55 双方旅客下车带至 A 站派出所处理。

(2)事件后果

21:56 列车关门开车,造成列车晚点 6 min。

## 二、应急演练

根据《车站年度客运系统应急演练计划的通知》文件要求,××站地区年度联合反恐防暴演练于本月进行,具体演练方案如下:

1. 演练目的

进一步巩固反恐防爆训练成果,加强车站各执法单位联系联防建设,为春运期间车站的平安稳定打下坚实基础。

2. 演练准备

(1)人员准备

车站综管办(4 人)、车站(3 人)、××区治安三大队(8 人)、特警五大队(4 人)、武警×支队执勤三大队(16 人)、铁路特警(5 人)、铁路派出所(4 人)、综管办直属队(8 人),受伤群众由××站 2 名工作人员扮演,恐怖分子由 2 名武警扮演。

(2)器材准备

新式对讲机 12 台、道具菜刀 2 把、模拟爆炸物 1 块、雷鸣炮 2 枚、警棍盾牌 8 副、警戒线 4 副、防爆钢叉 2 套、防爆毯 1 副、03 式自动步枪 2 支、空包弹 2 发、担架 2 副、横幅 6 条。

(3)场地准备

西广场上层广场。

(4)通信联络

统一使用联勤联动对讲机——高铁联勤频道。

3. 演练实施

9:30 分,全场演练开始,全体人员集结。

(1)宣布演练科目提要

科目:××年度××站地区反恐防暴演练。

目的:通过演练,进一步巩固反恐防暴训练成果,加强××站各执法单位联系联防建设,为维护春运期间××站的平安稳定打下坚实基础。

参演单位:××综管办、××站、铁路派出所、铁路特警、特警五大队、××区治安三大队、武警×支队执勤三大队、综管办直属队。

内容:①反恐防暴器材展示。

②情况处置演练。

方法:集中领导、统一组织、分步实施、总结讲评。

时间:20 min。

地点:西广场上层广场。

要求:①全体参演人员要认真对待,积极将平时所学、所练、所用展示出来。

②演练全程要确保绝对安全,所有持枪单位应严格按照武器操作规程使用枪械。

③全体人员统一听从指挥调度,确保演练顺利进行。

集结人员退出演练场地,并做好展示反恐防暴器材的准备,具体顺序及器材为:治安三大队——防暴钢叉、防爆缸,武警——警棍盾牌、97-2 式防暴枪,铁路特警——机械臂,铁路派出所——92 式手枪,特警五大队——95 式自动步枪。

(2)反恐防暴器材展示

①防暴钢叉。

②防爆缸。

③警棍盾牌:是既可以进行攻击也可以进行防御的一种防暴器材,在治安、处突、维稳过程中发挥着重要作用。警棍是对犯罪分子进行攻击的手持式橡胶材质器材,盾牌是使人体免外力打击的一种手持式防护器材。

④97-2 式防暴枪:是口径 18.4 mm、对国内治安、维稳发挥十分重要作用的一种非致命性武器,现已装备到中国武警防暴分队。在 2009 年国庆 60 周年阅兵式上,受阅的武警方队手持的就是 97-2 式防暴枪。

⑤机械臂。

⑥92 式手枪。

⑦95 式自动步枪。

(3)情况处置演练(配解说)

(群众演员及恐怖分子入场。)

解说词:3 名恐怖分子在西广场上层广场人群中游荡,伺机在人群中制造恐怖事件。

(恐怖分子引爆炸弹,并对周边群众进行刀斧砍杀。)

解说词:随着爆炸声响,开始了恐怖袭击。

(武警发现情况后立即向指挥中心报告情况:“指挥中心,西广场上层广场发生砍杀事件,2 人受伤,歹徒人数 2 人,请求支援。”

指挥中心下达作战指令:“各单位注意,西广场上层广场发生爆炸及砍杀事件,歹徒人数 2 人,立即携带装备进行处理。××站工作人员请注意,有 2 名旅客受伤,请迅速派人救助。”)

(各单位抵达现场,按计划进行情况处置。)

解说词：驻站单位于 1 min 之内赶至事发现场。最先到达现场的是治安三大队、武警联勤巡逻组，该组利用警棍盾牌以及防暴钢叉制服歹徒 1 名；随后而至的是铁路派出所、特警五大队联勤巡逻组，该组利用 92 式手枪击毙歹徒 1 名；××站工作人员进入场地对伤员进行救助；直属队迅速对现场进行警戒封控。

（武警向指挥中心报告："指挥中心，现场发现一枚疑似爆炸物，请求支援。"指挥中心："收到，铁路特警迅速对疑似爆炸物进行处置，其余单位扩大封控范围，严禁无关人等进入警戒线。"铁路特警："收到!"）

解说词：现场发现一枚疑似爆炸物，由铁路特警利用机械臂进行处置。

（情况处置演练完毕）

解说词：全场演练完毕，请所有参演单位原位置集合。

4. 演练结束后的工作

（1）组织演练讲评。

（2）清扫场地，恢复常态。

（3）相互学习，共同提高。

## 典型工作任务三　列车发生扰乱治安秩序事件应急处置

### 任务目标

1. 明确列车发生扰乱治安秩序事件的岗位职责分工。
2. 能够正确处理列车旅客扰乱治安秩序事件突发情况。
3. 会使用应急物品。

### 知识链接

#### 一、岗位职责

为了加强铁路安全管理，保障铁路运输安全和畅通，保护人身安全和财产安全，当列车发生扰乱治安秩序事件时，列车工作人员应明确岗位职责分工（表 5-4）。

表 5-4 列车发生扰乱治安秩序岗位职责

| | | |
|---|---|---|
| 岗位职责 | 列车长 | 1. 同乘警（列车安全员）勘察现场，调查取证<br>2. 查看旅客受伤害程度，采取措施组织救治<br>3. 如需下车治疗，按规定编制客运记录移交车站 |
| | 列车员 | 1. 发现旅客扰乱治安秩序，立即通知列车长、乘警<br>2. 制止违法行为，做好稳定旅客情绪工作，维持车厢秩序<br>3. 如有受伤者，红十字救护员会同列车长及医生对旅客进行救治<br>4. 协助列车长，收集旁证材料等 |
| | 乘警 | 1. 及时赶赴现场，立即制止并加以劝导<br>2. 了解事件原因及经过，调查取证 |

## 二、应急物品

在保障自身安全前提下，列车工作人员应使用应急设备设施（表 5-5），并采取相应措施维护好列车秩序，保障旅客的人身安全。

**表 5-5　列车发生扰乱治安秩序岗位应急物品及其使用方法**

| | 图片（名称） | 使用方法及用途 |
|---|---|---|
| 应急物品 | （药箱） | 用途：旅客发生打架斗殴时，遇到受伤时进行初步救治 |
| | （人工广播设备） | 用途：发生应急处理事件等其他需要使用人工广播时启用，如广播找医生 |
| | （反恐防暴工具） | 用途：发生暴乱时应急处置使用（约束带、防暴棍、防暴叉等） |
| | （对讲机） | 用途：工作人员之间需通话时，主叫方应转换对讲机通信频道至被叫方守候频率建立通信。通话结束后，主叫方应及时调回原频率守候<br>车站客运班组使用 3 频（457.725 MHz）；乘务班组使用频率为 2 频（457.950 MHz）；动车组司机、随车机械师使用频率为 1 频（467.200 MHz）；普速铁路列车司机、车辆乘务员使用频率为 4 频（457.700 MHz）（以中国铁路广州局集团有限公司对讲机日常管理与使用为例） |

## 三、列车发生扰乱治安秩序事件应急处置流程

1. 列车发生打架或斗殴事件应急流程(图 5-2)

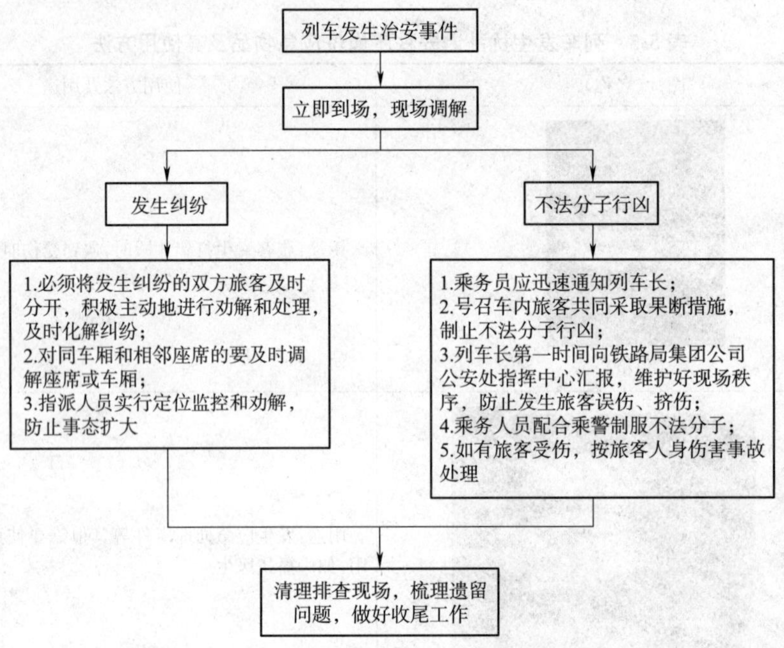


图 5-2　动车组列车发生治安事件应急流程图

(1)立即到场。当班乘务员发现扰乱治安秩序行为,迅速通知列车长和乘警。以乘警为处理主体,列车长到场协助全力配合。

(2)现场控制。乘务员应机智、勇敢、当机立断,做好调解工作,制止打架斗殴(如遇挟持伤人,迅速疏散人员,孤立和隔离行凶者,努力捕获人犯解救人质),防止事态扩大。乘警(无乘警时为列车安全员)赶赴现场后,巡视记录仪全程开机。对情节轻微,事实清楚、因果关系明确,不涉及医疗费用、物品损失的一般旅客纠纷,进行现场调解。

(3)维护秩序。安抚旅客情绪,防止发生旅客跳车、挤伤、误伤等。

(4)协助调查。协助乘警调查了解事情原因及经过,收集旁证材料。

(5)救治伤者。应对受伤旅客进行医疗处置,广播寻找医生到场救治。

(6)及时报告。列车长及时将有关情况向段调度室汇报。

(7)按章移交。列车长编制客运记录,将受伤旅客移交前方最近有救治能力的停车站处理,乘警在客运记录上签字,拍发电报。

2. 列车发生恐怖袭击事件应急流程(图 5-3)

(1)加强检查。加强车内的动态巡视和检查,对车内人员要做到心中有数,对可疑人员严加看管,发现问题及时做好有关信息的反馈工作。

(2)快速反应。在列车发生突发性事件时,列车长要立即向客调、段值班室报告,报告内容:时间、车次、地点、伤亡人数等情况,以便为公安部门处置突发事件制定决策创造条件,并采取措施配合公安部门对现场进行警戒,疏散、救治旅客。

(3)注意安全。列车发生突发事件时,要注意自身人身安全,要听从指挥和安排,避免出现不必要的伤亡。

(4)列车上发生纵火爆炸袭击时,及时报警,迅速赶赴事发现场组织灭火,通知随车机械师切断电源;组织指引旅客不盲目拥挤,乱冲乱撞;列车停稳后,打开车门组织旅客逃生(必要时可破窗逃生);开展自救互救,全力救治伤员;做好现场保护,协助开展现场勘察、调查等方面工作。

(5)列车上发生化学、辐射、生物恐怖袭击时,判明情况后尽快组织旅客掩避(利用自身携带品衣物、毛巾、口罩等遮掩身体和口鼻,也可自用车厢端门或防火门隔离污染源);组织旅客远离污染源的方向(上风向或与风向垂直的方面)迅速有序撤离;报警求助并开展自救互救;配合做好后续工作。

(6)列车上发生砍杀恐怖袭击时,及时报警并迅速赶赴事发现场,疏散周围旅客,防止伤亡增加;组织旅客自卫,利用车上设备及随手物品阻挡躲避;到达安全区后组织旅客开展自救互救;积极配合事后调查。

(7)列车被恐怖分子劫持时,沉着冷静面对恐怖分子,动作要缓慢;隐藏求救(手机调为静音,适时用短信报警求救),伺机与车厢内人员或地面调度取得联系,报告犯罪嫌疑人的要求、人数、劫持工具及目的、被劫持的位置等情况;注意观察现场情况,如有可能,趁其不备,将其制服。

(8)列车上发生枪击时,及时报警并通知司机,组织旅客快速掩蔽,不要站立,低头掩蔽于座位下;判明情况后快速撤离到较为安全的车厢内,车到站后组织有序撤离;到达安全区后开展自救互救;配合事后调查。

## 四、安全风险卡控点

列车工作人员应自觉遵守劳动作业纪律,实行标准化作业,为旅客提供高满意度服务,保障旅客人身安全和列车运行安全。列车发生扰乱治安秩序安全风险卡控点及控制措施见表5-6。

**表5-6　列车发生扰乱治安秩序安全风险卡控点**

| 序号 | 安全风险卡控点 | 控制措施 |
|---|---|---|
| 风险一 | 未按规定时间、频次巡车 | 严格作业标准,巡视车厢,检查行李、设备状况,发现问题及时汇报车长,做好记录。掌握车内旅客情况 |
| 风险二 | 旅客精神或行为异常 | 1. 加强巡视,及时发现精神或行为异常的旅客并重点关注,及早采取预防和控制措施<br>2. 对有同行人的精神或行为异常旅客,妥善安排,重点交接,向同行人宣传安全常识,明确其监管责任,并密切关注动态<br>3. 发现无人护送的精神或行为异常旅客时,指派专人看护,乘警配合,并按规定进行处理、交接<br>4. 对有暴力或不受控倾向,可能危及其他旅客人身、财产安全,列车正常秩序以及行车安全时,立即采取隔离或约束措施 |

## 知识运用

### 一、案例分析

1. D××次醉酒吸烟旅客与其他旅客发生肢体冲突案例

(1)事件概况

20××年×月×日,D××次列车A站到站前,21:15列车安全员巡视车厢至4号车,在4车蹲式厕所门口闻到烟味,立即敲开厕所门,看见一名男性旅客吴某嘴上叼着一只点燃的香烟。列车安全员随即要求将香烟熄灭,并通过对讲机向列车长报告。21:18安全员将吸烟旅客带至5号车厢交列车长。列车长询问该旅客身份信息,进行安全教育,该名旅客承认自己在车上有吸烟行为,对话中能够从旅客口中及身上闻到一股酒精味,判断该旅客上车前已饮酒。当时列车长未接到司机、机械师通报有烟雾报警,未影响行车。

因列车即将到达来A站,列车长正常进行到站乘降组织、车机联控。A站开车后,列车长找到醉酒吸烟旅客继续进行后续信息登记及旁证材料收集,该旅客此时拒不承认有吸烟行为,语言蛮横,随后在4车10F就座,对工作人员不予理会。列车长当即收集4车16C座旅客及站在4车二位端无座旅客旁证材料,共计2份(2名旁证材料旅客均为铁路职工)。列车长计划在B站将吸烟旅客交站处理。

22:19醉酒吸烟旅客与旁证旅客廖某在4号车厢二位端等候下车时,突然发生口角,并发生肢体冲突,造成旅客吴某受伤,嘴部出血量较大。此时列车长正在4号车二位门立岗,听到争吵声后立即上前制止。22:21列车到站,列车长寻找车站值班员期间,2名旁证旅客已自行离开。列车长口头与B站办理醉酒吸烟旅客交接,B站通知车站派出所将该名吸烟旅客带走,列车长随同一起到派出所说明情况。

(2)事件处理

①安全员巡视车厢,及时发现旅客吸烟行为并立即制止。

②列车长对旅客通报吸烟危害及处置规定。

③发现旅客发生肢体冲突时,列车长立即阻止。

④收集旁证材料,并在B站将吸烟旅客交B站派出所。

(3)存在问题

①安全员巡检发现吸烟旅客交由列车长处置,列车长处置时未第一时间使用视频仪记录,造成旅客承认吸烟行为的过程没有证明。

②A站开车后,列车长再次问询吸烟旅客具体情况,旅客反口否认吸烟行为,此时列车长还是未打开视频仪记录。

③列车长收集2份旁证旅客材料,均为铁路职工,且拒绝出示证件。造成2人只有名字、无单位,1人提供电话,没有起到任何旁证作用。

④因列车长没有旅客吸烟的证明材料和直接实质性的证据,列车也未出现烟雾报警影响行车,随后打算到站与车站口头交接旅客的醉酒状态,没有提前向车站派出所或车站报警。造成到达B站时,无车站客运人员或车站站警接车处置。

⑤全程列车长只拍摄了2段视频,第一段为旅客否认有吸烟行为以后,列车长劝导旅客不

要吵闹，返回座位时的片段。第二段为终到B站前3 min开始，吸烟旅客与2名旁证旅客发生口角、肢体冲突、到站交接的过程。

⑥根据视频看出，在旅客间发生口角时，列车长没有直接上前阻拦，只是在一旁拍摄视频，没有第一时间制止后续事态的扩大。

⑦因旅客发生肢体冲突，距离停车开门只有30 s，列车长没有留下2名旁证旅客交站。造成当事人自行离开车站，无法追责。

⑧列车长在没有经过段上同意的情况下，擅自将视频仪交由车站公安调取内容查看。列车长配置的视频仪，属于单位配发专用备品，列车长只有使用权利，任何调取视频内容的行为，必须经过段上同意。

⑨安全员在巡视中能够第一时间发现旅客吸烟行为，可给予表扬。但通过第一段视频，旅客否认吸烟行为时，安全员未主动上前对质，引导旅客遵守列车安全管理。

⑩列车长向段指挥中心汇报此事时，对于旅客受伤程度的表述为“旅客吴某嘴角左上方受伤”，汇报内容避重就轻。

2. 旅客占座处置不及时案例

(1)事件概况

×月×日，A站—C站D××次B站到站前，一名无座男性旅客坐在4车7D席位上，随后4车7B旅客马×称自己拥有4车7B、7C、7D席位车票(因另2人未赶上车，所以仅本人一人乘车)，拒绝其他人使用剩余席位，随后该无座旅客与马×发生口头争执，列车长到场后进行劝阻将双方分开，并向占座旅客宣传旅客乘车“票、证、人一致”“中途下车，未乘区间失效”等相关规定，并进行劝说。随后为避免矛盾激化，列车长将无座旅客安排至5车就座。

B站开车后，4车8D旅客孙×因不满4车7B旅客一人占用3个席位且与无座旅客发生争执的行为，与马×发生口角争执并产生肢体冲突。列车工作人员第一时间赶到现场劝阻、调解，并广播寻医，及时做好取证等工作。

E站开车后，列车长联系前方到站F站派出所。到达前方到站，车站派出所将双方旅客带走。

(2)事件分析

①占座处置欠缺。在第一次发生旅客口角冲突后，列车长虽然有所作为，及时劝阻，分开吵架旅客，安排无座到其他车厢，避免事态升级，同时宣传旅客乘车“票、证、人一致”“中途下车，未乘区间失效”等相关规定。但占座旅客仍然没有清楚自身行为存在问题，属于劝阻无效，列车长没有进一步向旅客警示、告知旅客违反列车乘车规定的后果。

②对关键人物及周边情况敏感性不足。在发生旅客争吵事件，占座旅客继续保持占座行为的情况下，列车长没有安排人员重点盯控占座旅客及周边旅客反映。造成后续，另一名旅客因不满占座行为，再次发生冲突并产生肢体冲突。

③报警处置迟缓。B站前为吵架，B—E站间为发生肢体冲突，E—F站向派出所报告，直至到达F站下交旅客完后才处置完结。在B至E间，列车长未向前方站派出所及时汇报，公安局提出追责、“工作人员在动车组列车上发生霸座、占座和斗殴等警情时，没有按照国铁集团《关于规范处置违反铁路乘车管理规定行为的通知》和《集团公司关于旅客违规违法行为处置流程和规范的业务指导》要求执行，给公安机关的调查取证和迅速处置增加了难度，也容易出现媒体负面炒作。”B　E站间运行时间为20 min，列车长处置工作偏重于劝阻、稳定现场秩

序、了解情况、收集材料及身份信息、广播寻医，但仍要吸取教训，一是现场处置要迅速，二是类似旅客占座、霸座、斗殴警情，及时电话向前方站派出所汇报。

3. 旅客因等候同行人阻挡车门关闭案例

(1)事件概况

20××年×月×日，A 站—F 站 D××次，A 站始发前约 1 min，列车长发现 5 号车 1 位车门有一名男性旅客用身体阻挡车门关闭，询问旅客是否下车，旅客拒绝下车，称同行人未上车，需电话确认。列车长立即通知车站工作人员，一同将该旅客拉进车厢。列车于 8:31 联控司机关门开车，晚点 1 min。开车后列车长通知乘警到场进行调查处置，列车长向旅客宣读“铁路旅客失信人告知单”，旅客拒绝在告知单上签字，列车长按规定使用视频记录仪录像留存证据。后续列车长编制记录，将该旅客移交前方到站处理。

(2)经验总结

①现场应急处置及时。一是联控前对站台及边门情况观察细致，及时发现了旅客异常行为并及时上前处置。二是处置果断，及时将旅客劝阻、拉进车厢，及时联控关门。

②自我保护意识较强。一是发现异常旅客，通知车站站台工作人员一同处理。二是开车后通知乘警介入处理。善于调动其他单位人员共同处置突发情况，明确分管职责，共同承担应急处置责任。

③信息上报及时。列车始发后，列车长先后向当地局集团公司客调、段指挥中心汇报此事，杜绝了被上级部门反追超站停的问题。

4. 醉酒旅客占座处置案例

(1)事件概况

20××年×月×日 D××次 B 站开车后，列车安全员发现 4 号车厢一名旅客姜某(男，持 A 站—F 站 4 车 15F 座席车票，无同行人)醉酒躺在 4 车 7 排座席处地面上，安全员将其扶坐在 4 车 7A 座席处，其后旅客有发生呕吐的情况。C 站开车，列车长发现 4 号车厢内有旅客发生肢体冲突，立即上前阻止，并通知安全员到场。经了解为醉酒旅客姜某与持 4 车 7A 席位旅客高某(男，持 4 车 7A、7B、7C，C 站—F 站车票，一行 4 人，夫妻二人带 2 名小孩)因座位问题发生肢体冲突。列车长劝阻后，醉酒旅客继续在 4 车 7A 乘坐，列车长将 C 站上车的高某其妻及 2 名小孩安排在 4 车 15F 乘坐，高某站在 4 车 2 位端。约 22:00，醉酒旅客再次与高某发生肢体冲突，造成高某右手食指关节红肿，左眼眼角泛红。列车长安排安全员继续专门看护醉酒旅客。D×次终到 F 站，列车编制客运记录将醉酒旅客姜某与其发生言语及肢体冲突的旅客高某及其同行人 3 人，一同交 F 站。第二天有网友在新浪微博发布此事及现场视频。

(2)事件教训

①现场处置流程不落实。列车长、安全员在 B 站开车发现该名醉酒旅客后，仅将该旅客扶起坐在就近 7A 座位，未第一时间核查醉酒旅客的身份、车票信息，对醉酒旅客席位不清楚，未及时做好安置，导致醉酒旅客占用他人座位，引发后续冲突事件。

②现场盯控不到位。列车在 B 站开车时，班组已经发现该旅客醉酒，但列车长对醉酒旅客乘车不重视，对该旅客可能出现的行为没有做好预判，敏感程度不高，安全意识薄弱，未及时安排乘务人员做好全程重点盯控，且在醉酒旅客与被占座旅客第一次发生冲突后，虽安排安全员进行盯控，但安全员未能做到严密盯控旅客动态，中途离开时未安排其他乘务人员替补，造成旅客发生二次肢体冲突。

③业务处置不到位。列车长处置存在疏漏，预判不足，在醉酒旅客与被占座旅客发生冲突后，没有将旅客双方隔离，分开车厢，妥善安排，没有控制住事态的发展，引发二次冲突。

④现场信息不敏感。在黄金周运输期间及旅客霸座等不文明乘车舆论热点炒作下，列车长对旅客醉酒、呕吐、占座等异常情况不敏感、不重视，未能第一时间向车队及指挥中心汇报。在段上反复强调强化信息反馈传递工作的情况下，仍然存在麻痹大意、擅作主张的思想，信息汇报不及时。

5. 旅客行李遗忘阻挡车门导致二次关门案例

(1)事件概况

×月×日，动车×队D××次A站列车长接司机通知1车2位门(1号列车员岗位门)未关闭，经了解是1车一男性旅客下车后发现携带行李遗失在列车行李架上，返回列车取行李时用手阻挡车门无法关闭。事后1 h 20 min，列车长才汇报段、车队，收集旁证不及时，导致与列车班组汇报内容相反的证言。

(2)事件分析

①列车员问题。一是对下车旅客未做到实质性的提醒和引导。二是发生旅客用手阻挡车门导致无法关闭时，在现场的列车员未能主动向列车长报告。

②列车长问题。一是未执行突发事件汇报制度。延迟1 h 10 min才汇报，导致段、车队两级对该事件无法做到同步处置、追踪。二是基本业务水平不高。对旁证材料的收集等业务不掌握，收集的旁证材料无法佐证事件的真实经过，且存在有与列车班组汇报内容相反的证言。

(3)事件教训

①各车队要迅速组织班组学习，吸取教训，举一反三。

②抓好"责任分工、客流预告、提前组织、通报提醒、门槽检查、岗位瞭望"防控动车组二次关门的措施。

③强化干部值班作风，现场发生突发事件要密切对接现场，及时向段乘务指挥中心及车队正职报告，指导、督促班组做好应急处置的同时，严格审核班组收集的自述或旁证材料。

④加强新职岗位人员的业务教育培训。要对新职车长业务水平、处置能力进行系统性的评估，做到有针对性的业务短板补强。

## 二、应急演练

定期组织列车发生暴力恐怖袭击事件应急处置模拟演练，提高列车全体工作人员的应变能力和团队协作能力。

1. 演练要素

(1)时间：×月×日。

(2)车次：G××次。

(3)地点：××—××站间×(上或下)行线。

(4)组织及指挥部门、人员：

指挥长：客运段主管教育、乘务、安全副段长(电话：××)。

指挥员：客运段车队长，车队主管教育、乘务、安全副队长(电话：××)。

联络人：×客运段×次列车长(电话：×)。

(5)参演人员：列车长、乘警(安全员)、车辆乘务员、客运乘务员。

(6)配合部门、单位:客运部,暴恐分子,旅客中的军警、医务人员,120急救人员,车站,本属段。

2. 演练程序及情景对话

列车在××站开车后,指挥长使用对讲机通知车队指挥员:"旅客列车发生暴力恐怖袭击事件现场应急处置模拟演练开始。"指挥员:"旅客列车发生暴力恐怖袭击事件现场应急处置模拟演练开始,明白。"

(1)第一部分:模拟演练背景介绍

列车正常运行,指挥长使用对讲机通知指挥员宣布演练开始。

①指挥员在×号车厢,接到指挥长通知后用对讲机呼叫:"G××次列车长,旅客列车发生暴力恐怖袭击事件现场应急处置的各级演练项目开始。"

②列车长在×号车厢巡视,用对讲机应答:"G××次列车长明白。"并用对讲机通知:"全体工作人员请注意,旅客列车发生暴力恐怖袭击事件现场应急处置的各级演练项目开始,请各就各位。"

③背景简介:×年×月×日×时×分,×客运段、×车辆段、×公安处担当乘务的G××次列车,运行至×线×站至×站间×km×m处时,车内突然有三名暴恐分子在5号车厢持刀将12B座席旅客挟持,并对周围旅客进行威胁:"打劫,都不准动,把钱拿出来。"旅客见状惊慌失措。

(2)第二部分:立即汇报

5~8车列车员发现有暴恐分子打劫时,使用对讲机向列车长和乘警(安全员)报告,请求救援:"列车长,有三名暴恐分子将5号车厢12B旅客挟持,并抢夺周围旅客财物,请立即组织增援。"

(3)第三部分:组织救援

①列车长接到通知后,立即组织人员赶赴现场救援。

a. 通知乘警(安全员)到场:"乘警(安全员),5号车厢有三名暴恐人员将12B旅客挟持,并抢夺周围旅客财物,请立即赶赴现场救援,打击犯罪行为。"

乘警(安全员)答复:"5号车厢有三名暴恐人员将12B旅客挟持,明白。"

b. 通过广播组织旅客参加救援工作:"旅客们,现在紧急播报,列车上有三名暴恐人员在5号车厢挟持了一名旅客,并抢夺车内旅客财物,如果您是军、警人员,请迅速赶往5号车厢,与列车工作人员共同打击犯罪行为,谢谢大家。"

说明:列车在车站停车期间发生暴力恐怖事件时,列车乘务人员还需立即通知车站客运人员。

②列车工作人员组织现场旅客迅速向安全车厢转移。

a. 列车长通知列车员立即组织疏散周围旅客,并做好疏散引导和安全防护工作:"各位旅客,请立即随同列车工作人员撤往安全车厢。"

b. 为了组织旅客快速撤离5号车厢,列车工作人员要动员旅客放弃不方便携带的物品:"各位旅客,为了确保大家的生命安全,请您放弃不方便携带的物品,跟随我们工作人员快速疏散至安全车厢,请大家配合。"

(4)第四部分:现场斗争

①乘警(安全员)、列车长等人员到达现场后,立即与暴恐分子进行面对面的思想接触和斗争,引导周围旅客疏散,劝说暴恐分子释放被挟持的人质,认清事件性质,主动投案自首,争取宽大处理。

说明:在保证旅客和自身安全的前提下,列车乘务人员和旅客利用携带品、灭火器、安全锤等备品展开自救,并协助乘警(安全员)与暴恐分子进行斗争。

②这时一名暴恐人员恼羞成怒持刀在挟持的旅客脸颊部位划了一道伤口,出血较多,并威胁列车工作人员停车开门准备逃跑。

③这时陆续又有10余名旅客中的军、警人员赶到5号车厢,配合乘警(安全员)、列车长等将三名暴恐分子围堵在车厢中间,切断了暴恐分子的退路,与乘警(安全员)共同开展强大的心理攻势,以心理防线为突破口对暴恐分子进行进攻,劝其放下凶器自首。

④在强大的心理攻势下,暴恐分子见已无法脱身,终于放在凶器,释放挟持人员,向乘警(安全员)自首,束手就擒。

(5)第五部分:信息报告

在与暴恐人员斗争的同时,列车长及时向本属段和铁路局集团公司客运部直报信息:"调度员(××),我是G×次列车长×,×年×月×日×时×分,G×次列车运行至×线×站至×站间时,车内有三名暴恐人员在5号车厢持刀将12B座席旅客挟持,并抢夺车内旅客财物。目前乘警(安全员)、列车长等列车工作人员和旅客中的军、警人员10多人已经将暴恐人员围堵在5号车厢中间部位,周围旅客已经疏散至安全车厢。暴恐人员持刀挟持一名旅客正在负隅抵抗,被挟持旅客脸颊部位有一道伤口,出血较多,现场后续情况待陆续报告。"

(6)第六部分:现场救治

经过检查,发现被挟持旅客的脸颊部位有一道4 cm长、0.7 cm深的伤口,出血较多,列车长通知红十字救护员对受伤旅客进行初级处置,并通过列车广播找寻了一名医务人员到场对受伤旅客进行救护。

(7)第七部分:后续处理

①列车工作人员配合乘警(安全员)封锁事故现场,协助调查取证,将犯罪分子抢劫的财物归还旅客。

②组织乘务员引导疏散的旅客返回各自的席位,做好安抚工作,稳定旅客情绪。

③列车长与有关车站办理交接工作。协助乘警(安全员)交接暴恐分子,将受伤旅客等后续工作移交车站处理。

④列车长向本属段和铁路局集团公司客运部信息续报:"调度员(××),我是G××次列车长×,在列车工作人员及旅客的强大心理攻势下,暴恐分子已经放下凶器,释放挟持人员,向乘警(安全员)自首。现场除被挟持旅客的脸颊部位有一道4 cm长、0.7 cm深的伤口外,无其他人员受伤,列车已组织红十字救护员和旅客中的医务工作者对受伤旅客进行了救护。目前已组织疏散旅客返回各自席位,现场秩序和旅客状态良好,无不良反映。列车已将暴恐分子、受伤旅客移交×站处理。特此报告。"

3. 演练结束

列车长向指挥长汇报:"旅客列车发生暴力恐怖袭击事件现场应急处置模拟演练完毕。"

指挥长:"好了。"

## 复习思考题

1. 禁止实施危害铁路安全的行为有哪些？
2. 简述限制特定失信人乘坐火车的限制范围。
3. 简述对限制乘车的特定严重失信人移除机制。
4. 如何防止遗失物品丢失？
5. 简述车站发现旅客打架斗殴的应急处理流程。
6. 简述列车发现旅客打架斗殴应急处理流程。
7. 简述列车发现恐怖袭击事件应急处理流程。
8. 简述列车发现旅客精神或行为异常处理方法。

# 项目六　乘务组织异常应急处置

## 学习目标

1. 知识目标

• 掌握铁路作业安全和人身安全

• 掌握发生乘务组织异常时岗位职责分工

• 掌握列车大面积晚点、旅客集体拒绝下车、动车组区间或站内换乘、车门夹人夹物、旅客或物品掉入股道时应急处理流程

2. 能力目标

• 会列车大面积晚点、旅客集体拒绝下车、动车组区间或站内换乘、车门夹人夹物、旅客或物品掉入股道时的应急处置

• 会使用防护网、应急旋梯、安全渡板等应急物品

3. 素质目标

• 具有良好的服务意识和高度的工作责任心

• 具有较强的集体意识和团队合作精神

• 具有较强的安全意识

• 能履行道德准则、行为规范和行业规范

## 典型工作任务一　作业安全与人身安全认知

### 任务目标

1. 掌握铁路安全作业标准。

2. 掌握防止机车车辆人身伤害安全措施。

3. 掌握出入站(库)安全措施。

4. 掌握列车运行中的人身安全管理措施。

### 知识链接

#### 一、通用标准

1. 职工在接班前,必须充分休息,保持精力充沛。严禁在接班前或工作中饮酒。

(1)职工工作中严禁脱岗、串岗、私自替班或换班。对视听不良、行动不便的人员,严禁单人作业和使用重点工、机具及担任防护员等工作。从业人员上岗前必须按规定穿戴劳动防护服装和携带必要的人身安全防护备品。禁止穿凉鞋、高跟鞋、塑料底鞋和带钉子的鞋上岗作业,未穿戴劳动防护服装和携带人身安全防护用品的不准上岗作业。

(2)新上岗、转岗、调岗和提改职人员必须进行单位、车间、班组三级安全教育培训,并经逐级考试鉴定合格后,方准上岗。学徒工、实习人员参加作业前,必须签订师徒合同,严格落实人身安全互控措施,严禁师徒分离,否则不得单独顶岗作业。

2. 接班点名时,开展劳动安全预想预防活动。

3. 职工沿线路行走时,严禁走道心、轨枕木头和侵入限界。横越线路时不准脚踏钢轨面、道岔连接杆、尖轨、可动心辙岔等处所。遇到特殊情况必须在线路上行走时,应设专人防护。

4. 职工通过线路时,应走天桥、地道、平交道。通过平交道时,应一站、二看、三通过,注意左右来往机车车辆动态及脚下障碍物。

5. 职工在线路股道中作业时,应随时注意线路列车通过情况。需穿越停有机车车辆的线路时,必须先确认机车车辆是否移动,然后在距机车车辆 10 m 外通过,并要注意脚下有无障碍物及邻线机车车辆动态。严禁在运行的机车车辆前面抢越线路和平交道。

6. 职工严禁钻爬车底,跨越车钩。严禁扒乘机车车辆和行包、邮政拖车(行包装卸人员按规定执行),以车代步。

7. 从业人员上线作业时必须精力集中、严守两纪,认真执行安全检查确认制度和呼唤应答制度,不准打闹、玩笑、阅读书报、接打手机和做与本岗工作无关的事情。

8. 职工进行线路作业时,应从站台两端(或中部)平交道进入线路,不得从站台上直接跨入线路。

9. 车站线路保洁人员在线路中作业时,应按规定落实专人防护措施,未落实防护措施不得作业。防护人员必须经培训合格方可担任。

## 二、人身安全

1. 防止机车车辆人身伤害安全措施

(1)横越线路时,必须执行"一站、二看、三通过"的制度,并注意机车车辆动态及脚下有无障碍物等。严禁钻车、跳车和抢越线路,遇天气不良时,更应注意来往的机车车辆。客运列车乘务人员出乘、到达,遇横越线路时,必须设安全防护人员。

(2)横越有机车车辆停留的线路时,必须先确认机车车辆暂不移动,然后在距该机车车辆 10 m 以外绕行。穿越车辆空档时,首先确认车辆暂无移动后,再从两车组之间空档处迅速穿越,穿越两车组间空档的间距不得小于 10 m,并要注意脚下有无障碍物及邻线机车车辆动态。严禁在运行中的机车、车辆前面抢越线路。

(3)对沿线路行走时,严禁走道心、轨枕木头和侵入限界。横越线路时不准脚踏钢轨面、道岔连接杆、尖轨、可动心辙岔等处所。严禁扒乘机车车辆和以车代步。遇到特殊情况必须在线路上行走时,应设专人防护。

(4)严禁在钢轨上、轨枕头、车底下、道心、车端部和站台边站立、坐卧、避风、避雨、避雪或乘凉。

2. 出入站(库)安全措施

(1)遇必须横越列车车辆时,严禁钻车,应先确认列车车辆暂不移动,应从车门处、通过台或由车钩上越过,要抓紧蹬稳,不要踢开提钩杆或踢闭折角塞门,并注意邻线有无机车车辆运行。

(2)穿越车辆空挡时,首先确认车辆暂无移动后,再从两车组之间空挡处迅速穿越,穿越两车组间空挡的间距不得小于 10 m,并要注意脚下有无障碍物及邻线机车车辆动态。严禁在运行中的机车车辆前面抢越线路。

(3)在库内、折返站,看车人员不得坐在钢轨上乘凉,不准擅自离岗。要坚守岗位,及时巡视车厢,防止闲杂人员上车。

(4)列车乘务员集体通过道口前,必须在指定地点列队集合,列车长亲自点名,确认人员到齐后,指定专人进行防护,确认无通过列车和调车作业后,方可迅速通过道口,防止发生意外。

(5)乘务员冬季赴站、返段时必须一班同行,走固定的走行路线。要注意站台或道路上的冰雪及脚下的障碍物,以防滑倒。不要在运行的两列车中间行走,任何人都不得在车下或车辆空挡处避风雪。

3. 运行中的人身安全

(1)出退乘行走时,需一班同行,列纵队走规定走行路线。上下楼梯右侧行走,留出通道,紧握扶手,稳步慢行。乘降电梯时确认梯面位置,看准踏上,列纵队顺序靠右站立,左手提箱,右手扶牢,下梯前相互提示,注意脚下安全。站台行走时,走行在安全线以内,稳步前行,严禁跑动。

(2)列车乘务员上、下车到站开门时,要紧握扶手,不飞乘飞降。列车到站开门,防止被下车旅客挤下摔伤。

(3)搬运备品时,拿取重量不超出个人负荷、体积不挡住视线的物品,严禁拿取超重超大的物品,避免造成人身伤害。物品过重时,必须两人以上共同搬运。手中持有物品时,注意看清前方地面上的障碍物,避免绊倒摔伤。

(4)遇有特殊情况,当列车已起动,乘务员来不及上车时,严禁强行抓车或使用紧急制动阀停车。应改乘其他列车追赶本列车,防止发生意外。

(5)列车乘务员冬季按规定着装要整齐:扣紧纽扣、紧衬利落;不准穿高跟鞋、带钉子鞋及塑料底鞋;棉帽要挖耳孔,小帽耳要吊起,手套要分五指。

## 知识运用

### 一、案例分析:D×次终到未收回安全踏板

1. 事件概况

20××年×月×日 D×次终到×站停留,放置在 2 号车 2 位侧车门的安全踏板列车员没有回收,添乘干部、列车长未检查确认,被车站检查发现后才回收。

2. 事件分析

违反了《动车组列车长作业流程及标准》列队退乘中“列车长巡视全列车厢，检查车厢内备品定位”的规定。

3. 事件教训

(1)强化业务学习。加强各工种作业指导书的学习，严格落实作业程序。

(2)强化安全风险管理。各岗位人员要加强联防互控，严格落实各项安全风险卡控措施。

(3)发挥添乘干部作用。添乘干部要加强现场管控，带头落实标准，及时发现和消除安全风险。

**二、案例分析：G×次联控确认不到位**

1. 事件概况

20××年×月×日 G×次列车在××站上水、吸污作业时，列车长未用车机联控对讲机与车站确认上水、吸污作业情况，只是口头确认上水、吸污作业完毕便联控司机关闭车门，引发不良反映。

2. 事件分析

违反了《关于加强动车组途中上水、吸污安全卡控的通知》(运营客管电〔2014〕82 号)中“动车组途中上水、吸污时，车站客运人员要确认上水、吸污等作业完毕后，将对讲机转至行车频道通知动车组列车长，动车组列车长须得到车站客运人员的确认后，方可按要求报告司机关闭车门”的规定。

3. 事件教训

(1)加强业务学习。必须吃透文件精神，不能用臆测、可能、估计等替代对规章制度的理解。

(2)严格执行规章制度。动车组发车的条件：一是出站信号开放，二是车站客运作业完毕并通报列车长，三是车站按点响铃。以上三个发车条件缺一不可。

## 典型工作任务二　动车组大面积晚点应急处置

### 任务目标

1. 明确动车组大面积晚点的岗位职责分工。
2. 能够正确处理动车组大面积晚点突发情况。
3. 会使用应急物品。

### 知识链接

**一、岗位职责**

遇动车组列车大面积晚点时，应明确站车各岗位职责分工(表 6-1)，熟练掌握和运用应急预案，保障运输秩序稳定，安全有序可控。

表 6-1　动车组大面积晚点应急岗位职责

| | | |
|---|---|---|
| 车站岗位职责 | 值班站领导 | 1. 立即赶赴综合指挥中心，了解现场具体情况<br>2. 根据现场实际情况，启动本站应急预案<br>3. 做好人员调配和分工<br>4. 遇情况紧急，向地方政府汇报，请求交通、武警、公安、卫生防疫等相关部门支援 |
| | 综合指挥中心 | 1. 及时将情况通报车站领导并向铁路局集团公司值班室报告<br>2. 负责与客服调度联系，及时将上级命令传达到位<br>3. 掌握信息，准确判断，指挥协调各单位部门做好应急处置<br>4. 广播致歉，及时更改核对广播、导向等旅服系统信息 |
| | 行车监控室 | 1. 及时与调度联系，确认后续列车和接续列车的开行方案<br>2. 随时与指挥中心联系，确认列车开行条件 |
| | 客运车间值班干部 | 1. 立即赶赴现场，组织客运人员做好解释、安抚、引导工作<br>2. 及时将现场处置情况向指挥中心汇报 |
| | 客运值班员 | 1. 做好客运各岗位的应急处置分工，疏导旅客，维持现场秩序<br>2. 对晚点旅客进行安抚和引导<br>3. 遇供餐时间，组织应急食品发放 |
| | 客运员 | 1. 配合客运值班员维护车站秩序，做好客运组织工作<br>2. 对旅客进行劝导和安抚，积极做好列车晚点解释工作<br>3. 协助客运值班员做好应急食品的发放工作 |
| | 计划员 | 及时与铁路局集团公司票管所沟通，做好相关停运、换乘席位调整工作 |
| | 售票员 | 根据需要开足窗口备齐零钞，为旅客办理退票和改签手续 |
| 列车岗位职责 | 列车员 | 1. 应加强车厢巡视，掌握旅客动态，并做好宣传、解释、服务工作<br>2. 稳定旅客情绪，维护好车内秩序<br>3. 如遇用餐时间，负责向旅客发放免费供餐食品 |
| | 列车长 | 1. 及时联系铁路局集团公司客调，或通过司机联系调度员，报车内情况和请求协助解决的问题<br>2. 列车长应向旅客致歉并告知晚点原因，做好解释工作<br>3. 防止旅客聚众闹事，并进行相关法律法规宣传等<br>4. 如遇用餐时间，提前统计车内人数后报铁路局集团公司客调 |

## 二、应急物品

当遇动车组列车大面积晚点时，使用相关应急物品（表 6-2），提高服务质量，维持好站车秩序。

表 6-2　动车组大面积晚点应急物品

| | 图片（名称） | 使用方法及用途 |
|---|---|---|
| 应急物品 | 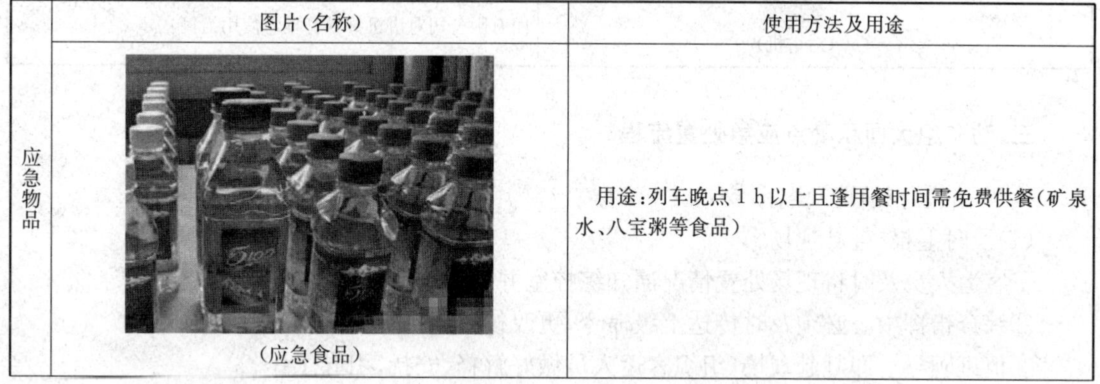<br>（应急食品） | 用途：列车晚点 1 h 以上且逢用餐时间需免费供餐（矿泉水、八宝粥等食品） |

续上表

| | 图片(名称) | 使用方法及用途 |
|---|---|---|
| 应急物品 | (广播设备) | 用途:动车组大面积晚点时,向旅客公告列车晚点信息,说明晚点原因、晚点时间,代表铁路部门向旅客致歉,并做好相关法律法规宣传 |
| | G6237<br>(应急车次牌) | 用途:因列车晚点临时变更股道,用于引导变更车次提醒 |
| | (喇叭) | 用途:安全宣传。按住按键,讲话完毕后松开按键即可 |
| | (对讲机) | 用途:工作人员之间需通话时,主叫方应转换对讲机通信频道至被叫方守候频率建立通信。通话结束后,主叫方应及时调回原频率守候<br>车站客运班组使用3频(457.725 MHz);乘务班组使用频率为2频(457.950 MHz);动车组司机、随车机械师使用频率为1频(467.200 MHz);普速铁路列车司机、车辆乘务员使用频率为4频(457.700 MHz)(以中国铁路广州局集团有限公司对讲机日常管理与使用为例) |

## 三、动车组大面积晚点应急处置流程

1. 车站应急处理流程(图 6-1)

(1)及时上报,赶赴现场。

①客运人员及时将现场处置情况通知综控室并向大班主任汇报。

②综合指挥中心必须及时传达上级命令,更改核对广播、电子导向等信息。

③值班领导立即赶赴现场,组织客运人员做好解释、安抚、引导工作。

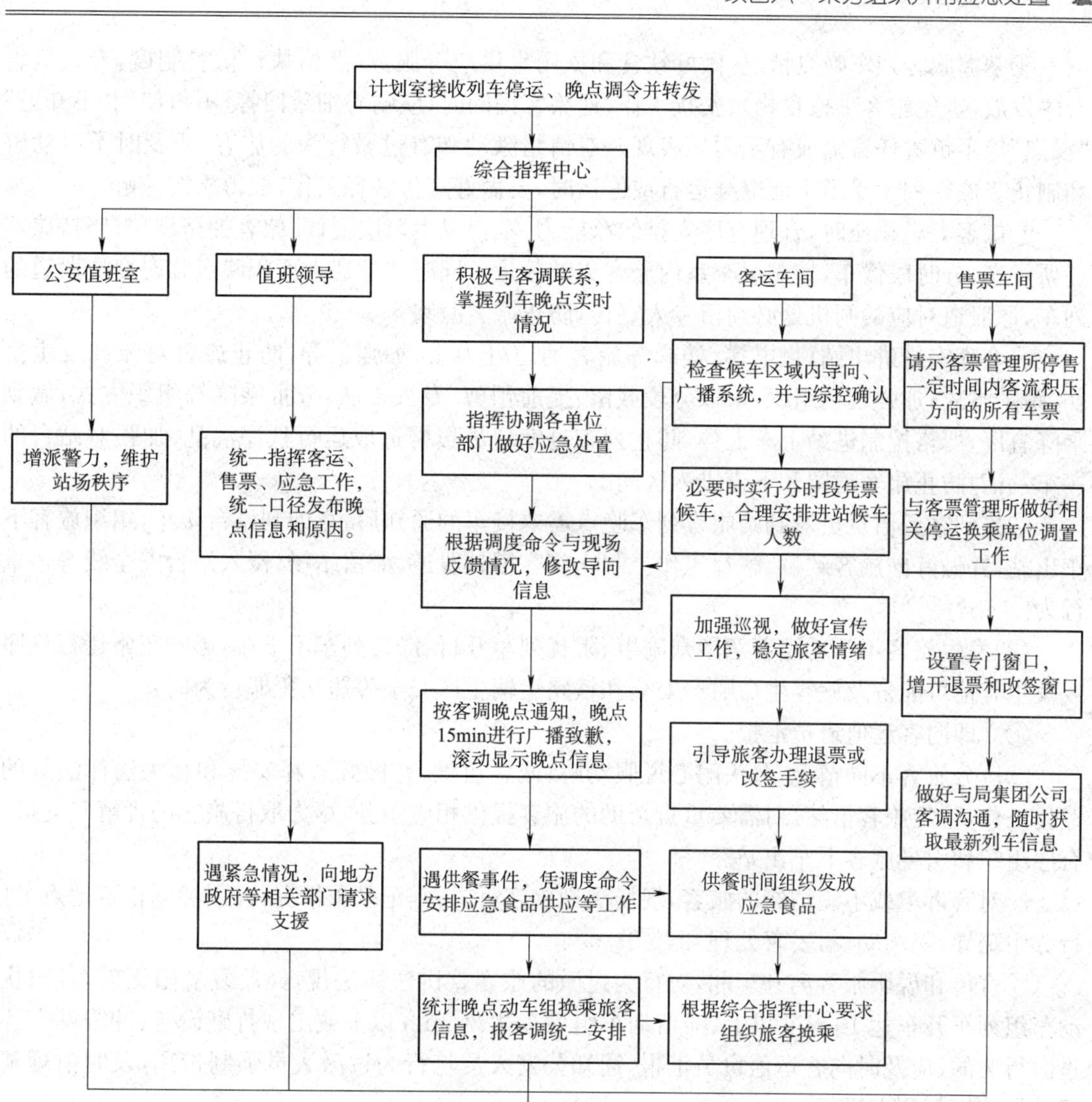


图 6-1　动车组大面积晚点车站应急流程图

(2)分工明确，疏导旅客，维持现场秩序。

①晚点列车的旅客乘坐其他列车时，同方向、同到站的其他后续列车有能力时，应妥善组织，引导旅客办理改签。旅客来不及改签时，应提前联系列车，根据客运值班员编制客运记录将换乘的旅客移交给列车长。对终止旅行的旅客，引导旅客到售票厅办理退票手续。

②引导旅客不要聚集在检票口，在未放客前引导旅客在候车区等候。检票口检票的时机必须在确认具备放客条件后(动车组到达站台且大部分旅客出站，关键岗位人员到岗)放行，杜绝列车到站立即放客造成站台对流。

③动车组晚点 1 h 以上并逢用餐时间，如需对列车免费供餐时，应根据客服调度下发的调度命令，为晚点动车组列车提供饮食品，并做好应急食品使用的登记工作，与晚点动车组列车长办理双方签字确认，并保留列车长的书面签认单，作为清算费用的依据。

④掌握旅客列车晚点情况，做好饮食和饮用水供应等服务（严格执行供餐制度，专人负责有序发放，避免旅客哄抢食物）、安抚工作，遇旅客询问时，应耐心细致回答，不得使用“不知道”“没点”等不负责任言语或有不耐烦表现。对情绪激动和有过激行为的旅客，要及时予以劝解和制止。旅客列车受阻不能继续运行或停运时，要做好宣传解释工作，取得旅客谅解。

⑤旅客大量积压时，合理有序安排候车能力，不得发生车次混候、旅客拥挤现象；坚持旅客凭票候车、分时段候车，控制候车室内旅客集结数量。同时注意遇大面积晚点临时变更股道的列车，原股道对应的闸机处必须留专人宣传，防止旅客漏乘。

⑥合理安排进出站口、电梯、楼梯等旅客通道处力量，加强引导，防止旅客对流和发生挤伤、踩踏事故；加强现场组织，采取分段截留、提前预剪、专人带队、分批乘降等组织方式，做到乘降有序，严格控制进站上车人数，防止列车过度超员报警造成运行秩序混乱，加强对站台的一车一清，防止旅客逗留和下道进入区间。

⑦接到客运值班员对到站旅客列车晚点需要接车的通知后，立即到站台接车，组织旅客下车出站，并做好向旅客致歉、解释工作。制止旅客横越股道、滞留站场、侵入站台安全线等违章行为。

(3)发生旅客不听劝阻蓄意聚众闹事、阻扰列车开行、滞留列车不下车，影响正常运行秩序或发生其他可能危及旅客生命财产安全和铁路运输生产安全等违法犯罪行为时：

①立即向客运值班员汇报。

②区分旅客不同情况，分头耐心说服劝解、诚恳道歉，并做好解释安抚和相关法律法规的宣传工作，稳定旅客情绪，对需要重点帮助的旅客提供相应服务，尽力取得旅客的理解和支持，有序组织和引导旅客下车出站。

③对有诉求或不满情绪的旅客，现场受理旅客诉求，登记基本情况，并引导到指定地点，进行分组疏导、隔离劝说，妥善处理。

④宣传和说服旅客离开车厢，对行为过激的旅客宣讲法律法规，经反复劝阻无效，且阻扰动车组列车开车达 10 min 以上、滞留动车组列车达 30 min 以上或出现打砸设备、冲击站车等过激行为的，应及时向客运值班员汇报，通知公安人员将行为过激人员强制带离，及时清理现场并尽快恢复列车运行。

2. 动车组大面积晚点列车应急处理流程(图 6-2)

(1)了解情况。列车长通过调度、本段调度室、车间值班室或车站了解本趟列车晚点原因和预计晚点时间。列车长要统一工作人员的口径，做好对外解释。

①动车组晚点 10 min 及以上时，列车长要及时向段值班室、车队汇报。

②列车晚点 15 min 以上时，列车长向所在局集团公司客调联系，了解列车晚点原因，采取的措施及预计恢复通车的时间。

③动车组晚点 30 min 以上，列车长统计晚点列车运行情况（晚点原因、车内旅客人数、重点旅客情况、餐料油料用水等情况），并及时向段值班室、车队汇报。

④短时间不能开通时，列车上食品、饮用水等不足时，列车长应向段值班室汇报，段值班室应向局集团公司客调请示，请求补充食品、饮用水以及列车补水、吸污等工作，并及时掌握旅客动态，解决旅客的困难。

⑤长时间滞留在车站时，列车长请求车站配合做好饮用水、饮食供应等保障工作。

(2)广播宣传。列车晚点超过 15 min 以上时，列车长根据调度、本段调度室、车间值班室或车站的通报，向旅客公告列车晚点信息，说明晚点原因、晚点时间。广播每次间隔不超过30 min。

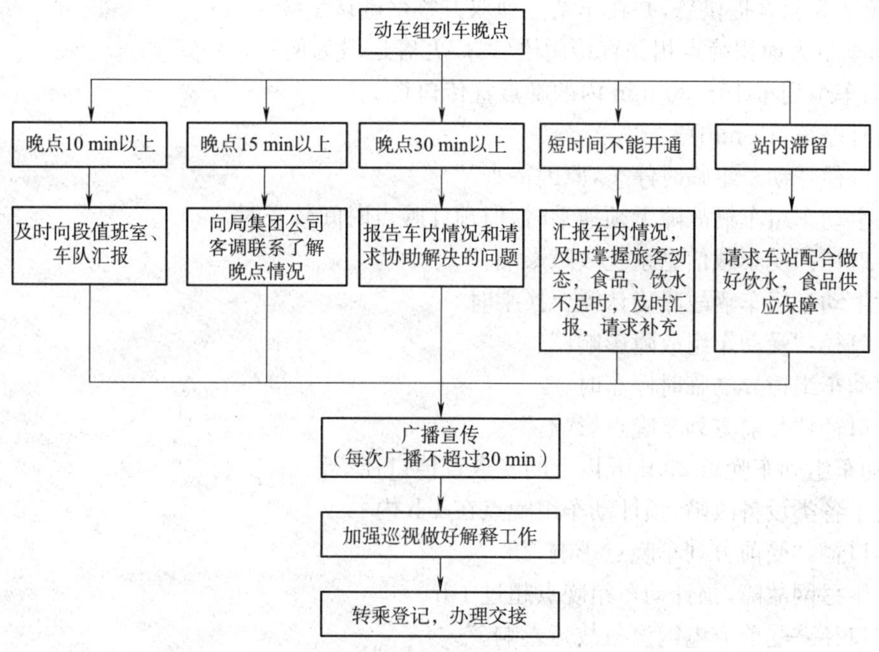


图 6-2　动车组大面积晚点列车应急流程图

(3)加强巡视。列车长全面掌握列车旅客人数、重点旅客、用水、餐饮、医疗保障等基本情况和需求，组织有关人员，加大巡视车厢频次，关注旅客动态，做好旅客用水、餐饮、重点旅客服务等工作，维持好车内秩序。遇旅客询问时，应耐心细致回答，不得使用“不知道”“没点”等不负责任言语或有不耐烦表现。晚点期间坚守岗位，安排乘务员对责任车厢进行不间断巡视，加强车门管理和车内巡视，做好宣传解释，提供优质服务，确保设备使用正常，做好饮食和饮用水供应，配合乘警积极做好秩序维护工作，防止矛盾激化，防止旅客聚众闹事。遇事态扩大时，若动车组无乘警值乘时，列车长应主动联系所管属的乘警大队或前方站驻站派出所，请求支援。

(4)换乘登记。乘务员在车内巡视时，随时登记需旅客换乘情况，并集中报列车长掌握。列车长依据登记的情况，及时上报动车台(客服台)，并做好与旅客换乘车站的联系，确保旅客后期乘车。

(5)办理交接。因列车晚点旅客提出赔偿、退票或出具晚点证明要求时，列车长要根据现行法律、法规和铁路规章做好耐心解释，力争取得旅客的理解和配合。如遇发生旅客不听劝阻蓄意聚众闹事、阻扰列车开行 10 min 以上、滞留列车不下车达 30 min 以上，影响正常运行秩序或发生其他可能危及旅客生命财产安全和铁路运输生产安全等违法犯罪行为时，除耐心说服劝解、诚恳道歉、相关法律法规宣传外，及时通知车站值班员处理。

必要时列车长可编制客运记录交站处理，如旅客情绪激动，车长可提前通知前方到站派人接车处理。

(6)信息上报。列车长要及时将列车晚点的处置情况随时上报至段调度室。

(7)用餐处理。列车晚点1 h以上且逢用餐时间,列车长要提前统计车上旅客人数及去向,向所在地局集团公司客运(客服)调度员报告,由客运(客服)调度员安排前方停车站做好供餐准备,免费为旅客提供餐,并在车站办理双方签字确认手续。

3. 动车组大面积晚点相关宣传用语(以广九客运段为例)

(1)动车组列车15～30 min内的晚点宣传口径

①临时停车(15 min)

宣传口径:“动车组临时停车,原因待查。”

②发生动车组车辆故障无须换乘时,但预计晚点时间较长时

宣传口径:“受车载信息系统故障影响。”

③发生动车组车辆故障确认需要换乘时

宣传口径:“受动车组故障影响。”

④因动车组撞异物临时停车时

宣传口径:“受前方列车晚点影响。”

(2)动车组列车晚点30 min以上的晚点宣传口径

①发生各类设备故障,预计动车组晚点在1 h内

宣传口径:“受前方列车晚点影响。”

②发生弓网故障,预计动车组晚点超过1 h

宣传口径:“受前方电网设备故障影响。”

③发生道岔故障,预计动车组晚点超过1 h

宣传口径:“受××站道岔故障影响。”

④发生地方停电造成线上动车组沿途摆放,预计晚点时间超过1 h

宣传口径:“受××地区停电影响。”

⑤发生动车组因大雪、大风等原因晚点或降速运行时

宣传口径:“受××地区天气影响。”

⑥发生动车组因地震(地质灾害)原因晚点或降速运行时

宣传口径:“受××地区地震(地质灾害)影响。”

⑦发生动车组因台风原因晚点或降速运行时

宣传口径:“受××号台风影响。”

⑧发生动车组空调故障时

宣传口径:“受空调系统故障影响。”

(3)晚点列车相关法制宣传词

各位旅客:现在摘要广播中华人民共和国公安部《关于维护铁路运输秩序保障列车正常运行的通告》。

①通告第三条规定:旅客应当遵守国家铁路运输安全管理的有关法律、法规和规章。列车延误时,旅客应当以合法方式,通过正常渠道维护自己的合法利益。

②通告第四条规定:任何单位或者个人不得实施下列危害铁路运输安全的行为。

a. 非法拦截列车、阻断铁路运输。

b. 强行登乘或者以拒绝下车等方式强占列车、车辆。

c. 冲击、堵塞、占用进出站通道和候车区。

d. 盗窃、损毁、擅自移动列车设备或者安全标志。

e. 在列车行进中，擅自使用列车紧急停车设备。

f. 结伙斗殴、寻衅滋事。

g. 非法携带易燃易爆危险物品及管制器具。

h. 击打列车或从列车向外抛物。

i. 编造或者故意传播爆炸、劫持、颠覆列车等虚假恐怖信息，扰乱公共秩序。

j. 侮辱、谩骂工作人员。

k. 打砸、哄抢公共财物。

l. 其他危及铁路运输安全的行为。

③通告第五条规定：对实施第四条所列危害铁路运输安全行为的，公安机关将依照《中华人民共和国治安管理处罚法》等法律规定，视情况给予警告、罚款、行政拘留的处罚；构成犯罪的，依法追究刑事责任。

请大家自觉遵守通告规定，不要听信谣言，不要被别有用心的人员利用，听从铁路工作人员和公安值勤民警的宣传引导，以免给你的旅行带来其他意外。

## 四、安全风险卡控点

严格执行安全制度和作业过程，熟练掌握动车组大面积晚点应急处置工作，采取相应卡控措施维持好站车秩序(表 6-3)。

**表 6-3　动车组大面积晚点安全风险卡控点**

| 序号 | 安全风险卡控点 | 控制措施 |
|---|---|---|
| 风险一 | 车站旅客大量滞留 | 1. 组织疏导旅客，并做好安抚工作<br>2. 加强宣传，劝导旅客改乘其他交通方式出行；快速地为旅客办理退票、改签等手续<br>3. 各级人员坚守岗位；按规定启动应急预案<br>4. 加强后勤保障工作<br>5. 必要时，及时与地方政府沟通协调 |
| 风险二 | 列车长时间晚点未定，旅客群情激奋 | 1. 加强信息沟通联系，及时掌握准确信息，告知旅客并做好乘降组织<br>2. 坚守岗位，做好宣传解释，稳定旅客情绪，争取理解和支持<br>3. 严格执行晚点通报制度，及时致歉 |

## 知识运用

### 一、案例分析

1. D××次列车晚点，车站拒绝接人案例

(1)事件概况

20××年×月×日 D××次列车因故晚点，在 A 站(非 D××次营业站)停留 1 h 21 min，其间有多名旅客提出取消行程，要求在 A 站下车。列车长按《动车组列车在客运办理站滞留期间需临时开门应急处置程序》，与司机、随车机械师沟通，通知司机转报列车调度员，同时通知车站客运值班员开门决定及开门位置。结果车站客运值班员以非本次列车客运营业站为由，拒绝接人。

(2)事件处理

①动车组在客运办理站长时间滞留时,列车应加强广播宣传,班组乘务员加强车厢巡视,做好秩序维护和服务解释。

②遇旅客提出取消行程、应急送餐或下交疾病旅客等紧急情况需临时开启车门时,列车长应及时与司机、随车机械师沟通,视情况做出打开车门决定并明确开门位置,通知司机转报列车调度员(非集控站报车站值班员),同时通知车站客运值班员开门决定及开门位置。

③动车组重联时,后组列车长提前将需打开车门及位置通知前组列车长,由前组列车长负责通知司机、随车机械师、车站客运值班员。

④原则上只开启1个车门(6号车厢一位端车门)。遇旅客疾病行动不便或取消行程旅客较多等特殊情况时,可视情况开启便于下交旅客的车门。

⑤列车长组织列车员在随车机械师的配合下打开指定位置车门,关闭开启车门的两端通过门,并会同乘警(无乘警的为安全员)做好开门处的秩序维护及盯控,防止其他旅客下车。

⑥开启车门前,列车长须确认下车人数,待车站客运人员到达站台指定车门处(滞留站站台为低站台时,车站还需有乘降设备到达车门处),方可开启车门,组织旅客下车,开具客运记录与车站进行交接。

⑦旅客乘降完毕或餐食配送完成后,班组乘务人员应及时关闭车门,由列车长通报随车机械师、司机和车站客运值班员。同时由司机转报列车调度员(非集控站报车站值班员)。

⑧列车长须在开门前、关门后,及时向段乘务指挥中心、车队汇报现场情况。

(3)处置要点

①"动车组在客运办理站长时间滞留时"解读:客运办理站指具备旅客乘降条件、办理客运营业的车站,既是本次列车客运营业站,也可以是非本次列车客运营业站。

②符合临时开门的前提条件:一是遇旅客提出取消行程、应急送餐或下交疾病旅客等紧急情况;二是列车长应及时与司机、随车机械师沟通,视情况做出打开车门决定,通知司机转报列车调度员,同时通知车站客运值班员开门决定及开门位置;三是司机明确同意开门、车站客运值班员派人到指定车门处。

③收尾必做项点:一是处置完毕关门后,要通报随车机械师、司机和车站客运值班员。二是须在开门前、关门后,及时向段乘务指挥中心、车队汇报现场情况。三是开门前、关门后及时向当地局集团公司客调汇报,只是汇报处置情况,非请示、申请。

2. G××次移交晚点中转旅客典型案例

(1)事件概况

服务质量科接到旅客投诉反映,一行5人×月×日乘坐G××次列车A站—B站,并持有当日D××次B站—C站联程车票,G××次晚点1 h左右,询问列车长到达B站后是否还能赶上D××次列车,列车长回答:"去D站可以赶上,我们这趟车晚点,他们也会晚点的。"旅客随即补票至D站,到了D站后D××次列车已经开走,列车长让旅客与车站工作人员商量,车站工作人员让旅客自行乘坐地铁去往同城站E站乘坐其他列车,旅客到达同城站E站后当日已无其他去往C站的列车,只能自行打出租车回家。现来电投诉G××次列车长提供错误信息,耗费其金钱和时间,要求报销相关费用。

经调查了解:×月×日G××次晚点运行,其间均有旅客持换乘D××次列车和需要换乘其他车次列车的车票来询问工作人员,班组也通过广播向旅客解释因本次列车晚点原因无法换乘接续列车，可以到站办理改签或退票手续。列车长同时接到B站值班室告知，由于列车晚点，已经过了后续换乘列车时间的旅客统一到窗口改签或退票。列车统计9～16车B站需换乘旅客共18人，均换乘D××次列车。随后B站第2次联系列车长：B站接到通知持D××的旅客只能到D站统一换乘，需要列车将B站换乘的旅客带到D站统一换乘，不愿意到D站换乘的旅客可在B站下车办理退票，并让列车告知旅客。之后列车长按照B站的指示将此情况告知持D××次换乘旅客。列车到达D站，列车长将15名换乘D××的旅客与车站办理交接。

(2)事件教训

①是否按照车站的通知进行处置。B站2次与列车长通话，可以按照B站的通知进行处置，因为班组并不清楚其他列车的晚点情况以及车站的晚点处置，只能根据现场铁路部门通知。但通过此事可以吸取一些教训，一是要与B站明确，D站是否知道，是否认可旅客在D站进行换乘；二是必须与客调通话，向客调通报车站的指示安排，询问是否按此执行。不管客调答复与否，可以避免现场班组内部担责。三是继续乘坐G××次至D站换乘，列车长是否考虑过这些旅客是否有座，没有座是否会投诉？是否考虑过对于这些旅客我们只有运送至B站的责任，延长至D站是否会继续晚点，晚点后续处置是否会出现其他问题？那么班组是否可以引导旅客按规定在B站下车正常处置。

②是否需要补票。该旅客持有D××次B站—C站的车票，因铁路原因造成晚点，根据车站指示由G××次继续运送旅客到D站进行换乘，为什么还要办理B站—D站的补票业务？必然引起旅客投诉。列车长在不能判定是否需要补票时，可以不予补票，到目的站后交由车站处理。

③现场与旅客的宣传引导是否到位。通过旅客投诉内容，完全将矛盾点及不满指向列车长，没有说车站任何问题。列车长在宣传可乘车去D站换乘时，没有说清是根据B站通报情况。

3. 动车组晚点供餐人数统计错误案例

(1)事件概况

①20××年×月×日D××次因接触网故障全列断电停车，开车时间不确定。根据晚点情况及时为旅客供餐，但因汇报人数少于车内实际人数，导致A站所上食品过少，后B站补上，造成工作不便。

②20××年×月×日D××次A站原定于11:53发车，但接到车站通知因线路故障预计14:00以后发车。班组请求为旅客供餐，但统计车内人数耗时较长且广播用词不当，导致延误上级调拨食品及部分旅客向列车索要免费盒饭的问题。

(2)有关规定

违反了×客运段《动车组列车晚点时应急处置程序》中“列车长要提前统计好列车旅客人数及去向”的规定。

(3)事件教训

①清点旅客人数一定要认真细致，力求掌握实际人数，尽量满足旅客需求，不可因此再次引发旅客不满情绪。

②规范广播用词。需要广播时由列车长或指派专人进行播报，严格按照段制订的广播词做好服务解释及宣传工作。

4. 因地震影响列车晚点案例

(1)事件概况

×月×日因陕西省汉中市宁强县发生 5.3 级地震影响,D××次运行在兰渝线 A 站至 B 站间临时停车,19:14 停/23:18 开,停车 4 h 04 min,车内旅客 481 人;D××次 9 月 13 日 4:35 终到 C 站,晚点 6 h 45 min。值乘班组 9 月 13 日 5:10 入住公寓,6:40 点名出乘,仅间休 1 h 30 min。

(2)事件分析

①信息畅通,19:14 停车后,立即询问司机停车原因,问明地震原因后,立即向××局集团公司客调汇报后,19:18 向段乘务指挥中心、车队汇报,开车后及每站开车都是第一时间上报开点、上下旅客情况。

②掌握餐食情况,立即统计列车餐食数量,如常温餐食低于 20 份时,立即向××局集团公司客调申请补充餐料,并在出售常温餐食加强车长和餐服人员的双重检查,确保饮食供应正常和食品安全。

③掌握旅客去向,立即统计前方各停车站下车旅客人数,提前做好后续处置的准备。

④加强地震灾害的广播宣传,加大广播播放频率,做到 10 min 播放一次,确保每位旅客知道停车的原因。

⑤加强车厢巡视,做好旅客解释和安抚,确保列车在临停 4 h 期间旅客情绪稳定,车厢秩序良好,无旅客投诉等不良反映。

(3)经验总结

①及时联系当地客调或通过司机联系列车调度员,了解晚点原因和列车运行情况。

②及时汇报:晚点车次、晚点时间、运行区段、车内人数、车内温度、旅客情况、需要协调解决的问题。

③通报晚点原因,代表铁路向旅客致歉。晚点原因通知以当地客调通知的原因为准;致歉通报用语严格按国铁集团、铁路局集团公司规定的通报用语解释。

④加强巡视,掌握重点旅客,做好服务。旅客提出赔偿时,耐心做好解释,不得向旅客做好口头承诺或出具书面证明,必要时列车长可编制客运记录交站处理。

⑤动车组列车晚点超过 1 h 在免费供餐时段,及时向当地客调汇报,为旅客免费供餐。

5. 大面积晚点组织不当造成旅客误乘案例

(1)事件概况

×年×月×日,因京深线设备故障影响,列车大面积晚点,车站当日 6 站台先接 G××次后接 G××××次,两趟车同时开检,G××次旅客先乘降完毕后尚未关门,站台客运员在列车中部与车长交接,G××××次旅客到达站台后,陆续就近从 3、4 号车厢上了 G××次,站台客运员在中部用喇叭宣传,但仍然有部分旅客没有听到广播直接上了 G××次,客运员赶去阻止时列车已关门,共 21 名旅客误乘。

(2)事件分析

①站台客运员未根据实际情况组织旅客乘降,应告知 G××次列车长旅客乘降完毕,下一趟列车旅客即将放客,请求提前关闭车门,同时应及时宣传,防止旅客盲目上车。

②闸机口客运员未做好提前预想,盲目放客是导致旅客误乘。

③综控室客运员未及时视频监控晚点列车的站台乘降情况,根据实际情况干预广播、闸机

计划。

(3)事件教训

①做好班前预想,合理联防互控。

②强化乘降组织,加强应急处置。进一步梳理旅客售票、进站、候车、检票、上车、乘车、下车、出站环节中作业流程和卡控关键,及时完善补强作业流程、组织方案。

6. 列车大面积晚点导致旅客未赶上车案例

(1)事件概况

某旅客×月×日购买了G××次A站至B站的车票一张,18:20为A站的开点,由于当天天气影响列车大面积晚点,车站显示屏显示列车晚点至19:51开,旅客发现列车在19:30左右就已开车,导致旅客没有赶上车,询问候车室检票口工作人员晚点列车提前走的原因,工作人员未予理睬,导致投诉。

(2)事件分析

①旅客对车站显示的列车晚点信息提出质疑时,工作人员没有核实情况,做好解释,导致旅客误解。

②车站广播宣传,电子引导揭示更新不及时,耽误旅客行程。

(3)事件教训

①车站应向旅客公告列车晚点信息,说明晚点原因、晚点时间,做好宣传解释、安抚和服务工作。

②向旅客通报时,站车广播每次间隔不超过30 min,有条件的车站应提供实时电子显示、电话、语音系统查询。

③车站组织晚点列车的旅客乘坐其他列车时,同方向、同到站的其他后续列车有能力时,车站应在取得旅客同意的前提下做好车票改签工作。旅客来不及改签时,车站应提前联系列车,编制客运记录做好站车交接,列车应配合车站妥善安排旅客。

④工作人员必须掌握旅客列车晚点情况,遇旅客询问时,应耐心细致回答,不得使用“不知道”“没点”等不负责任言语或有不耐烦表现。

## 二、动车组列车大面积晚点应急演练

1. 车站列车大面积晚点应急演练方案

根据《车站年客运系统应急演练计划的通知》文件要求,车间结合实际进行一次动车组列车大面积晚点(停运)的应急演练。

(1)演练目的

为了提高全体职工应急处置能力,在动车组列车晚点(停运)后,能够确保旅客运输的安全,减少因动车组列车晚点(停运)给旅客带来的不便和对铁路造成的负面影响。

(2)演练场景

10:00,综控接到A至B区间故障,造成上行列车晚点启动非常站控模式的通知,车站滞留旅客较多,启动应急预案。

(3)适用预案

车站发生大面积晚点旅客滞留情况。

(4)演练人员、定位

①车间主任、书记:负责统一指挥和协调。

②当日值班干部:负责向车站值班室汇报,启动应急预案、现场的指挥和协调。

③主任安全员:负责盯控综室,督促做好与行车室及各岗位的联系,及时用电台加强与现场作业的安全互控。

④带班干部:负责班组人员岗位安排,做好滞留旅客的组织疏导、安抚解释,确保旅客的人身和财物安全。

⑤客运值班员:负责查询旅客售票情况,汇报旅客滞留数量,安排人员退票、改签旅客的引导工作,协助做好滞留旅客的组织疏导、安抚解释,确保旅客的人身和财物安全。

⑥车间其他管理人员及日勤在候车区、站台岗位盯控,做好旅客的宣传解释工作,安抚和稳定旅客情绪。

⑦公安部门负责现场的秩序维护工作。

(5)演练所需道具备品

电台、喇叭、应急食品、应急车次牌。

(6)安全重点项点

遇团队旅客和需要在目的地换乘其他交通工具旅客,由客运值班员根据晚点车旅客的基本情况安排旅客换乘其他列车。当发现有团队旅客或需要在目的地换乘民航、普速列车的旅客时,立即将掌握的情况向值班干部和调度(安排行车室)报告,提出换乘其他列车方案,争取调度的支持。

旅客出发站发现有团队旅客和需要在目的地换乘民航及普速列车的旅客时,应在不声张的情况下将旅客做特殊安排。

(7)演练程序

①综控室接到因A至B区间故障,造成上行列车晚点并启动非常站控模式后的通知后,立即汇报值班干部,通知公安及各岗位。

②值班干部立即汇报车站值班室,启动应急预案赶赴现场。

③启动应急预案后:

带班干部合理安排人员进行旅客的宣传、引导及乘降组织,确保秩序稳定。

综控室更改信息系统,根据调度命令与客运值班员确认显示屏候车检票信息是否正确,请示客服调度晚点原因的统一口径,晚点超过15 min进行广播致歉,滚动显示晚点信息,每隔15 min播放晚点信息,非常站控模式下密切关注列车运行情况,与现场做好互控。

候车室检查显示屏广播系统是否准确,应急车次牌公布列车情况,并做好旅客宣传解释工作,引导旅客办理退票改签手续,非常站控模式下与站台做好互控,列车到站闸机放客,维持旅客有序进站。

站台确认站台屏及进站列车是否一致,发现不一致时,需第一时间通知综控室及闸机口人员,非常站控模式下做好站台防护工作,列车进站停稳后通知闸机口放客,列车开出站台与综控室、联络员做好互控。

④列车运行恢复正常应急演练结束后,进行总结。

2. 动车组列车大面积晚点应急演练方案

(1)广播致歉

列车长向司机了解晚点原因。

列车长："G××次司机对讲。"

司机："G××次司机收到请讲。"

列车长："列车什么原因晚点。"

司机："前方接触网故障正在抢修，未给出站信号。"

列车长："列车预计晚点多长时间。"

司机："列车预计晚点×分钟。"

列车长通过广播致歉："女士们、先生们，由于接触网故障，列车现在晚点×分钟，预计×时×分恢复运行，给您造成的不便，向您表示诚挚的歉意。"（动车组列车发生晚点 15 min 开始实施晚点通告，每次通告间隔时间不得超过 15 min）

(2)加强巡视

列车长通过对讲机通知列车员加强车内巡视，并统一对旅客的宣传口径："全体列车员注意，因前方接触网故障，造成列车现在晚点×分钟，预计×时×分恢复运行。各职列车员要加强车内巡视，掌握旅客动态，了解旅客需求，稳定旅客情绪，维护车内秩序。"（在不掌握晚点原因时，对旅客的问询统一口径回答："请稍后，我们正在了解情况。"掌握晚点原因后，告知旅客晚点原因，晚点时间或预计开通时间。对中转换乘、就医等时间性要求较强的旅客，要做好登记，统一报我。）

列车员按照分管车厢号依次回答："收到。"

列车员进入车厢进行宣传，对有特殊需求的旅客了解情况，及时登记。

(3)及时汇报

在掌握列车晚点原因后，列车长向本局集团公司客调、运行所在局集团公司客调、本段生产指挥中心报告："×局集团公司客调(本段生产指挥中心)，我是 G××次列车长，列车在××站因前方接触网故障，造成列车晚点×分钟，车内现有旅客××人，车内秩序正常，旅客无不良反应。"（在晚点期间，发生应急情况或旅客有特殊需求时，要随时续报。接受指示，尽力解决旅客困难。）

(4)解决需求

列车长及时掌握车内旅客需求："列车员报告有无中转换乘和其他需求旅客。"

列车员按照分管车厢号依次回答："收到。"

统计完毕后，列车员："报告车长，1～4 车无中转换乘及其他需求旅客。"

5～8 车列车员："报告车长，5 号车有一名旅客要在××站中转××次列车。""报告车长，8 号车有一名旅客要在××站中转××次列车。"

列车长："收到。"

列车长立即掌握旅客个人信息和中转车次后，旅客到站后交车站处理，并向旅客做好解释工作。

随后向本局集团公司客调、运行所在局集团公司客调、本段生产指挥中心报告："×局集团公司客调(本段生产指挥中心)，我是 G××次列车长，因列车晚点×分，导致 5 车有一名旅客无法在××站换乘××次列车，已交由车站处理。"

(5)照顾重点

列车长："全体工作人员注意，因列车晚点，大家要积极为旅客服务，耐心做好解释工作，加强车内卫生清扫，尽全力得到旅客的谅解。"

列车员依次回答："×车列车员，收到。"

(6)列车供餐

列车晚点超过 1 h 以上并逢用餐时间,列车长为旅客联系用餐事宜。

车长向运行所在局集团公司客调报告:“×局集团公司客调,我是 G××次列车,列车因接触网故障,造成列车晚点,现在正逢用餐时间,请求为旅客供餐。”

运行所在局集团公司客调同意后,通知列车员统计车内旅客人数,及特殊供餐需求。

列车长向运行所在局集团公司客调:“×局集团公司客调,我是 G××次列车,列车现有旅客××人,×名回民旅客,无其他需求。”

运行所在局集团公司客调:“××站×站台上餐。”

接到运行所在局集团公司客调确定的供餐站后,列车长要与供餐车站联系:“××站,我是 G××次列车长,因接触网故障,造成晚点,×局集团公司客调通知由你站为本次列车供餐,共需要餐食××份,其中清真餐食××份,交接位置确定为××车门和××车门。”

××送餐站:“G××次列车长,列车到达我站后,在××站台送餐,交接位置确定为××车门和××车门。”

列车长对讲机通知交接事项:“全体列车员、餐服员注意,列车到达××站后,送餐人员在××车门和××车门上餐,请做好交接。”

各有一名餐服员和列车员在指定车门与车站交接。随后分别由列车员报告列车长:“××车上餐××份,清真餐××份。××车上餐××份。”

列车长回答:“各车厢列车员负责分管车厢食品发放,餐服员做好配合。重点旅客优先。”

列车员依次回复:“明白。”

餐服员回复:“明白。”

列车长广播供餐:“女士们、先生们,因列车晚点×时×分,正逢用餐时间,列车为大家发放食品,请大家在座位上耐心等候。”

供餐完毕后,列车员、餐服员立即进行清扫,恢复车内卫生。

(7)折返整备

在担当局集团公司(段)始发站折返时,列车长要通知车队,增加折返站整备人员数量,确保保洁质量。

列车长:“队长,G××次列车在××站因接触网故障导致列车晚点×分钟,预计到达时间为××点,请车队派人员接车支援,确保折返站卫生质量。”

车队长:“收到。”指派××热备班组到站台支援折返整备,确保短时间达标,缩短晚点时间。

列车长:“各车列车员,列车在××站折返站时,车队将派员帮助整备,尽全力缩短整备时间。”

列车员依次回答:“收到。”

(8)到站交接

列车到站后,列车长与车站值班员办理交接。

列车长:“因列车晚点,导致×旅客无法中转××次列车,请办理下交接。”

(9)维护治安

2 车××名旅客因晚点拒绝下车。

1～4 车列车员:“报告车长,因列车晚点,2 车××名旅客拒绝下车,请立即到场处理。”

列车长:“做好解释工作,安抚旅客情绪。”

列车长:“××站值班员,因列车晚点,2 车旅客拒绝下车,请立即到场处理。”

车站值班员:“2 车旅客拒绝下车,收到。”

列车长广播:“由于本次列车晚点到达××站,××分钟后本车体将担任××次列车继续运送旅客,部分旅客要求维护自己的权益而没有下车,对此我们予以充分理解,但影响下趟列车的开行是不理智的。根据《铁路安全管理条例》《关于维护铁路运输秩序保障列车正常运行的通告》规定,任何单位和个人不得非法拦截列车、以拒绝下车等方式强占列车、车辆,阻断铁路运输,请旅客们顾全大局,现行离开,再以合法方式维护自己的利益,谢谢您的合作。”

列车长协助乘警(安全员)和车站工作人员安抚旅客情绪,劝导旅客下车。

旅客全部下车,向运行所在局集团公司客调、本段生产指挥中心报告:“×局集团公司客调(本段生产指挥中心),我是 G××次车长,列车终到××站晚点×时×分,一名中转换乘旅客已与车站办理交接,2 车旅客××名到站拒绝下车,列车已经协助乘警(安全员)和车站劝导旅客下车,旅客无不良反应。”

## 典型工作任务三　旅客集体拒绝下车应急处置

### 任务目标

1. 明确旅客集体拒绝下车时站车岗位职责分工。
2. 能够正确处理旅客集体拒绝下车突发情况。
3. 会使用应急物品。

### 知识链接

#### 一、岗位职责

当旅客集体拒绝下车时,应明确站车各岗位职责分工(表 6-4),做好宣传劝导,及时清理现场,尽快恢复列车运行。

**表 6-4　旅客集体拒绝下车应急岗位职责**

| | | |
|---|---|---|
| 车站岗位职责 | 值班站领导 | 1. 立即赶赴综合指挥中心,了解现场具体情况<br>2. 根据现场实际情况,启动本站应急预案<br>3. 做好人员调配和分工<br>4. 按要求在站台接车<br>5. 遇情况紧急,向地方政府汇报,必要时请求公安、武警等相关部门支援 |
| | 综合指挥中心 | 1. 及时将情况通报车站领导并向铁路局集团公司值班室报告<br>2. 负责与客服调度联系,及时将上级命令传达到位<br>3. 通知车站公安值班室,指挥协调各单位部门做好应急处置<br>4. 根据调度股道调整方案更改广播、导向、闸机等旅服系统信息 |

续上表

| | | |
|---|---|---|
| 车站岗位职责 | 客运车间值班干部 | 1. 立即赶赴站台,组织站车客运人员分批劝导旅客下车<br>2. 及时将现场处置情况向综合指挥中心汇报 |
| | 客运值班员 | 调整岗位,增加人员,分批劝导旅客下车,并将滞留旅客带至指定地点 |
| | 客运员 | 在客运值班员指挥下,做好宣传劝导、安抚情绪,并积极组织旅客下车出站 |
| | 计划员 | 及时与集团票管所沟通,做好相关停运、换乘席位调整工作 |
| | 售票员 | 按规定为旅客办理退票和改签手续 |
| 列车岗位职责 | 列车长 | 积极联系公安部门配合客运开展滞留旅客的说服劝离工作 |
| | 列车员 | 1. 宣传和说服旅客离开车厢<br>2. 劝说旅客听从车站工作人员的安排到指定地点协商解决,引导旅客下车 |

## 二、应急物品

站车工作人员使用应急设施设备(表 6-5),开展滞留旅客的说服劝离工作,争取旅客理解与支持,引导旅客下车。

表 6-5　旅客集体拒绝下车应急物品

| | 图片(名称) | 使用方法及用途 |
|---|---|---|
| 应急物品 | (喇叭) | 用途:安全宣传。按住按键,讲话完毕后松开按键即可 |
| | (对讲机) | 用途:工作人员之间需通话时,主叫方应转换对讲机通信频道至被叫方守候频率建立通信。通话结束后,主叫方应及时调回原频率守候<br>车站客运班组使用 3 频(457.725 MHz);乘务班组使用频率为 2 频(457.950 MHz);动车组司机、随车机械师使用频率为 1 频(467.200 MHz);普速铁路列车司机、车辆乘务员使用频率为 4 频(457.700 MHz)(以中国铁路广州局集团有限公司对讲机日常管理与使用为例) |
| | (记录仪) | 用途:用于现场发生非正常情况下的取证工作,开启记录仪进行录音录像,并及时保存备份 |

续上表

| | 图片（名称） | 使用方法及用途 |
|---|---|---|
| 应急物品 | 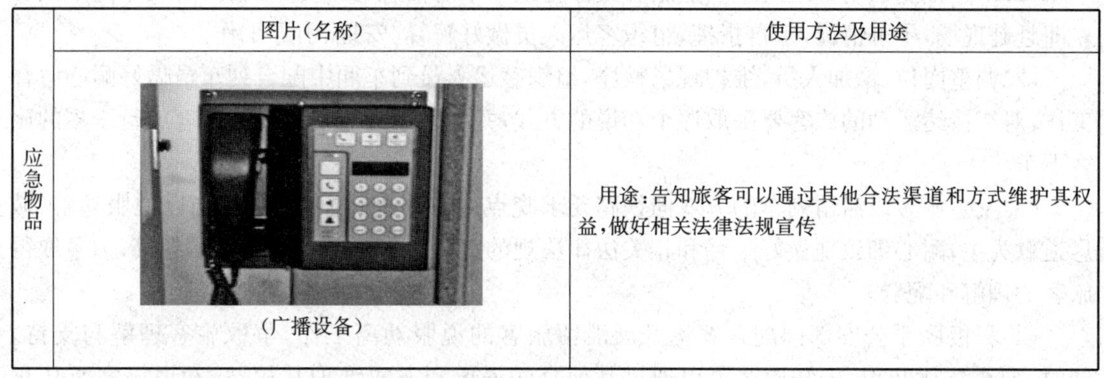<br>（广播设备） | 用途：告知旅客可以通过其他合法渠道和方式维护其权益，做好相关法律法规宣传 |

## 三、旅客集体拒绝下车应急处置流程（图 6-3）

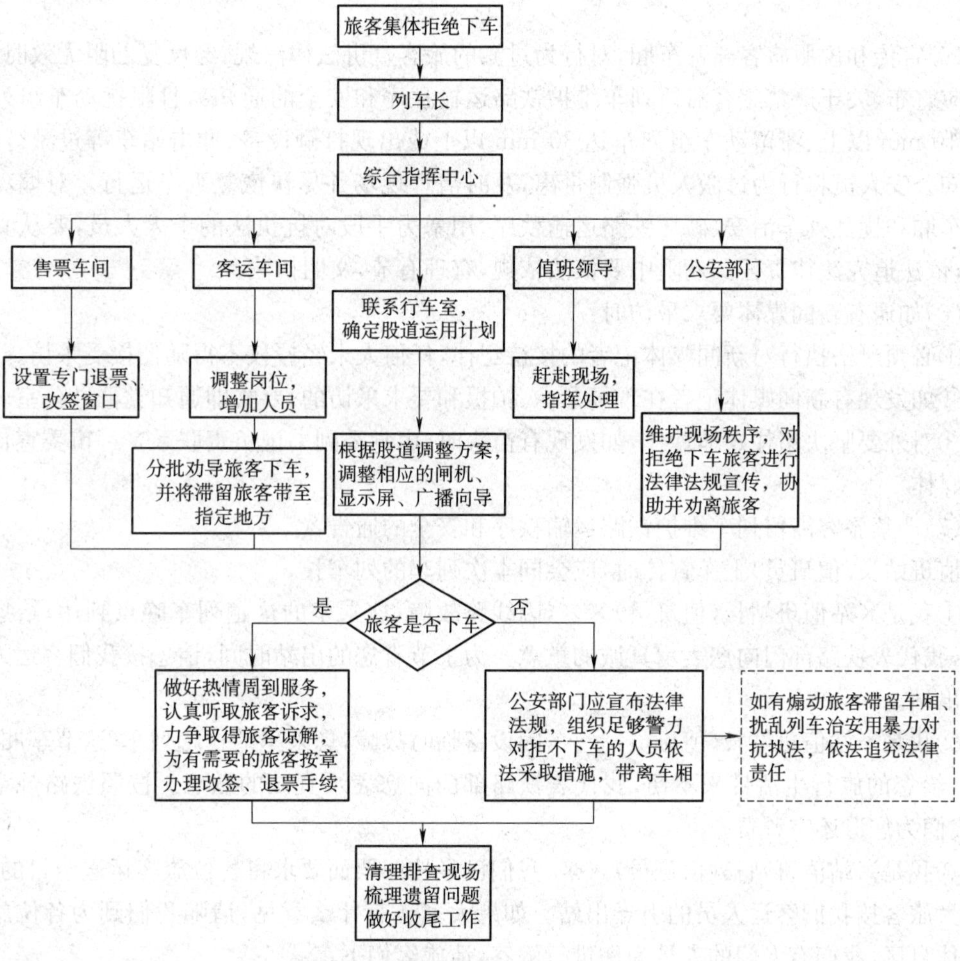

旅客集体拒绝下车

列车长

综合指挥中心

售票车间 → 设置专门退票、改签窗口

客运车间 → 调整岗位，增加人员 → 分批劝导旅客下车，并将滞留旅客带至指定地方

联系行车室，确定股道运用计划 → 根据股道调整方案，调整相应的闸机、显示屏、广播向导

值班领导 → 赶赴现场，指挥处理

公安部门 → 维护现场秩序，对拒绝下车旅客进行法律法规宣传，协助并劝离旅客

旅客是否下车

是 → 做好热情周到服务，认真听取旅客诉求，力争取得旅客谅解，为有需要的旅客按章办理改签、退票手续

否 → 公安部门应宣布法律法规，组织足够警力对拒不下车的人员依法采取措施，带离车厢 → 如有煽动旅客滞留车厢、扰乱列车治安用暴力对抗执法，依法追究法律责任

清理排查现场
梳理遗留问题
做好收尾工作

图 6-3　旅客集体拒绝下车应急流程图

当发生旅客集体拒绝下车时，车站应组织客运人员配合列车工作人员做好耐心解释工作，说服滞留旅客下车，维护铁路正常运行秩序。

(1)车站接到因动车组列车晚点旅客集体拒绝下车的信息时,车站站长及有关车间干部要立即赶赴现场,了解情况,亲自指挥,组织客运人员做好解释、安抚、引导工作。

(2)调整岗位,增加人员,维护现场秩序,组织客运人员到车厢中配合列车员做好耐心解释工作,对待情绪激动的旅客要采取逐个劝说的方式,并主动帮助老幼病残孕旅客或行李多的旅客下车。

(3)发生旅客以滞留列车的方式向铁路要求晚点或空调故障赔偿时,应当以说服劝解、诚恳道歉为主,耐心细致地做好解释和相关法律法规的宣传工作,稳定情绪、化解怨气,力争取得旅客的理解和配合。

(4)积极联系公安部门配合客运开展滞留旅客的说服劝离工作,争取旅客理解与支持。同时,要讲法律知识,告知旅客可以通过其他合法渠道和方式维护其权益,劝说旅客听从车站工作人员的安排到指定地点协商解决,引导旅客下车。对有诉求或不满情绪的旅客,指定专人负责接待,登记基本情况,并引导到指定地点,进行分组疏导、隔离劝说,按章妥善处理。

(5)宣传和说服旅客离开车厢,对行为过激的旅客宣讲法律法规,经反复劝阻无效时,公安人员应宣布《关于严禁旅客滞留列车维护铁路运输秩序和安全的通知》,且阻扰动车组列车开车达 10 min 以上、滞留动车组列车达 30 min 以上或出现打砸设备、冲击站车等过激行为的,应通知公安人员将行为过激人员强制带离,及时清理现场并尽快恢复列车运行。对煽动旅客滞留车厢和扰乱列车治安、破坏铁路运输秩序,用暴力手段对抗执法的个人人员,要认真调查取证,依法追究法律责任。劝阻中要依法依规,有理有节,文明执法。

(6)如遇有新闻媒体要求采访时:

①必须严格执行对新闻媒体记者的接待纪律,任何人未经授权不得随便接受采访。

②如发现有新闻媒体记者在现场录像、拍摄和要求采访的,要立即通知党群办公室。

③对外要坚决堵住媒体炒作,如发现有苗头时,由党委副书记负责联系××市委宣传部和相关媒体。

(7)严禁旅客滞留列车维护铁路运输秩序和安全的通告:

值班站长(值班员)上车宣传时,应会同本次列车的列车长。

①我是×站值班站长(值班员)××,因线路故障,您乘坐的这趟列车晚点到达,给您带来不便,我代表铁路部门向您表示真诚的歉意。为了节省您的出站时间,请您按我们客运人员的引导出站。

②我是×站值班站长(值班员)××,因设备临时故障,您乘坐的这趟列车(这节车厢)没有空调,给您的旅行生活带来不便,我代表铁路部门向您表示真诚的歉意。按照铁路规章的规定,我们为您退还空调费。

③我是×站值班站长(值班员)××,我们已经按照票面要求将各位旅客运送至目的地,希望广大旅客按我们客运人员的引导出站。如果大家还有什么意见,请随我们到为各位旅客准备的休息区,我们有专门的人员为您进行解答,请旅客们下车。

④虽然因线路故障列车晚点耽误了您的时间,但我们已经安全将您送达目的地,请您协助我们维护好站车秩序。如果您不下车,将影响到下趟列车的正点,还会打乱整个铁路的运行秩序,给其他旅客和铁路运输造成更大的影响和损失。请您从其他旅客的利益和维护铁路正常

秩序考虑，对铁路工作给予支持。如果大家还有什么意见，请随我们到候车区，欢迎您对我们的工作提出批评和宝贵意见，我们一定会给您一个妥善的答复，请旅客们下车。

(8)旅客滞留车厢的宣传词。

铁路是大众化的交通工具，铁路运输和安全受法律保护，任何人不得以任何借口影响列车正常运输秩序。旅客应依法维护自身合法权益，滞留车厢的行为已经影响铁路运输秩序，损害了广大旅客的利益，是《中华人民共和国治安管理处罚法》和《铁路运输安全保护条例》明确禁止的，行为人将承担法律责任。对此次影响旅客正常旅行的问题，可以到车站安排的地点协商解决，但不应该继续滞留车厢，影响其他旅客的正常旅行。依据相关法律法规，要求你们：

①滞留列车的旅客必须迅速离开车厢，请你们立即下车，到车站反映解决问题，对拒不下车的，公安机关将依法采取强制措施带离车厢。

②对煽动旅客滞留车厢和扰乱列车治安、破坏铁路运输秩序，用暴力手段对抗执法人员的，公安机关将追究其法律责任。

③希望广大旅客自觉遵守国家的法律、法规，不要滞留列车，积极维护铁路稳定，支持公安机关工作，配合铁路部门迅速恢复铁路运输秩序。

### 四、安全风险卡控点

应严格执行岗位作业标准，落实质量标准，提高旅客服务质量满意度，从而减少旅客投诉维权。旅客集体拒绝下车安全风险卡控点及控制措施见表 6-6。

**表 6-6 旅客集体拒绝下车安全风险卡控点**

| 序号 | 安全风险卡控点 | 控制措施 |
| --- | --- | --- |
| 风险一 | 不及时处理旅客投诉 | 1. 执行“首问首诉”负责制<br>2. 做到文明礼貌、微笑服务、有问必答<br>3. 妥善处理，避免二次投诉<br>4. 及时反馈处理结果 |
| 风险二 | 突发事件处理不及时 | 1. 到场处理，及时上报信息<br>2. 需其他部门协同处理的，协调其他部门妥善处理 |
| 风险三 | 列车长时间晚点未定，旅客群情激奋 | 1. 加强信息沟通联系，及时掌握准确信息，告知旅客并做好乘降组织<br>2. 坚守岗位，做好宣传解释，稳定旅客情绪，争取理解和支持<br>3. 严格执行晚点通报制度，及时致歉 |

## 知识运用

### 一、案例分析

1. 京九线水害断道列车折返旅客强占列车索赔案

(1)事件概况

20××年×月×日，因京九线水害影响，前一日始发经京九线的 5 趟长途列车折返深圳车站。5 200 多名旅客办理退票。T×次列车于当日 20:00 折返深圳车站，120 多名旅客拒绝下车，强烈要求铁路部门“赔偿损失”。理由：一是铁路明知连日暴雨为何还要开车；二是列车在某小站一停就是十几个小时，不进不退不知外界任何消息，侵犯了消费者的知情权；三是列车折返后，铁路没有及时为旅客提供饮食、住宿等。

（2）事件处理

①车站及公安部门、设备单位组织多个现场处置小组，根据国家有关法律法规向列车提出“索赔”的旅客进行宣传解释，引导旅客依法正当维权。对个别旅客以违法手段实现的所谓“维权”行为，旗帜鲜明地宣传《合同法》《铁路安全管理条例》，打消他们的错误观念，维护国家法律法规的尊严，维护铁路承运人的合法权益。

②在上级票务中心大力支持下，给旅客兑换次日由广州（东）始发同方向各次列车车票。

③经铁路局集团公司领导批准采取非常措施，车上旅客随车底拉至车库，听出股道确保次日车站列车到发作业，确保运输秩序正常。派出足够警力维护车底及旅客安全。

④利用列车广播反复宣传，动员未换票的旅客尽快换票。同时，加强安全宣传和巡视，严禁旅客在车库下车。

因不可抗力原因导致列车延误或取消，承运人除了为旅客办理退票、改签或组织迂回运输（有运能）外，应协助旅客安排餐食和住宿，费用由旅客自理。

2. 列车空调故障旅客强占列车索赔案

（1）事件概况

20××年×月×日，D×次列车从A站开往B站。途中，6号车厢空调发生故障，随车机械师立即对故障车厢进行修复（未果）。列车长立即调整50余人到其他车厢，并加强服务。列车运行5小时后到达B站，空调没有恢复使用。20多名旅客拒绝下车，要求全额退票并赔偿。

（2）事件处理

①根据《合同法》《铁路法》有关规定，做好对旅客的宣传解释工作。

②按规定办理站车交接，核退空调费×元。

③对拒不下车又拒绝循司法途径解决纠纷，扰乱铁路运输秩序和车站正常工作秩序的旅客，铁路公安部门依法带离车厢处理，尽快恢复列车正常运行和车站正常工作秩序。

## 二、应急演练

根据《车站年度客运系统应急演练计划的通知》文件要求，车间进行动车组列车发生旅客集体拒绝下车应急演练的应急演练，具体方案如下：

1. 演练目的

为提高作业人员应天气、线路等原因列车停运，旅客集体拒绝下车突发事件的应急反应能力，最大限度妥善安置及疏散旅客，维护车站和列车正常秩序，确保运输畅通。

2. 演练场景

因台风影响，贵阳北—北京西方向G×次列车到××车站后停运，车内旅客情绪激动，集体拒绝下车，向铁路要求赔偿的应急处置。

3. 适用预案

动车组旅客集体拒绝下车应急预案。

4. 演练人员、定位

现场指挥：当日值班干部。

现场处置①组：带班干部、值班员、客运员 2 名。

现场处置②组：车间管理人员、值班员、客运员 2 名。

现场处置③组：车间管理人员、值班员、客运员 2 名。

现场处置④组：车间管理人员、值班员、客运员 2 名。

现场处置⑤组：派出所公安人员。

负责现场的应急处置工作，做好旅客的组织、宣传、解释、安抚工作，妥善安置及疏散旅客，维护车站和列车正常秩序，确保运输畅通。

5. 安全重点项点

(1)发生旅客情绪激动、拒绝下车，向铁路要求赔偿时，作业人员应当说服劝解、诚恳道歉、耐心细致地做好宣传解释工作，防止发生踩踏事件。

(2)公安派出所部门要积极配合客运部门做好旅客的说服劝离工作，争取理解与支持，同时要向旅客做好相关法律法规的宣传工作，劝说旅客听从车站工作人员的安排，到指定地点协商解决。

(3)旅客人数较多车站无空余场地安排且旅客情绪大难以控制时，由站长向地方政府汇报，请求支援。

6. 演练程序

(1)综控室接到因天气原因，贵阳北—上海虹桥方向 G×次列车到××车站后停运的调度命令后，立即汇报值班干部、带班干部及值班员。

(2)值班干部立即向车站值班室、车间主任、书记进行汇报，启动应急预案。

(3)书记向车站党办汇报，申请统一的宣传口径。

(4)全体参演人员接到命令后赶赴现场。

现场处置①组在闸机口做好守口工作，阻止未经批准人员进入现场录音、录像、拍照、采访。

现场处置②组在站台做好 G×次列车的旅客乘降组织，宣传、引导旅客出站，做好电梯口的安全防护工作，防止大批旅客出站发生踩踏事件。

现场处置③组在出站通道做好引导，打开所有出站通道组织旅客出站，做好旅客咨询、解释工作。

现场处置④组对车内不愿下车的旅客做好诚恳道歉、解释安抚和相关法律法规的宣传工作，根据旅客的不同诉求，分头耐心说服劝解，稳定旅客情绪，对需要重点帮助的旅客提供相应服务，取得旅客的理解和支持，有序组织引导旅客下车。

现场处置⑤组维持现场秩序，积极配合客运做好安抚解释、劝解疏导等工作；遇蛮横无理旅客，在宣传、解释、安抚及相关法律、法规宣传到位后，仍不肯下车时，为不耽误车体后续安排，由公安机关派出足够警力上车采取强制措施将旅客请下车。

(5)旅客通过解释全部下车后，由客运值班员与列车长交接确认后，通知综控室："客运作业完毕。"综控室立即向行控室汇报："G×次旅客已经全部下车，列车车门已关闭，客运作业完毕。"应急处置结束。

# 典型工作任务四　动车组站内换乘应急处置

## 任务目标

1. 明确动车组站内换乘时站车岗位职责分工。
2. 能够正确处理动车组站内换乘突发情况。
3. 会使用应急物品。

## 知识链接

### 一、岗位职责

接到动车组故障需站内启动热备动车组的调度命令后，按照应急处置预案中的岗位职责分工(表 6-7)，站车合作并组织实施预案。

**表 6-7　动车组站内换乘岗位职责**

| | | |
|---|---|---|
| 车站岗位职责 | 值班站领导 | 1. 立即赶赴综合指挥中心，了解现场具体情况<br>2. 根据现场实际情况，启动本站应急预案<br>3. 掌握换乘列车车次、车型、编组、席位安排及换乘人数<br>4. 盯控现场，做好重点岗位的卡控，做好人员调配和分工 |
| | 综合指挥中心 | 1. 及时将情况通报车站领导并向铁路局集团公司值班室报告<br>2. 负责与客服调度联系，及时将上级命令传达到位<br>3. 掌握信息，准确判断，指挥协调各单位部门做好应急处置<br>4. 更改核对广播、导向等旅服系统信息 |
| | 行车监控室 | 1. 及时与调度联系，确认换乘列车的开行方案<br>2. 随时与综合指挥中心联系，确认列车开行条件 |
| | 客运车间值班干部 | 1. 立即赶赴现场，组织客运人员做好解释、安抚、换乘引导工作<br>2. 及时将现场处置情况向综合指挥中心汇报 |
| | 客运值班员 | 对换乘线路中关键岗位进行重点布置，现场指挥到位 |
| | 客运员 | 1. 配合客运值班员维护车站秩序，做好客运组织工作<br>2. 提前在检票口立岗，进行席位调整宣传，在换乘路线中关键位置做好引导<br>3. 将席位调整情况通知列车长 |
| | 计划员 | 根据调度命令及时与票管所沟通，确认席位调整、车次换乘方案 |
| | 售票员 | 按规定为旅客办理退票和改签手续 |
| 列车岗位职责 | 列车长 | 1. 组织好列车员动员旅客下车换乘<br>2. 对因车型变动造成部分旅客无座时，妥善安排，做好解释工作 |
| | 列车员 | 1. 积极配合，确保旅客安全有序换乘<br>2. 组织旅客有序下车，车上、车下均安排人员防护，防止旅客摔伤<br>3. 做好解释工作，确保人人换乘，无人、行李滞留 |

## 二、应急物品

动车组站内换乘时，工作人员应合理使用应急物品(表 6-8)，及时组织故障列车乘客有序换乘至热备车，确保铁路运输安全有序。

**表 6-8　动车组站内换乘应急物品**

| | 图片(名称) | 使用方法及用途 |
|---|---|---|
| 应急物品 | (广播设备) | 用途：换乘热备动车组引导宣传 |
| | (应急悬梯) | 用途：站内换乘时不邻靠站台，发生旅客区间换乘旅客时使用。应用它能让旅客撤离到平行停放的另一列车中或作为梯子下到轨道上 |
| | (喇叭) | 用途：引导换乘，安全宣传。按住按键，讲话完毕后松开按键即可 |
| | (对讲机) | 用途：工作人员之间需通话时，主叫方应转换对讲机通信频道至被叫方守候频率建立通信。通话结束后，主叫方应及时调回原频率守候<br>车站客运班组使用 3 频(457.725 MHz)；乘务班组使用频率为 2 频(457.950 MHz)；动车组司机、随车机械师使用频率为 1 频(467.200 MHz)；普速铁路列车司机、车辆乘务员使用频率为 4 频(457.700 MHz)(以中国铁路广州局集团有限公司对讲机日常管理与使用为例) |

## 三、动车组站内换乘应急处置流程

本着“统一指挥，分工包保，及时有效，确保畅通”的组织原则，接到动车组故障需站内启动热备动车组的调度命令后，迅速启动应急处置预案，按动车组站内换乘应急流程分工协作

(图 6-4),及时恢复正常的运输组织秩序。

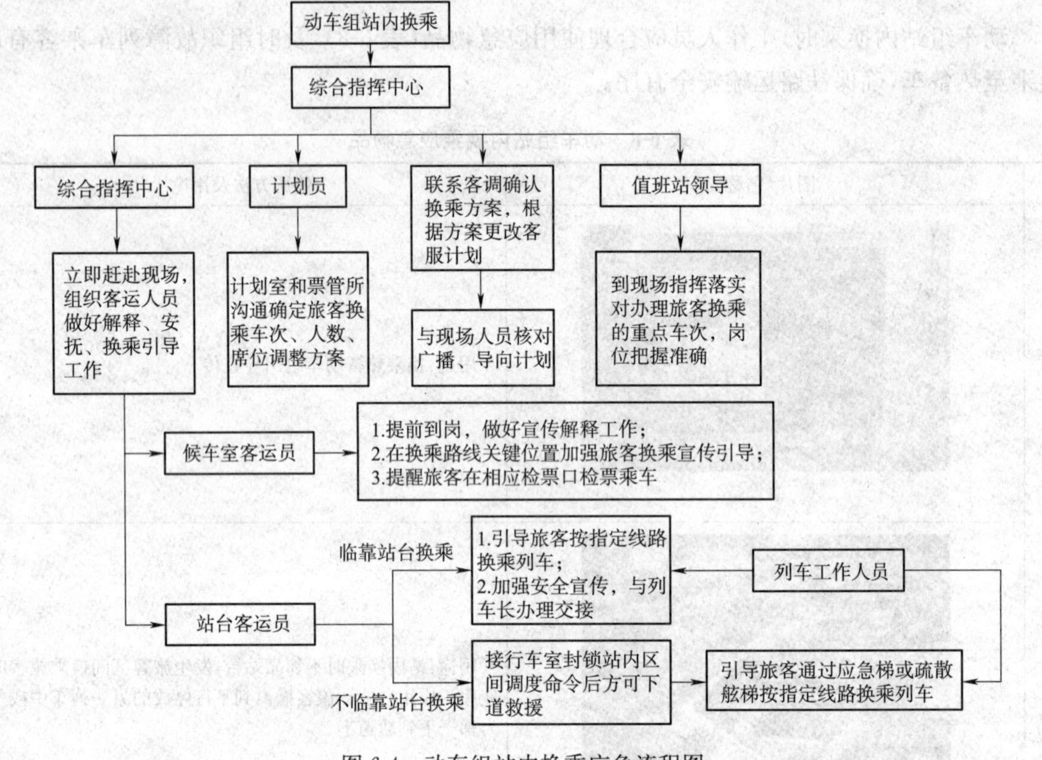


图 6-4　动车组站内换乘应急流程图

1. 车站应急工作

(1)立即赶赴现场,及时向大班主任和综控室汇报。

(2)联系计划室确定故障车底售出席位和热备车底席位情况,打印换乘计划,提前将席位换乘信息向旅客宣传,并将换乘计划递交列车。

(3)换乘的车底车型相同时,如旅客未上车,组织该次列车旅客到相应检票口排队,严格查验车票,组织旅客检票进站;如旅客已上车,在同一站台面时,应及时联系列车长,传达调度命令及换乘方案,协助列车员动员旅客下车换乘,并在车门处扶老携幼,对重点旅客做好照顾。但不在同一站台面时,引导旅客回候车区休息或到另一站台换乘,并向旅客做好解释工作,待热备车底整备好后,组织旅客换乘。

(4)换乘的车底车型不同时,当更换的车底定员大于原车定员时,如旅客未上车,则组织旅客从相应检票口排队验票上热备车;如旅客已上车,协助列车员动员旅客下车换乘,并在车门处扶老携幼,对重点旅客做好照顾,引导旅客换乘热备车底;当更换的车底定员小于原车定员时,对其中因变更后无座席的旅客做好宣传解释工作,动员旅客改乘其他列车,旅客如自愿乘车,告之可以上车,但无座席;列车有能力时,组织旅客上车,做好解释工作,上车后应听从列车工作人员安排。

2. 列车应急工作

(1)接受任务。接受上级部门的调度命令时,列车长要了解热备动车组列车担当的车次,运行区间以及编组变化等情况。向全体乘务人员传达换乘命令,同时列车工作人员应检查车内情况，坚守岗位。

(2)联系车站。如遇始发站组织旅客换乘，旅客席位发生变化，列车长要及时联系车站，并与站方办理客调命令和调整通知(局集团公司客票管理所下达的)或旅客席位调整单(各车站自定)的交接，引导旅客按照席位调整方案乘车。

(3)妥善安排。对因车型变动造成部分旅客无座席时，列车长应妥善安排，做好解释工作。

(4)故障车在站内没有停靠站台时，换乘处置程序按照区间换乘热备动车组的处置程序办理。

(5)到站退差。旅客调整席位后，存在票价差额的，由列车长编制客运记录，到站退还旅客票价差额。

## 四、安全风险卡控点

加强动车组站内换乘安全防控(表 6-9)，确保旅客安全有序换乘，有效化解旅客的不满情绪，及时恢复运输组织秩序。

**表 6-9　动车组站内换乘安全风险卡控点**

| 序号 | 安全风险卡控点 | 控制措施 |
|---|---|---|
| 风险一 | 旅客误乘、误降 | 1. 监控广播系统播音，做到不误播、漏播、晚播<br>2. 到站前将重点旅客提前带到门口<br>3. 对重点旅客要知到站、知座别、知困难，有登记、有服务、有交接，对特殊重点旅客要严格办理交接签认 |
| 风险二 | 旅客漏乘漏降 | 1. 加强广播设备的日常检查，遇广播设备故障，加强人工宣传力度<br>2. 加强车内组织引导，对重点旅客要做到“三知三有”<br>3. 加强旅客乘降组织，站车共同组织旅客快上快下<br>4. 加强站车沟通，严格执行站车交接制度 |
| 风险三 | 换乘旅客与进站旅客发生对流 | 使用喇叭灵活机动对换乘旅客和进站旅客加强宣传引导，必要时，组织换乘旅客在天桥两侧护栏处站立等候，等大批进站旅客下站台后，换乘旅客再通过换乘通道进入候车室 |

## 知识运用

### 一、案例分析：启动热备车同站台换乘

1. 事件概况

因车底故障造成列车断电晚点，启动热备车同站台换乘处置：×月×日 G×次(我段动车三队担当)运行在 A 站—B 站间，19:26 列车因接触网故障全列断电，19:30 停车，19:57 恢复供电，断电 31 min，20:00 开车，20:06 到达 B 站，晚点 26 min。B 站开车后 20:12 列车第二次停车断电，20:33 恢复供电，20:35 开车，断电 21 min。随后接第××号客调命令，列车 21:19 到达 C 站，21:31 同站台组织旅客换乘(CRH2A-2328 车体)，21:39 换乘完毕，换乘人数 355 人，列车 21:41 开；终到 D 站 23:30，晚点 1 h 07 min。

2. 事件处置

(1)组织动车一队热备班组上站台，一是负责热备车底的联控开门、乘降组织协助；二是负责换乘完毕，故障车底遗失物品、滞留旅客的清查，及故障车底联控关门。

(2)组织故障车值乘班组，一是做好现场宣传解释，安抚旅客；二是提前安装防护网预备开门通风需求；三是接到换乘信息后，做好广播宣传；四是到达南宁东站后，做好旅客换乘工作；五是换乘完毕，按列车晚点处置继续做好列车服务。

(3)列车长按预案要求做好各岗位的分工，并利用对讲机及时传达客调及段指挥中心的通知要求，积极做好现场应急处置工作。

3. 经验总结

(1)信息汇报及时。现场班组对断电情况较为敏感，列车发生断电后 3 min 内向段指挥中心、铁路局集团公司客调电话汇报。

(2)现场秩序稳定。第一次断电 31 min、第二次断电 21 min、晚点 1 h 7 min，列车班组加强车厢巡视及宣传解释，未发生旅客投诉情况。

(3)热备班组启动及时。动车一队接到热备启用计划通知，10 min 内集结队伍到位；接到启动命令后，10 min 内赶到站台待令接车。

(4)换乘处置安全有序。故障车底先到达 C 站，班组组织旅客在车上等候不要下车，防止旅客下车后无法控制现场秩序；10 min 后热备车拉至 C 站后，组织旅客有序换乘，8 min 完成所有旅客换乘完毕。

(5)现场情况掌握准确。中途断电 31 min，列车长密切对接机械师、司机及铁路局集团公司客调，掌握恢复供电及开车信息。在提前做好装网措施的基础上，根据现场车内温度、旅客情绪，及回恢复供电计划，确定是否打开车门，做到了应急有备。

## 二、应急演练

1. ××车间动车组列车故障需启用热备动车组应急演练方案

根据《车站年度客运系统应急演练计划的通知》文件要求，为及时有效地处置热备车底换乘问题，减少旅客滞留时间，车间根据实际于本月进行一次动车组列车故障需启用热备动车组的应急演练，具体演练方案通知如下：

(1)演练目的

提高工作人员在非正常情况下的应急处置能力，及时有效处理动车组列车故障需启用热备动车组突发事件。

(2)演练场景

上午 10:00，G×次因车体故障启用 1 站台热备动车组

(3)适用预案

《××车间应急预案》：热备车底换乘应急预案。

(4)演练人员、定位

①车间主任、书记：负责统一指挥和协调。

②当日值班干部：负责向车站值班室汇报，启动应急预案、现场的指挥和协调。

③客运副主任：负责本次演练的安全工作。演练过程中，负责维持旅客换乘现场秩序，做好各方面安全防护工作，保证演练现场人员安全。

④主任安全员：负责在综控室盯控，督促综控员做好与行车室及各岗位的联系，用电台加强与现场作业的安全互控，及时广播临时更换站台信息。

⑤带班干部：负责换乘期间作业人员的岗位安排，在换乘行走线路站台、地道、电梯口、转

角处等关键部位安排专人宣传引导，防止旅客进错站台、上错车，做好旅客的安抚解释工作，确保旅客的人身和财物安全。

⑥站台客运值班员：负责联系计划室掌握列车售票张数、席位分布、调整、大小号车厢旅客上车人数、剩余票额等情况的查询和预报，在1站台与列车长进行交接，做好旅客的安抚解释工作，确保旅客的人身和财物安全。

⑦候车室客运值班员：负责闸机口的旅客组织，提前在闸机口对换乘旅客进行更换站台的喇叭宣传，对需要退票、改签的旅客及时引导，做好旅客的安抚解释工作，确保旅客的人身和财物安全。

⑧进、出站口客运值班员：负责出站通道的旅客组织，在出站通道进行喇叭宣传，引导换乘旅客上一站台乘车，做好旅客的安抚解释工作，确保旅客的人身和财物安全。

(5)演练所需道具备品

电台，喇叭，宣传小蜜蜂。

(6)安全重点项点

换乘组织：对老、幼、病、残、孕等重点旅客安排专人引导，防止在走行过程因人多、行走距离较远等因素造成摔伤或漏乘。

(7)演练程序

①综控室接到G×次因车底故障启动1站台热备车底的调度命令后，立即用电台通知值班干部、带班干部、值班员。

②车间值班干部立即启动热备车底换乘应急预案命令，并向车站值班室汇报："××车站G×次动车因设备故障，已启动热备车组换乘应急预案。"

③各岗位接到启动应急预案的通知后：

综控室：立即做好广播宣传，将G×次列车变更1站台信息进行广播及电子显示屏的公布。

候车室闸机口：组织旅客在闸机口排队候车，向旅客做好宣传和解释工作，引导旅客先下到站台，经出站通道上1站台乘车，对不愿意换乘的旅客做好劝导，帮助(老、幼、病、残、孕人员)重点旅客安全上车。

2站台：在电梯口进行宣传引导旅客经出站电梯下到出站通道，上1站台乘车，做好旅客的安抚解释工作，确保旅客的人身和财物安全。

出站通道：在出站通道、出站口加大宣传力度，引导旅客上1站台乘车，防止换乘旅客随出站客流出站，做好旅客的安抚解释工作，确保旅客的人身和财物安全。

1站台：站台客运值班员做好列车交接工作，与各岗位做好电台互控，旅客的安全防护，防止旅客漏乘。

④G×次列车停止检票，正点开出站台，值班干部宣布应急演练结束。

2. 动车组旅客站内换乘应急处置演练方案

(1)换乘准备

列车长接到站内换乘的调度命令(含车站客运人员转达的口头调度命令)后，与车站工作人员做好沟通，确定站内换乘路径及开始换乘时间。

司机：G×次列车长，本列故障已经无法运行，接调度通知，将在本站实施旅客换乘G××CRH380B型动车组。

列车长:本站实施旅客换乘G××CRH380B型动车组,明白。

列车长:×站客运值班员,确认换乘时间和站台。

×站客运值班员:×时×分开始换乘,热备车停留在×站台。

列车长对讲机通报全体乘务人员:×时×分开始换乘,热备车停留在×站台,请各车列车员在5 min内完成分管车厢的人数统计。请餐服人员打包商品,做好下车准备。

列车员依次回答:收到。

餐服员回答:收到。

(2)广播宣传

乘务人员统计旅客人数期间,列车长实施站内换乘广播宣传:女士们、先生们,本次列车因设备原因,不能继续运行,需要您换乘另外一组列车,请整理好自己的随身物品,按先后顺序排队下车。下车后请听从工作人员引导换乘,并按照车票上的座位号对号入座。如果您的座位号与原有车厢发生变化,请听从列车工作人员安排,因此产生票价差额,我们将为您出具证明,到站后办理退款。对此我们深表歉意,感谢您的理解和配合!

(3)人数统计

列车员统计完乘车人数后,逐一回复列车长:报告列车长,×车×人,其中重点旅客×人。

列车长:收到。

列车长将人数进行汇总。

(4)实施换乘

按照与车站确定的换乘时间,列车长通知各职乘务人员按照车厢分工组织旅客下车,与换乘车站做好配合,保证旅客上下车和站内行走安全。餐车人员及时将打包商品转移至新车体,列车长指定专人配合。

列车长通知司机打开站台一侧车门:G×次司机,请打开站台一侧全部车门。

司机:打开站台一侧全部车门,明白。

列车长布置任务:1～4车列车员将列车备品、票据和收入等转移至热备车体。5～8车列车员负责转运期间乘降组织秩序。餐服员将商品全部转移到热备车体。

列车员逐一回复:收到。

列车员在换乘过程中,做好口头宣传和引导,必要时使用扩音器,保证旅客上下车和站内行走安全。

列车员:下车时,请注意脚下安全,听从车站工作人员指导。

待旅客下车完毕后,列车长安排专人员巡视检查,防止旅客物品遗留在车内。

列车长:5～8车列车员全列巡视,查看有无未下车旅客和遗失品。

5～8车列车员:明白。

5～8车列车员全列巡视完毕,报告列车长:全列巡视完毕,未发现旅客和遗失品。

(5)换乘确认

旅客到达新车体后,列车长组织乘务员统计人数。

列车长:列车员统计人数,逐一报告。

列车员:报告列车长,×车×人,……×车×人。

餐服员将商品全部转移到新车体后,向列车长报告:列车长,所有商品已经转移至新体。

1～4车列车员:报告列车长,所有列车备品、票据和收入已经转移至新车体。

列车长：收到。

列车长确认全部乘务人员和旅客、商品已经转移后，通知司机开车：G×次司机，旅客已经全部转移至热备车体。请关闭车门。

司机：G×次司机明白。

司机实施关门后开车。

(6)信息报告

开车后，列车长向运行所在局集团公司客调、本段生产指挥中心汇报：×局集团公司客调（本段生产指挥中心），G×次故障列车已将旅客换乘完毕，共计换乘××人，重点旅客××人。列车于×时×分在××站开车旅客无不良反映，车内秩序正常。

## 典型工作任务五　动车组区间换乘应急处置

### 任务目标

1. 明确动车组区间换乘时岗位职责分工。
2. 能够正确处理动车组区间换乘突发情况。
3. 会使用应急物品。

### 知识链接

#### 一、岗位职责

接到司机转达的组织旅客换乘热备动车组的调度命令时，列车长应立即向列车工作人员传达，分配工作任务（表 6-10），做好换乘准备工作。

**表 6-10　动车组区间换乘岗位职责**

| | | |
|---|---|---|
| 岗位职责 | 列车员 | 1. 做好安抚工作，维持好车厢秩序<br>2. 有序疏散车内旅客，重点旅客优先换乘<br>3. 做好广播宣传和安全提示，引导旅客有序通过安全渡板到救援列车 |
| | 列车长 | 1. 向司机、机械师了解停车原因，向客调、值班室、车队汇报<br>2. 统一口径，布置乘务员巡视车厢，做好旅客宣传和安抚工作<br>3. 与故障车列车长确定开启车门位置，组织换乘，做好交接，组织乘务员安装安全渡板 |
| | 机械师 | 1. 会同司机对故障进行检查和处理<br>2. 机械师取出备品柜内的应急渡板 |
| | 司机 | 1. 会同机械师对故障进行检查和处理<br>2. 如不能修复，司机向列车调度员请求救援，确定出动热备动车组进行换乘 |

#### 二、应急物品

动车组区间换乘时，列车工作人员应合理使用应急物品（表 6-11），组织乘客有序换乘至救援列车，尽快恢复动车组列车正常的运输秩序。

**表 6-11　动车组区间换乘应急物品**

| | 图片(名称) | 使用方法及用途 |
|---|---|---|
| 应急物品 | (广播设备) | 用途:换乘动车组引导宣传 |
| | (安全渡板) | 用途:站内换乘时不邻靠站台,发生旅客区间换乘时使用。应用它能让旅客撤离到平行停放的另一列车中或作为梯子下到轨道上 |
| | (喇叭) | 用途:引导换乘,安全宣传。按住按键,讲话完毕后松开按键即可 |
| | (对讲机) | 用途:工作人员之间需通话时,主叫方应转换对讲机通信频道至被叫方守候频率建立通信。通话结束后,主叫方应及时调回原频率守候<br>车站客运班组使用 3 频(457.725 MHz);乘务班组使用频率为 2 频(457.950 MHz);动车组司机、随车机械师使用频率为 1 频(467.200 MHz);普速铁路列车司机、车辆乘务员使用频率为 4 频(457.700 MHz)(以中国铁路广州局集团有限公司对讲机日常管理与使用为例) |
| | (照明灯) | 用途:隧道内换乘时,应急照明 |

## 三、动车组区间换乘应急处置流程

迅速启动应急处置预案,按动车组区间换乘应急流程分工协作(图 6-5),及时恢复正常的运输组织秩序。

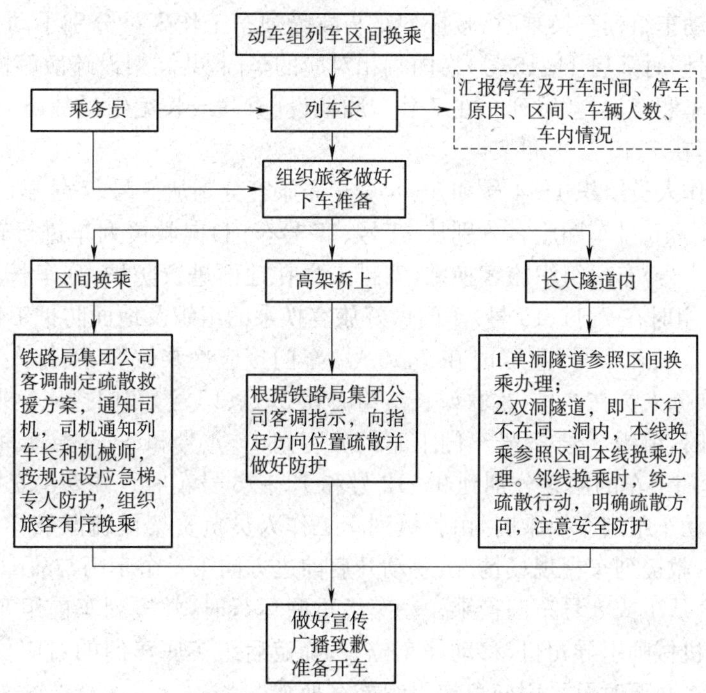


图 6-5　动车组区间换乘应急流程图

1. 动车组列车需区间换乘热备动车组的应急处置程序(以武汉局集团公司为例)

(1)接受任务。列车长接到司机转达的组织旅客换乘热备动车组的调度命令时,要了解热备动车组列车担当的车次、运行区间以及编组变化等情况,并应立即向列车工作人员传达,列车工作人员应检查车内情况,做好换乘准备工作。

(2)广播通告。列车应向旅客通告换乘的决定,告知安全注意事项;并对列车不能如期运行给旅客出行造成的不便,列车长应代表铁路部门向旅客致歉,并感谢旅客的配合,做好后续服务工作,取得旅客的支持与谅解。

(3)统一指挥。救援动车组列车到达指定位置,由现场救援指挥负责人统一指挥,司机和列车长负责对准故障动车组车门,救援动车组与被救援动车组列车长组织乘务组人员手动打开指定车厢车门(随车机械师配合),放置好过渡板,会同公安、客运等应急人员共同做好防护、组织旅客有序换乘。对由于线路、动车组重联等无法实现各车厢车门对位时,应使用应急梯。换乘过程中,动车组禁止移动。

(4)安全防护。列车长准备好疏散舷梯(安全渡板)或应急梯,并预先放在指定车门处,检查疏散舷梯(安全渡板)或应急梯处于良好状态并安装好扶手,其他工作人员予以协助。故障车和救援车列车长应将列车工作人员分成 2 组(重联时增加 2 组),各组分别负责一个疏散舷梯(安全渡板)或应急梯的安全防护。救援列车停靠指定位置前,严禁开启车门。

(5)本线换乘时,列车长在接到司机转告列车调度员已扣停邻线列车及下车方向的通知后,故障车和救援车都打开指定下车方向侧车门,并放置和固定好疏散舷梯(安全渡板)或应急梯后,组织旅客有序下车、上车,车上、车下均安排人员防护,防止旅客摔伤。其他工作人员做好宣传引导,维持秩序。

(6)邻线换乘分两种情况。

①同一车型动车组列车换乘时，救援列车与故障列车工作人员分别手动打开3、7号车厢(重联或长编组时同时开启11、15号)靠内端相对应的车门，共同架设疏散舷梯(或安全渡板)，故障列车在3号车厢架设，救援列车在7号车厢架设(重联或长编组时故障列车在3、11号车厢架设，救援列车在7、15号车厢架设)。

故障列车工作人员组织1～4号和5～8号车厢旅客分别从3号、7号车门(重联或长编组时9～12车和13～16号车厢旅客分别从11号、15号车门)向救援列车进行转移；列车长在3号(重联时在3、11号)车门组织旅客换乘，安排人员在地面进行防护；列车长安排工作人员在7号(重联或长编组时在7、11、15号)车门做好旅客换乘的组织及地面防护工作。

救援列车列车长在7号(重联时在7、15号)车门接应换乘旅客，安排人员在地面进行防护；列车长安排乘务人员在3号(重联或长编组时在3、11、15号)车门接应换乘旅客，并做好地面防护工作。同时，组织3号、7号车门上车的旅客到1～4号和5～8号车厢(重联或长编组时11号、15号车门上车的旅客分别到9～12号和13～16号车厢)，并妥善安排旅客。

②不同车型动车组列车换乘时，由救援列车工作人员负责架设疏散舷梯(安全渡板)。动车组单列运行时，救援列车视现场情况，手动开启前进方向第一个车门与故障列车1或8号车门对齐，组织旅客从1或8号车门换乘。动车组重联运行时，救援列车前组车体换乘完毕后，由救援列车随车机械师引导司机，移动停车位置，确定后组车底车门的对应位置后，再组织后组车底旅客换乘。必要时可采用应急梯组织旅客换乘。

疏散舷梯(安全渡板)安装平稳牢固后，按照安全有序、逐个通过的原则组织旅客换乘。乘警(列车安全员)加强车内巡视和宣传，维护好车内秩序。

(7)广播致歉。旅客换乘完毕，故障车列车长安排列车工作人员全列巡视，确保无旅客滞留和行李遗留后，与救援车列车长办理交接。列车长和随车机械师负责疏散舷梯(安全渡板)或应急梯的撤回、拆卸及存放工作，锁闭车门并向司机反馈信息。救援车列车长代表铁路部门向旅客致歉。故障车列车工作人员跟随原车底返回，如故障车在最近营业站停车时，列车乘务人员可根据车队安排，携带备品备件下车退乘。

2. 动车组列车在长大隧道需换乘热备动车组的应急处置程序

(1)接受任务。列车长通知客服调度需开启隧道照明，由客服调度通知供电部门通过远动开关方式开启照明；无法远动开启照明时，列车长应安排客运乘务人员(原则上为男性)携带通信、照明工具，手动解锁打开运行方向无线路一侧指定车门(单洞双线隧道位于运行方向左侧，双洞单线隧道位于运行方向右侧)，沿隧道内的疏散通道，到就近的开关箱开启照明，开启后迅速返回列车。列车长(或随车机械师)负责车门开关和防护。

(2)遇单洞隧道，应急处置程序按照区间换乘办理。

(3)遇双洞隧道，即上下行线路不在同一洞内，分以下两种情况处置：

①本线换乘时，开启隧道照明后，比照区间本线换乘办理，组织旅客从会车侧车门下车，但须安排人员做好防护，防止旅客误入疏散通道进入邻线隧道。

②邻线换乘时，故障车列车长首先确定列车邻靠的最近救援通道编号(在救援列车到达前不得打开救援通道门)，由列车长通报司机，司机向列车调度汇报，列车调度据此安排救援列车的停靠位置。故障车列车长根据救援通道位置，确定距救援通道最近的两个车门，通知列车工作人员做好换乘准备工作。

救援列车停稳后，救援车列车长安排人员打开救援通道门及距救援通道最近的两个车门，架设疏散舷梯(安全渡板)或应急梯,做好换乘准备,完成后通知故障车列车长。

故障车列车长接到救援列车长的通知后,立即安排打开车门,架设疏散舷梯(安全渡板)或应急梯,组织旅客换乘。

故障车列车长会同乘警(列车安全员)全列巡视,确认旅客换乘完毕,并确认双侧隧道及救援通道内无滞留旅客及遗留行李,通知救援车列车长,双方办理交接,故障车列车长负责关闭两侧救援通道门和隧道照明,并通知本车司机,由司机向列车调度汇报。

救援车旅客换乘完毕,列车工作人员应将疏散舷梯(安全渡板)或应急梯收好定位存放,锁闭车门并向司机反馈信息。救援车列车长代表铁路部门向旅客致歉。故障车列车工作人员跟随原车底返回,如故障车在最近营业站停车时,列车乘务人员可根据车队安排,携带备品备件下车退乘。

3. 因车型转换如出现列车定员不足时,车班要做好安抚致歉工作,同时尽量按照席别安排旅客就座(车站提供调整方案时组织车班按照调整方案执行),出现高席别乘坐低席别的情况时应编制客运记录交车站,作为旅客到站退差的凭证。

## 四、安全防控点

加强动车组区间换乘安全防控(表 6-12),确保旅客安全有序换乘,及时恢复运输组织秩序。

**表 6-12　动车组区间换乘安全防控点**

| 序号 | 安全风险卡控点 | 防控措施 |
| --- | --- | --- |
| 风险一 | 换乘旅客漏乘漏降 | 1. 加强广播设备的日常检查,加强人工宣传力度<br>2. 加强车内组织引导,防护工作到位,确保旅客换乘时安全有序下车,防止挤伤、摔伤 |
| 风险二 | 重点旅客服务不到位 | 重点旅客要做好重点照顾,要做到“三知三有” |

## 知识运用

### 一、案例分析:动车组设备故障,进行区间邻线换乘

1. 事件概况

20××年×月×日 15:38,××城际铁路(CTCS-3 级,300～350 km/h 区段)C××次(应急演练列车,CRH3 单组动车组)运行至×高铁乙至丙站间下行线 K36+500 处因车辆故障(模拟)停车,司机立即呼叫随车机械师前往司机室配合处理并报告列车调度员。经随车机械师检查确认动车组出现故障暂时无法修复,且不能使用机车或其他动车组重联救援。

2. 事件处理

(1)司机立即将随车机械师处理结果向列车调度员汇报,同时将列车故障需在区间进行旅客换乘的情况向列车长进行通报。

(2)列车长在得到司机的通报后立即通过广播反复向旅客进行宣传:“旅客们,现在列车发生设备故障,无法运行,我们将进行区间救援,请在座位上就座,听从工作人员的指挥和引导。”同时列车长启动应急预案,按一车一人的原则,对列车工作人员进行分工安排(1 车:保洁员;2 车:列车员;3 车:列车员;5、6 车:列车长全面指挥;7 车:餐饮人员;8 车:保洁人员;乘警在 1 号车)，工作人员分头向旅客宣传、提醒注意事项。同时在2、6号车厢各组织发动2～3名年轻力壮的旅客参与救援工作，为后续救援做好人员准备。

(3)列车调度员在第一次接到C××次司机关于列车故障停车的报告后，立即扣停续行列车，并将列车故障停车情况通报动车台、值班副主任，值班副主任赶赴调度台把关处理。在第二次接到C××次司机关于列车故障无法运行请求救援的报告后，及时将情况再次通报动车台、值班副主任，值班副主任将情况通报调度所领导、铁路局集团公司领导。

经动车台调度员与值班副主任、调度所值班领导协商，决定启用停于甲站×场的CRH3热备动车组进行旅客区间换乘救援。

(4)因乙站、丙站、丙线路所、丁线路所、丁站内上下行线间均无渡线道岔，救援动车组在甲站—乙站—丙站—丙线路所—丁线路所—丁站—戊站间反方向运行，列车调度员立即对列车的运行进行调整，同时发布热备动车组出动救援调度命令、区间封锁调度命令和救援列车×次列车反方向运行调度命令，并将救援方案通知C××次和救援列车×次列车司机。

(5)C××次司机接到列车调度员救援方案的通知后，立即转报列车长，并要求列车长做旅客换乘准备工作。

(6)C××次列车工作人员在列车长指挥下取出4号车厢备品柜内两块过渡板。由2号、3号车厢工作人员及年轻力壮的旅客运送至2号车厢前进方向后部右侧车门处，6号、8号车厢作人员及年轻力壮的旅客运送至6号车厢前进方向后部右侧车门处。同时列车工作人员(饮、保洁人员)通过车内广播向旅客进行广播："旅客们，请大家保持秩序，现在列车工作人正在安装过渡板，准备换乘，请大家先在座位上就座，等候列车工作人员引导。"

(7)16:38，救援列车×次运行至C××次邻线对应位置对标停车，C××次列车用对讲机与救援列车×次列车长进行通话，确定开启2、6号车厢前进方向后部车门进行客换乘，列车长立即向工作人员布置开门方案：分别由列车长和随车机械师负责手动开门。门打开后列车长和随车机械师组织一名列车工作人员及两名年轻力壮的旅客先行下车，并安过渡板的防护栏。旅客与工作人员合作将过渡板连接到救援列车对应车门处，确保平稳牢固并在车下扶稳。列车长同步进行广播："旅客们，由于列车故障无法修复，将采取换乘的方法将大家送达目的地，请给予配合，听从工作人员的引导。"

7号、8号车厢工作人员组织5～8号车厢的旅客前往6号车厢前进方向后部右侧车门进换乘，1号、2号、3号车厢工作人员组织1～4号车厢旅客前往2号车厢前进方向后部右侧门进行换乘。

列车长在7号车厢进行广播："请5～8号车厢的旅客按照工作人员的指示前往6号车厢前进方向后部车门进行转移，请1～4号车厢的旅客按照工作人员的引导，前往2号车厢前进方后部车门进行转移。请大家按照工作人员的引导进行转移，并注意脚下安全。"

各车厢工作人员同步做好旅客的宣传、解释和疏散组织工作。列车员、保洁和餐饮人员负责维持秩序。车厢工作人员先行通过过渡板到达救援列车，做好接应工作。

旅客在工作人员引导下，有秩序地通过过渡板到达救援列车。工作人员做好安全提醒。

待旅客转移完毕后，1号、8号车厢工作人员查看车厢内旅客转移情况，分别向列车长汇报："旅客全部转移完毕。"

列车长在接到"旅客全部转移完毕"的报告后，组织工作人员将过渡板撤回，并手动关车门，同时救援列车×次乘务人员也手动关闭车门，C××、救援列车×次列车长分别向列车司机汇报："旅客换乘完毕，车门已关闭。"

## 二、区间换乘应急演练

1. 发生故障

列车长广播临时停车："女士们、先生们，列车现在是临时停车，请列车员加强巡视，注意安全。"

列车长："G××次司机，什么原因停车。"

司机："因××故障，临时停车。"

列车长："G××次列车长明白。"

列车长组织列车员加强巡视。

司机："G××次车长，因故障无法排除，调度通知做好区间换乘准备，等待救援。"

列车长："G××次列车长明白。"

列车长利用广播通知旅客准备邻线换乘，并宣传换乘方法及安全注意事项："女士们、先生们，本次列车因××故障，不能继续运行，需换乘邻线列车，请准备好您的物品，在座位上等候换乘，感谢您的理解和配合。"

2. 换乘准备

列车长对组织列车员到车辆备品柜内取出应急梯，并送到指定位置组装，10 min内完成组装。

列车长："1～4车列车员到5车(应急梯位置：CRH380B型在5车，CRH380BG、CRH5型在1、8车)取出应急梯及两根安全绳运送至3车二位门组装；5～8车列车员到5车取出另一组应急梯及两根安全绳运送至6车二位门组装。组装完毕后，由餐服员和保洁员负责看守应急梯和安全绳，1～4车列车员回到车厢统计1～4车车内人数和重点旅客情况，5～8车列车员统计5～8车旅客人数和重点旅客情况。"

全体列车员："×车列车员明白。"

3. 人数统计

列车员统计完人数向列车长汇报。

1～4车列车员："报告车长，1～4车共有旅客××人，无重点旅客。"

5～8车列车员："报告车长，5～8车共有旅客××人，无重点旅客。"

列车长向运行所在局集团公司客调、本段生产指挥中心报告："×局集团公司客调(本段生产指挥中心)，××时××分G××次列车因××故障无法修复，列车无法运行，调度通知区间换乘，列车已经做好换乘准备工作，车内共有旅客××人，无重点旅客，列车正在等待救援。"

4. 实施换乘

热备救援列车到达相邻线路前，故障车列车长通知救援车列车长换乘旅客具体车门位置："救援车列车长，故障列车已将两组救援梯分别放在3车二位门和6车二位门，请组织人员做好开门架梯换乘准备。"

热备车列车长："救援列车长，明白。"

故障车列车长通过对讲机布置换乘具体分工："餐服员负责在车内引导旅客，将1～4车旅客按3241的顺序引导至3车二位门换乘，5～8车旅客按6758的顺序引导至6车二位门换乘，旅客换乘完毕检查旅客遗失品，向我汇报。换乘时，1～4车列车员负责3车二位门的防护,5～8 车列车员负责 6 车二位门的防护,组织旅客通过渡板进入救援列车,禁止两人以上同时通过,列车员清点好换乘旅客人数,换乘完毕后向我汇报。”

列车员依次回答:“×车列车员收到。”

救援列车到达后,列车长要及时与司机取得联系,与随车机械师一起配合司机将两列车对位,车门位置对准后,故障车和救援车列车长分别通知司机对位完毕停车。

故障车列车长、救援车列车长:“G××次司机,列车对位完毕。”

司机:“G××次司机明白。”

列车停稳后,救援车列车长利用对讲确认本列是否做好换乘准备。

救援车列车长:“救援列车列车员是否到达指定换乘位置。”

救援车列车员:“×车列车员已到达指定换乘位置。”

救援车列车长:“救援车司机,救援列车已经做好旅客换乘准备,是否可以打开车门。”

救援车司机:“可以打开车门,组织换乘。”

救援车列车长:“救援列车列车员手动将 3 车二位门和 6 车二位门手动打开。”

救援车列车员:“报告车长 3 车二位门已经打开。”

救援车列车员:“报告车长 6 车二位门已经打开。”

救援车列车长:“故障列车车长,救援列车已经将 3 车二位门和 6 车二位门打开,可以安装应急梯。”

故障车列车长:“故障列车车长明白。”

故障车列车长:“G××次司机,救援列车车门已经打开,做好换乘准备,是否可以打开车门。”

故障车司机:“可以打开车门”。

故障车列车长:“全体列车员注意,手动将 3 车二位门和 6 车二位门打开,跨车体安放应急梯。”

应急梯安放完毕,列车员分别通知列车长:“报告车长,×车应急梯已安放完毕。”

故障车列车长接到列车员报告后对讲机通知餐服员(保洁员)协助列车员:“餐服员(保洁员)协助列车员开始组织旅客换乘。”

餐服员(保洁员):“收到。”

换乘时,故障车列车长广播安全注意事项:“女士们、先生们:本次列车因设备原因,不能继续运行,需换乘邻线列车,请携带好您的物品,听从工作人员引导,在 3 号、6 号车厢车门换乘。在渡板上行走时,请把好扶手,一次限过一人,特别要注意不要抢行,不要拥挤,照顾好身边的老人和儿童。对此我们深表歉意,感谢您的理解和配合!”(广播至旅客换乘完毕。)

5. 办理交接

旅客换乘完毕后,故障车各职人员向车长报告换乘情况。

餐服员(保洁员):“报告车长,1～4 车旅客换乘完毕,无旅客遗失品。”

餐服员(保洁员):“报告车长,5～8 车旅客换乘完毕,无旅客遗失品。”

故障车 1～4 车列车员:“报告车长,1～4 车共计换乘××人。”

故障车 5～8 车列车员:“报告车长,5～8 车共计换乘××人。”

故障车列车长:“救援车列车长,故障列车共计换乘旅客××人,无旅客遗失品,请确认。”

救援车列车长对讲机与列车员确认换乘旅客人数后,通知故障车列车长:“故障车列车长,救援列车共计换乘旅客××人,人数一致。”

故障车列车长对讲机通知列车员收回应急梯:“全体列车员,将应急梯收回,手动关闭车门。”

救援车列车长:“全体列车员手动关闭车门。”

救援车 1～4 车列车员:“3 车二位门已关闭。”

救援车 5～8 车列车员:“6 车二位门已关闭。”

救援车列车长:“G××次司机,旅客换乘完毕,车门已关闭,具备发车条件。”

救援车司机:“G××次司机明白。”

故障车列车长组织乘务人员返回车内,拆分应急梯,归位,待命。

救援列车启动《高速铁路动车组晚点应急处置程序》。

6. 信息报告

换乘完毕后,救援列车和故障列车分别向运行所在局集团公司客调、本段生产指挥中心报告汇报换乘情况。

列车长:“×局集团公司客调(本段生产指挥中心),故障(救援)列车已将旅客换乘完毕,共计换乘××人,旅客无不良反映,车内秩序正常。”

## 典型工作任务六　车门夹人夹物应急处置

### 任务目标

1. 明确车门夹人夹物岗位职责分工。
2. 能够正确处理车门夹人夹物突发情况。
3. 会使用应急物品。

### 知识链接

#### 一、岗位职责

遇车门夹人夹物突发情况,各岗位应做好应急处置分工,确保旅客安全,维持现场秩序(表 6-13)。

表 6-13　车门夹人夹物应急岗位职责

| | | |
|---|---|---|
| 车站岗位职责 | 客运车间值班干部 | 1. 立即赶赴现场,组织客运人员做好应急处置工作<br>2. 及时将现场处置情况向综合指挥中心汇报 |
| | 客运值班员 | 做好客运各岗位的应急处置分工,疏导旅客,维持现场秩序 |
| | 客运员 | 1. 配合客运值班员维护车站秩序,做好客运组织工作<br>2. 列车即将关闭车门起动时,发生被列车车门夹住的情况,客运人员立即通过电台 1 频道呼叫司机停车,并跟随列车帮扶旅客或行李 |
| 列车岗位职责 | 列车员 | 列车员发现车门夹人夹物,立即呼叫司机停车或暂停开车,必要时按下紧急停车按钮 |
| | 列车长 | 1. 立即赶赴现场,同时通知机械师到场处理,配合随车机械师将车门打开,并将旅客或物品转移安全地带<br>2. 对旅客进行安抚,发生旅客人身伤害案规定程序处理<br>3. 对列车晚点及处理结果上报客调台和客运段安全生产指挥中心 |

## 二、应急物品

发现车门夹人或物，危及人身安全或行车安全时，应立即使用应急物品（表 6-14），采取应急措施。

**表 6-14　车门夹人夹物应急物品**

<table>
<tr><th></th><th>图片（名称）</th><th>使用方法及用途</th></tr>
<tr><td rowspan="4">应急物品</td><td>列车紧急制动阀</td><td>用途：发生应急情况必须紧急停车时，拉下按钮即停车</td></tr>
<tr><td>（对讲机）</td><td>用途：工作人员之间需通话时，主叫方应转换对讲机通信频道至被叫方守候频率建立通信。通话结束后，主叫方应及时调回原频率守候<br>车站客运班组使用 3 频（457.725 MHz）；乘务班组使用频率为 2 频（457.950 MHz）；动车组司机、随车机械师使用频率为 1 频（467.200 MHz）；普速铁路列车司机、车辆乘务员使用频率为 4 频（457.700 MHz）（以中国铁路广州局集团有限公司对讲机日常管理与使用为例）</td></tr>
<tr><td>（紧急开门装置——塞拉门）</td><td rowspan="2">用途：动车组车门分为塞拉门和侧拉门两种，塞拉门一般在车门侧面墙体立柱上有紧急开门拉手，按照提示，可拉开车门。侧拉门（CRH2 系列动车组）也有紧急开门阀，只要将车门的气路切除，就可以打开车门<br>紧急开门：将按钮外部防护罩按破，按下按钮，配合内部紧急开锁手柄，手动打开车门<br>钥匙开关：用钥匙扭动开关，配合内部紧急开锁手柄，手动打开车门</td></tr>
<tr><td>（紧急开门装置——侧拉门）</td></tr>
</table>

## 三、车门夹人夹物应急处置流程

在发生动车组夹人夹物后，应加强车站工作人员与列车工作人员的配合联系，反映及时，妥善处理，确保旅客列车运行秩序正常，如图 6-6 所示。

1. 车站客运人员发现夹人夹物应急处理

(1)紧急呼叫。发现动车组车门夹住旅客身体或异物，时间紧急需要叫停列车时，站台客运员通过电台 1 频道直接呼叫司机停车，呼唤用语为："××次司机，请立即停车。××站客运员报告。"司机回答："××次司机明白。"并立即通知值班员。

(2)立即停车。列车紧急停车后，通过对讲机呼叫列车长："××次列车长，车门夹住旅客(异物)，立即开门，××站客运员。"

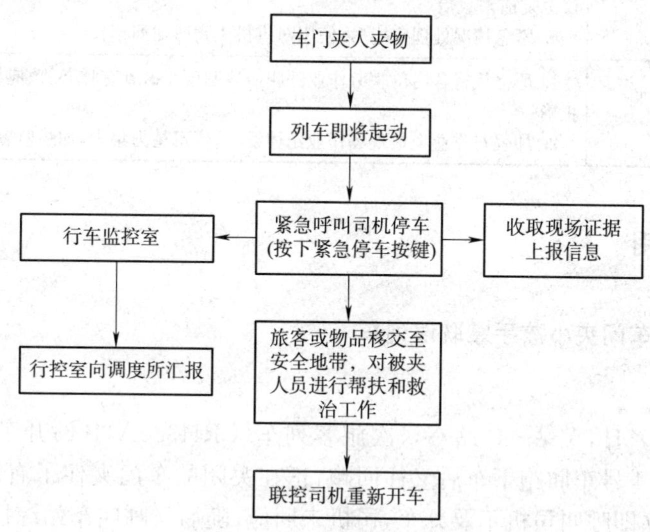


图 6-6　车门夹人夹物应急流程图

(3)现场处理。将被夹人员扶到站台安全位置，检查受伤情况，发现受伤时，立即拨打 120 通知就近医院赶赴站台抢救伤员，收集不少于两份的旅客旁证材料及当事旅客身份证复印件、车票复印件，对受伤旅客的车票做好改签或退票服务工作，同行人同样办理。如被夹人员是旅客且未受伤，自愿继续乘车的前提下，与列车长办理好交接，并收集不少于两份的旅客旁证材料。

(4)重新开车。紧急事件处置完毕后，通知列车长，呼叫用语为："××次紧急情况处置完毕，××站客运员报告。"由列车长通知司机紧急事件处置完毕。

2. 列车工作人员发现夹人夹物应急处理

(1)了解情况。列车工作人员发现车门夹人或物，危及人身安全或行车安全时，应立即通过对讲机 1 频呼叫司机停车或暂不开车，必要时可按下紧急停车按钮。

(2)赶赴现场。列车长接工作人员报告后立即赶到现场，同时通知随车机械师到场处理。

(3)迅速处置。配合随车机械师将车门打开，并将旅客或物品转移到安全地带。

(4)联控司机。关闭车门后，联控司机开车。

(5)善后处理。对被夹的旅客进行安抚,发生旅客人身伤害时按旅客意外伤规定的程序进行处理。

(6)信息上报。对列车晚点情况及处理结果上报客服(调度)台和段调度室。

**四、安全风险卡控点**

严格执行车门夹人夹物卡控措施(表 6-15),加强应急处置组织,优化联系、确认、协调、处理流程。

**表 6-15　车门夹人夹物安全卡控点及控制措施**

| 序号 | 安全风险卡控点 | 控制措施 |
| --- | --- | --- |
| 风险一 | 列车车门夹住人或物 | 1. 使用对讲机 1 频通知司机立即停车,并及时报告值班员和综控室<br>2. 将车门夹住的旅客带到站台安全地带,检查受伤情况,如旅客受伤拨打 120 联系协议医院前来救治<br>3. 紧急情况处理完毕后,使用对讲机 1 频通知列车长 |
| 风险二 | 联劳作业呼叫应答不落实 | 1. 严格执行各岗位联劳作业呼叫应答制度。做到有呼必答、应答及时、用语准确,内容正确<br>2. 加强对作业人员现场作业纪律要求,当班精力集中,加强监控力度 |

## 知识运用

**一、案例分析:车门夹小孩手掌耽误列车**

1. 事件概况

20××年×月×日,A 站—C 站 G×次旅客列车(CRH380A)B 站开车关门时,一个 2 岁左右的小孩突然从 4 号车厢跑下车后又往回跑,正在关闭的车门夹住了右手手掌。送车的客运值班员发现后,立即呼叫司机不要开车,司机未回应,随后又呼叫车站综控室,同时跑上前去托住小孩。列车起动时,客运值班员托住小孩一起行进了 20 余米。19:32:49 列车停车,但车门未开,司机呼叫随车机械师 MON 屏显示 4 车 2 位车门故障,机械师到司机室确认,查看 MON 屏,全列车门关闭良好。19:33:08,列车再次起动,客运值班员继续托住小孩随车跑动,但因车速过快无法跟上被迫放手。其间车上小孩父亲情急之下用紧急破窗锤砸破了车门玻璃,19:33:15 车上有乘客连续按下 4 车火灾报警和紧急停车按钮,19:33:31 再次有乘客按下 5 车火灾报警和紧急停车按钮。列车长也同时呼叫列车停车。19:34:00 停车开门,车站立即送小孩去医院治疗,经检查为皮外伤,于当天出院。

2. 事件分析

(1)动车组设备设计规范存在隐患。当厚度小于 7 mm 的物体夹在车门时,驾驶台关门灯可以点亮,动车组具备开车条件。

(2)缺乏有效联系协调机制。如车站值班员在开车前发现状况后,需拦停列车时,需要先呼叫综控室,由综控室联系行车室再呼叫司机,时间冗长。

(3)应急处置不完善。客运部门对相关新设备性能方面的掌握、应急操作方面还存在盲区,如动车组车门关闭后,在速度小于 30 km/h 时,可以从车外拉开车门,很多客运人员不清楚。而在车内旅客连续按下火灾报警按钮和紧急停车按钮时,司机未及时采取措施停车。

3. 事件教训

(1)加强对旅客的安全宣传。

(2)加强车辆设备检查。

(3)建立健全卡控措施。加强应急处置组织，制定紧急情况下的快速处理机制，优化联系、确认、协调、处理流程。

## 二、车门夹物品应急演练

1. 演练目的

为提高全体职工车门夹物品的应急处置能力，在发生动车组夹物后，加强车站站台人员与列车人员的配合联系，为确保旅客列车运行秩序正常和旅客运输的安全打下坚实基础。

2. 演练场景

在组织旅客上车的过程中，列车已经打铃交接，一名旅客因车上拥堵后退，导致行李将车门卡住，而旅客担心下车后车门关闭上不了车，所以不肯下车，导致车门未能正常关闭，启动应急预案。

3. 演练地点

客运车间1站台。

4. 演练参加人员、定位

(1)车间主任、书记：负责统一指挥和协调。

(2)当日值班干部：负责向车站值班室、车间主任、书记进行汇报，启动应急预案，以及做好现场的指挥和协调。

(3)带班干部：负责组织人员到位，对现场进行秩序维护，收集旁证，对现场拍照取证，疏导旅客不要进行围观。

(4)主任安全员：负责在综控室盯控，督促综控员负责做好汇报，向行车、调度申请以及与现场的互控。

(5)客运值班员：负责组织人员到位，对现场进行秩序维护，劝导旅客下车从其他车门上车，或者安排改乘下一趟列车，收集旁证，对现场拍照取证，疏导旅客不要进行围观。

(6)公安派出所：负责维护现场的秩序，积极配合客运做好安抚解释、劝解疏导等工作。

5. 演练所需的道具备品

电台、喇叭、行李。

6. 演练程序

(1)站台客运员在组织G××次列车旅客乘降完毕后，看到G××次列车一直无法关门，过去检查发现旅客行李将正在关闭的车门卡住，立即将电台调司机频道，呼叫G××次司机不要开车，呼叫用语为“G××次司机，G××次列车车门夹到行李，请不要发车，×站客运员汇报。”随后立即向综控室汇报。(若客运电台无法呼叫到司机，立即呼叫综控室，由综控室通知行车室呼叫司机请不要发车。)

(2)综控室立即用电台通知值班干部、带班干部赶往现场，并联系行车室、调度申请处理。

(3)值班干部接到汇报后，立即下达启动应急预案并汇报车站值班室及车间主任、书记。

(4)全体参演人员接到命令后赶赴现场。

带班干部组织人员做好站台组织工作，对现场进行秩序维护，收集旁证，对现场拍照取证，疏导旅客不要进行围观。阻止未经批准人员进入现场录音、录像、拍照。

公安派出所派出执勤民警维持现场秩序，积极配合客运做好旅客安抚解释、劝解疏导等工作。

(5)综控室收到调度命令后，通知值班干部、带班干部，立即组织人员将旅客及行李清理下车，编制客运记录交下一趟列车长，处置完毕后立即向综控室汇报。

(6)现场处置完毕，综控室通知行车室通知G××次出站信号重新开放，准备出站。

(7)G××次出站，应急演练结束。

# 典型工作任务七　旅客或行李物品掉入股道应急处置

## 任务目标

1. 明确旅客或行李物品掉入股道岗位职责分工。
2. 能够正确处理旅客或行李物品掉入股道突发情况。
3. 会使用应急物品。

## 知识链接

### 一、岗位职责

遇旅客或行李物品掉入股道突发情况时，各岗位应做好应急处置分工(表6-16)，确保旅客安全，尽快恢复列车运行。

**表6-16　旅客或行李物品掉入股道岗位职责**

<table>
<tr><td rowspan="7">车站岗位职责</td><td>值班站领导</td><td>立即赶赴现场，做好指挥</td></tr>
<tr><td>综合指挥中心</td><td>1. 负责与客调联系，指挥现场应急处置<br>2. 及时将情况通报车站领导并向铁路局集团公司值班室报告<br>3. 掌握信息，准确判断，指挥协调各单位部门做好应急处置</td></tr>
<tr><td>行车监控室</td><td>根据现场信息反馈，向调度所汇报</td></tr>
<tr><td>客运车间值班干部</td><td>1. 立即赶赴现场，组织客运人员做好应急处置工作<br>2. 及时将现场处置情况向综合指挥中心汇报</td></tr>
<tr><td>客运值班员</td><td>1. 做好客运各岗位的应急处置分工，疏导旅客，维持现场秩序<br>2. 根据现场情况协助做好旅客、作业人员、行李、物品、设备设施上站台的准备工作，处理完毕后报告综合指挥中心和行车监控室</td></tr>
<tr><td>客运员</td><td>1. 列车即将关闭车门起动时，客运人员发现情况应立即通过电台1频道呼叫司机停车<br>2. 及时汇报，用专用工具取回行李或帮助旅客、其他作业人员上站台<br>3. 配合客运值班员维护车站秩序，做好客运组织工作</td></tr>
<tr><td colspan="2" style="display:none"></td></tr>
<tr><td rowspan="2">列车岗位职责</td><td>列车员</td><td>列车乘务人员立即通知司机，并通知车站客运值班员对旅客施救或使用专用工具取出行李，完毕后按规定程序关门</td></tr>
<tr><td>列车长</td><td>列车长会同随车机械师立即前往事发地点进行查看，并配合车站做好相关处置工作</td></tr>
</table>

## 二、应急物品

旅客或行李物品掉入股道危及人身安全或行车安全时，应立即使用应急物品(表 6-17)，妥善处理突发事件，确保旅客安全和行车安全。

表 6-17　旅客或行李物品掉入股道应急物品

| | 图片(名称) | 使用方法及用途 |
|---|---|---|
| 应急物品 | 紧急制动阀 | 用途：发生应急情况必须紧急停车时，拉下按钮即停车 |
| | (对讲机) | 用途：工作人员之间需通话时，主叫方应转换对讲机通信频道至被叫方守候频率建立通信。通话结束后，主叫方应及时调回原频率守候<br>车站客运班组使用 3 频(457.725 MHz)；乘务班组使用频率为 2 频(457.950 MHz)；动车组司机、随车机械师使用频率为 1 频(467.200 MHz)；普速铁路列车司机、车辆乘务员使用频率为 4 频(457.700 MHz)(以中国铁路广州局集团有限公司对讲机日常管理与使用为例) |
| | (口哨) | 用途：站台安全宣传，旅客侵入安全线等突发情况下进行提醒，列车即将关门前提醒旅客及时上下车 |

## 三、掉入股道应急处置流程

在旅客或行李物品掉入股道后，应立即叫停列车，妥善处理，确保旅客列车运行秩序正常，如图 6-7 所示。

1. 车站工作人员发现旅客或行李物品掉入股道应急流程

(1)紧急呼叫。发现旅客、工作人员或行李、物品掉下股道，需紧急叫停动车组列车时，将对讲机调至 1 频道，呼叫司机停车，呼叫用语为："××次司机，请立即停车，××站客运员(值班员)报告。"司机回答："××次司机明白。"

(2)现场处理。在得到司机停车的确认呼叫后，立即帮助掉下股道人员上站台，或是用专用工具取回行李、物品。

(3)重新开车。紧急事件处置完毕后，呼叫者通知列车长，呼叫用语为："××次紧急情况处置完毕，××站客运员报告。"由列车长通知司机紧急事件处置完毕。

(4)注意事项：

①列车进站前掉入股道时，在时间充裕的情况下，不需下道时直接用专用工具取回行李或帮助旅客、作业人员上站台。

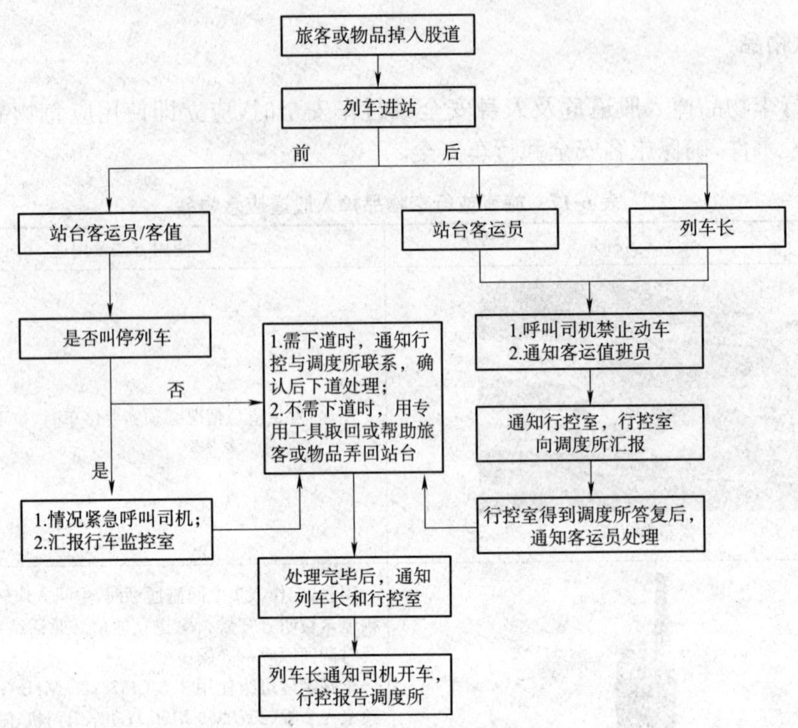


图 6-7　旅客或行李物品掉入股应急流程图

②需要下道处理时，报告行控室与调度联系，得到调度确认同意后方可下道，处理时一人下道，一人防护。

2. 列车工作人员发现旅客或行李物品掉入股道应急流程

(1)迅速告知。发生旅客跌落在站台与车体之间的缝隙，或行李物品掉下站台时，列车工作人员应立即通知车站客运值班员。若列车即将起动时，还应通知司机暂缓开车。

(2)立即处理。由车站客运值班员对旅客施救或使用专用工具取出行李物品。

(3)赶赴现场。列车长会同随车机械师立即前往事发地点进行查看，并配合车站做好相关处置工作。

(4)关门开车。处置完毕后，按规定程序关门。如物品掉落站台，确认不危及列车安全时，可待列车出发后交车站处理。

## 四、安全风险卡控点

严格执行旅客或行李物品掉入股道卡控措施(表 6-18)，加强应急处置组织，防止旅客或行李掉入股道。

**表 6-18　旅客或行李物品掉入股道安全卡控点**

| 序号 | 安全风险卡控点 | 控制措施 |
|---|---|---|
| 风险一 | 物品侵入限界或坠落股道 | 1. 向旅客宣传安全常识，看管好行李物品，防止侵限或掉落股道<br>2. 发现站台无人看管的可移动物品，立即清理出站台<br>3. 发现物品侵限无法移至安全位置或坠落股道时，在不危及行车和人身安全时做好正确处置，并报告综控室；有车进站时立即通过对讲机 1 频呼叫司机紧急停车 |

续上表

| 序号 | 安全风险卡控点 | 控制措施 |
| --- | --- | --- |
| 风险二 | 旅客<br>跳(坠)落股道 | 1. 宣传安全常识,有序乘降,防止跳(坠)落<br>2. 密切注意站台旅客动态,及时防止、制止旅客跳落股道<br>3. 落实封闭式管理,做好站台巡视,做到"一列一清" |
| 风险三 | 站台旅客<br>乘降秩序混乱 | 1. 根据车站客流需求,合理做好站台改扩建规划,不断改善客站站台条件<br>2. 合理安排客车股道,尽量避免同站台大客流列车同时乘降,均衡分散站台乘降组织压力<br>3. 加强广播和人工宣传,引导上车旅客排队乘车和下车旅客有序出站<br>4. 完善站台揭示,做到清晰、醒目和完整<br>5. 合理安排旅客进入站台时间,不赶、骂旅客,及时制止旅客推搡行为 |
| 风险四 | 旅客<br>在站台跟车跑动 | 1. 按规定标准检票、停止检票<br>2. 停检后及时封闭检票口<br>3. 站台作业人员做好旅客安全宣传和引导工作,防止旅客跟车跑动造成伤害 |

## 知识运用

### 一、案例分析

1. 螺纹钢滑落车门间隙耽误列车案例

(1)事件概况

20××年×月×日,一旅客持×局集团公司担当D××次动车组列车车票从A站进站乘车,在B站下车,携带的螺纹钢(其中:1.77 m 2根,1.90 m 2根)滑落在13车运行方向右侧车门踏板与车体安装支座间隙内,造成车门关闭后脚踏板无法收回,经处理耽误列车33 min,构成铁路交通一般D10类事故。

(2)事件分析

站车对旅客随身携带物品检查不认真,没有严格按照《铁路旅客运输规程》规定,阻止旅客携带超长不锈钢管进站乘车,列车乘务人员对旅客携带超长不锈钢管没有发现,也没有采取控制措施。

(3)事件教训

①严格执行《铁路旅客运输规程》规定,加强旅客进站、乘车安全检查,对有可能威胁公共安全或可能对其他旅客造成伤害的大件硬质物品不准进站或带上旅客列车。

②强化安检查危工作,列车乘务人员要严格按标准巡视检查,发现问题,及时正确处置。

③从管理规范化、作业标准化、检查整治常态化入手,强化安全基础管理工作,认真开展隐患排查和风险研判,研究制定切实可行的安全防范措施,杜绝类似事故再次发生。

2. 异态旅客危及铁路安全案例

(1)事件概况

×月×日A站—B站D××次(班组:动三队×组,列车长:肖××)C站放客时,一名男性旅客李×(白色上衣)检票进站后未上车,往1号车方向奔跑,穿越站台尽头护栏进入股道,车长发现后通知车站,一名女性旅客李××声称该男性旅客是自己的弟弟,患有精神疾病。随后车站工作人员赶到现场,车长正常与车站进行联控,列车正点发车。

(2)事件分析

①对异常情况的敏感性较好。列车长在站台立岗时,对周边情况观察到位,能及时发现异常行为旅客。

②应对突发情况处置及时。在第一时间使用录音对讲机通知车站人员到现场处理,避免了事态扩大。

③善于使用随身设备。处置过程中使用视频记录仪收集证据。

④汇报及时。列车长能够及时向指挥中心及车队汇报。

3. 旅客跳股道案例

(1)事件概况

×月×日 15:19,D×次列车进站停稳后,3 站台一名男性旅客突然从 8、9 号车厢车钩连接处跳下股道(重联车底),客运员立刻通知司机和客运值班员,同时与另一位客运员共同将旅客拉上站台,导致该次列车晚开 5 min。随后车站民警和值班干部到场,民警将该旅客带至公安审讯室调查,后经向公安部门了解,该旅客因与妻子吵架,情绪失控做出不理智举动,民警对其批评教育后进行行政警告处罚。

(2)事件分析

①工作人员应加强站台巡视检查和宣传引导,防止旅客进入区间和阻拦列车开车,遇危及行车安全的情况时,应第一时间喊停列车,并按规定采取应急处置措施。

②对于扰乱站车秩序的旅客,应及时通知铁路警察到场,交公安部门处理,并按规定纳入失信人员名单。

③应定期检查视频监控设备的使用状态,确保设备设施状态良好,特别是旅客聚集场所和安全重点区域的视频监控设备,如遇旅客扰乱站车秩序,工作人员处置时应打开随身记录仪或使用手机记录现场情况。

4. 旅客饮酒后误判断坐错车,跳站台换车

(1)事件概况

×月×日 15:24,G××次司机向行调汇报发现 A 站股道内有闲杂人员,行调立即通知公安及车站,车站立即组织值班站长和客运值班员进行排查,同时公安组织相关人员往车站东头进行排查。15:30 左右公安在 A 站东头岔区附近将该人员抓获。经调查分析,该人员属无票旅客(旅客身份信息为:姓名……,性别……,身份证号……,户籍……),身上无任何有效证件,自述从 B 站上车乘坐 G××次到达 A 站下车后,15:02 到达出站口,发现出站口有多名工作人员在查验车票,于是又返回出站通道内,15:13 由出站通道上 3、4 站台,对 4 站台 G××次站台客运员谎称要出站换乘,继续往东走,从四站台东头边缘跳下股道,沿站内 7 道一直往东头走。

(2)事件分析

×月×日 A 站无票旅客均是在站台逗留后从站台两端出站进入区间,站台客运员作业中未认真巡视站台旅客停留情况,未及时发现并制止下车人员通过非正常渠道出站,一列一清及巡视堵卡制度落实不到位,违反《中国铁路×局集团有限公司客运系统作业指导书(KY-CS-NZ-09)》"列车开车后及时做好站台巡视、清理闲杂人员,做到一列一清"的规定。

5. 闲杂人员进入股道案例

(1)事件概况

×月×日 13:12,A 站站台客运员发现 1 站台西头西侧路基上有一个人,立即通知客运值班

员、公安及值班站长赶到现场处置，13:25 公安把闲杂人员带出来，经询问这名人员（姓名……，性别……）称，该闲杂人员从出站口进入1站台接人，然后想出去，所以就跳入股道跑到路基想翻越栅栏出去。经调查分析，出站口客运员在补票室休息，未发现闲杂人员从出站口人工通道门进入站台的情况。

(2)事件分析

出站口封闭管理不严。×月×日A站闲杂人员从出站口人工通道门推门进入站内，出站口人工通道门作用不良，不能锁闭到位，出站口客运员在无作业时未对出站通道进行巡视值守，而是待在补票室休息，以至于没有及时发现和制止闲杂人员从出站口人工通道门进站，封闭管理制度落实不到位，违反了出站口"只出不进"的规定。

## 二、应急演练

根据《车站年度客运系统应急演练计划的通知》文件要求，车间于本月进行了旅客行李、小孩掉入股道的应急演练，具体方案如下：

1. 演练目的

为了进一步提高作业人员在发生非正常情况下，职工能够临危不乱，冷静正确地处置，迅速有效地做出正确的判断及处置，确保旅客乘降安全。

2. 演练场景

G××次旅客检票进站，一名旅客的行李、小孩掉入股道，对上述情况进行应急处理。

3. 适用预案

适用于旅客行李、移动机具掉入站台等影响行车安全的突发情况。

4. 演练人员、定位

(1)车间主任、书记：负责统一指挥和协调。

(2)当日值班干部：负责向车站值班室、车间主任、书记进行汇报，启动应急预案，以及做好现场的指挥和协调。

(3)带班干部：负责组织人员到位，对现场进行秩序维护，收集旁证，对现场拍照取证，疏导旅客不要进行围观。

(4)主任安全员：负责在综控室盯控，督促综控员负责做好汇报，向行车、调度申请下道以及与现场的互控。

(5)客运值班员：负责组织人员到位，对现场进行秩序维护，收集旁证，对现场拍照取证，疏导旅客不要进行围观。

(6)公安派出所：负责维护现场的秩序，积极配合客运做好安抚解释、劝解疏导等工作。

5. 安全重点项点

对现场进行秩序维护，收集旁证，对现场拍照取证，疏导旅客不要进行围观。阻止未经批准人员进入现场录音、录像、拍照。

6. 演练程序

(1)站台客运员在组织G××次列车旅客站台候车室，发现旅客的行李、小孩掉入站台，此时G××次列车即将进站，立即将电台调司机频道，呼叫G××次司机紧急停车，呼叫用语为："G××次司机，请立即停车，A站客运员汇报。"随后立即向综控室汇报。（若客运电台无法呼叫到司机，立即呼叫综控室，由综控室通知行车室呼叫司机停车，站台客运员同时向来车方向奔跑，向司机做停车手信号，两臂高举头上，向两侧急剧摇动。）

(2)综控室立即用电台通知值班干部、带班干部赶往现场，并联系行车室、调度申请下道。

(3)值班干部接到汇报后，立即下达启动应急预案并汇报车站值班室及车间主任、书记。

(4)全体参演人员接到命令后赶赴现场。

带班干部组织人员做好站台组织工作，对现场进行秩序维护，收集旁证，对现场拍照取证，疏导旅客不要进行围观。阻止未经批准人员进入现场录音、录像、拍照。

公安派出所组织足够警力，维持现场秩序，积极配合客运员做好安抚解释、劝解疏导等工作。

(5)综控室收到可以下道的调度命令后，通知值班干部、带班干部，立即组织人员将旅客小孩、行李抬上站台，处置完毕后立即向综控室汇报。

(6)现场处置完毕，综控室通知行车室G××次进站信号重新开放，准备进站。

(7)G××次进站停稳，组织旅客乘降作业正常，应急演练结束。

## 复习思考题

1. 简述防止机车、车辆人身伤害的措施。
2. 简述出入站(库)安全措施。
3. 简述动车组大面积晚点应急处理流程。
4. 简述车站旅客大量滞留的应急措施。
5. 如何控制站台旅客乘降秩序?
6. 简述旅客集体拒绝下车应急处理流程。
7. 简述动车组站内换乘应急处理流程。
8. 简述动车组区间换乘应急处理流程。
9. 简述车门夹人夹物应急处理流程。
10. 简述旅客或行李物品掉入股道应急处理流程。

# 参考文献

[1] 裴瑞江. 铁路客运安全应急与路风[M]. 北京:中国铁道出版社,2014.

[2] 吴荣波,范先云. 高铁乘务安全管理及应急处置[M]. 成都:西南交通大学出版社,2017.

[3] 王慧,祖晓东. 高铁乘务安全管理及应急处置[M]. 成都:西南交通大学出版社,2015.

[4] 闫莹娜,王慧,王珏. 高速铁路客运乘务实训教程[M]. 成都:西南交通大学出版社,2017.

[5] 马海漫,宋玉佳. 高速铁路客运组织[M]. 成都:西南交通大学出版社,2015.

[6] 蓝志江,雷莲桂. 高速铁路乘务工作实务[M]. 北京:北京交通大学出版社,2015.

[7] 王越. 铁路客运组织[M]. 北京:人民交通出版社,2013.

[8] 铁路职工岗位培训教材编写委员会. 动车组列车员(长)[M]. 北京:中国铁道出版社,2013.

[9]《武汉铁路局客运岗位作业指导书　车站部分》编委会. 武汉铁路局客运岗位作业指导书　车站部分[M]. 北京:中国铁道出版社,2016.

[10]《武汉铁路局客运岗位作业指导书　列车部分》编委会. 武汉铁路局客运岗位作业指导书　列车部分[M]. 北京:中国铁道出版社,2016.

[11] 武汉铁路局客运段. 武汉客运段动车组列车突发事件应急处置措施[Z]. 2015.

[12] 广州铁路(集团)公司广九客运段. 广九客运段突发事件总体应急预案[Z]. 2015.

[13] 广州铁路(集团)公司. 广州铁路(集团)公司客运系统作业指导书[Z]. 2015.

[14] 铁道部. 铁路红十字药箱配备标准及使用原则:TB/T 3234—2010[S/OL]. [2021-06-18]. https://max.book118.com/html/2017/1214/144124076.shtm.

[15] 中国红十字会总会. 救护员指南[M]. 北京:社会科学文献出版社,2016.